Chirurgische Instrumente Operationslagerungen Operationsabläufe

Horst Glauch · Ernst Haaf

Geleitwort von Helmut J. Scherer

3., neubearbeitete und erweiterte Auflage
169 Abbildungen

1989
Georg Thieme Verlag Stuttgart · New York

Horst Glauch, Leitender Operationspfleger
Kreiskrankenhaus, 7250 Leonberg

Dr. Ernst Haaf, Oberarzt
Kreiskrankenhaus, 7250 Leonberg

CIP-Titelaufnahme der Deutschen Bibliothek

Glauch, Horst:
Chirurgische Instrumente, Operationslagerungen, Operationsabläufe / Horst Glauch; Ernst Haaf. Geleitw. von Helmut J. Scherer. – 3., neubearb. u. erw. Aufl. – Stuttgart; New York: Thieme, 1989
NE: Haaf, Ernst:

Wichtiger Hinweis: Medizin als Wissenschaft ist ständig im Fluß, Forschung und klinische Erfahrung erweitern unsere Kenntnisse, insbesondere was Behandlung und medikamentöse Therapie anbelangt. Soweit in diesem Werk eine Dosierung oder eine Applikation erwähnt wird, darf der Leser zwar darauf vertrauen, daß Autoren, Herausgeber und Verlag größte Mühe darauf verwandt haben, daß diese Angabe genau dem **Wissenstand bei Fertigstellung des Werkes** entspricht. Dennoch ist jeder Benutzer aufgefordert, die Beipackzettel der verwendeten Präparate zu prüfen, um in eigener Verantwortung festzustellen, ob die dort gegebene Empfehlung für Dosierungen oder die Beachtung von Kontraindikationen gegenüber der Angabe in diesem Buch abweicht. Das gilt besonders bei selten verwendeten oder neu auf den Markt gebrachten Präparaten und bei denjenigen, die vom Bundesgesundheitsamt (BGA) in ihrer Anwendbarkeit eingeschränkt worden sind. Benutzer außerhalb der Bundesrepublik Deutschland müssen sich nach den Vorschriften der für sie zuständigen Behörde richten.

1. Auflage 1979
1. italienische Auflage 1980
2. Auflage 1983

Printed in Germany
Satz: Fotosatz Sauter, Süßen, gesetzt auf Berthold Serie M
Druck: Druckhaus Dörr, Inh. Adam Götz, Ludwigsburg

ISBN 3-13-574703-4

2 3 4 5 6

Für Martin,
Schwester Friederike
und Daisy

Geleitwort

»Die moderne Chirurgie ist weit mehr bestrebt, zu erhalten als zu zerstören. Man hat eingesehen, daß weniger wichtig ist, neue Operationen und Operationsmethoden zu erfinden, als die Mittel und Wege aufzusuchen, um Operationen zu vermeiden, oder, wo sie unvermeidbar sind, ihre Erfolge zu sichern.«

B. v. Langenbeck
(Int. Chirurgenkongreß 1872)

Der Wandel und oft rasante Fortschritt der Medizin zeigen sich besonders deutlich in der Diagnostik und Therapie des Gallensteinleidens. Während vor gut 100 Jahren die erste erfolgreiche Entfernung einer Steingallenblasen gelang (C. Langenbuch 1882), sind die relativ jungen radiologischen Diagnoseverfahren (orale-intravenöse Cholezysto-Cholonagiographie) zum Konkrementnachweis im Gallensystem durch die Sonographie, die Computertomographie, die Endoskopie (ERC) und die perkutane transhepatische Cholangiographie weitgehend verdrängt worden.
Noch dominiert die klassische Cholezystektomie, trotz konservativer therapeutischer Maßnahmen wie Endoskopie, medikamentöse Steinlyse und – seit 1984 – der Stoßwellen-Lithotripsie.
Grundlagenforschung und Neuentwicklungen sind trotz Kostenexplosion nicht aufzuhalten und unverzichtbar.
Verständlich ist deshalb auch, daß ein entsprechendes Taschenbuch für das im OP tätige Personal wieder eine Neubearbeitung und Aktualisierung bedarf.
Der überwiegende Anteil aller Patienten wird in Krankenhäusern der Grund- und Regelversorgung allgemein- und unfallchirurgisch behandelt. Für die sehr große Anzahl von Schwestern und Pflegern in den OP-Sälen dieser nicht spezialisierten Krankenhäuser ist dieses Handbuch über chirurgische Instrumenten, Lagerungen und Operationsabläufe gedacht. Es soll Leitfaden und Anleitung, keineswegs absolute Richtschnur sein. Auf die Darstellung chirurgischer Spezialitäten haben die Verfasser bewußt verzichtet. Das Kapitel über Gefäßchirurgie finde ich aber sehr wertvoll, da meines Erachtens das OP-Personal selbst im Krankenhaus der Grundversorgung jederzeit in der Lage sein sollte, beispielsweise eine Embolektomie vorzubereiten und zu assistieren.

Die Kenntnis über instrumentelle und lagerungstechnische Einzelheiten bei verschiedenen Operationen ist auch für angehende junge Chirurgen mehr als vorteilhaft, ersetzt aber selbstverständlich nicht eine entsprechende Operationslehre.
Unter Berücksichtigung der an die Autoren herangetragenen konstruktiven Kritiken wurden in der Neuauflage wieder fast sämtliche Kapitel überarbeitet, neue hinzugefügt und das Handbuch damit aktualisiert.
Man erkennt das sorgfältige Bemühen der Verfasser, Bewährtes und fortschrittlich Neues nebeneinander im Sinne einer Grundlagenschulung didaktisch gut darzustellen. Dieser Versuch erscheint mit gut geglückt, was die große Nachfrage des angesprochenen Personenkreises nach diesem Taschenbuch beweist.

Prof. Dr. H.-J. Scherer
Chefarzt der Chirurgischen Abteilung
Kreiskrankenhaus Leonberg

Vorwort zur 3. Auflage

Wie nicht anders zu erwarten, hat sich seit der letzten Auflage dieses Buches das Wissen in der Chirurgie wieder vermehrt. Operative Techniken wurden verbessert oder neu erdacht, das Instrumentarium entsprechend entwickelt. Wir haben versucht, dem neuen Wissensstand gerecht zu werden, haben viele Kapitel gründlich überarbeitet und 8 neue Beiträge verfaßt. Trotz etlicher Streichungen hat sich das Volumen des Buches beträchtlich vergrößert, ein Schicksal, das alle Lehrbücher mit steigenden Auflagen ereilt.
Die Großzügigkeit des Verlages erlaubte uns neue Photographien hinzuzufügen oder alte auszutauschen, wenn nicht mehr gebräuchliche Instrumente darauf abgebildet waren. Viele neue Abbildungen werden zum besseren Verständnis des Textes beitragen. Dankbar sind wir für viele Anregungen unserer Leser, für Korrekturvorschläge und Kritiken von Rezenzenten. Allen Wünschen gerecht zu werden ist jedoch eine Kunst, die niemand kann. Wir werden nicht müde zu versichern, daß dieses Buch für das OP-Personal in den Krankenhäusern der Grund- und Regelversorung konzipiert ist, wobei wir uns allerdings an unserem Krankenhaus orientiert haben.
Die Schilderung der Operationsabläufe soll einen »Durchblick« geben und ist nicht als Operationsanleitung gedacht. Anatomische Kenntnisse, wie sie in der Aus- und Fortbildung vermittelt werden, müssen wir für die Lektüre des Buches allerdings voraussetzen.
Für die freundliche Unterstützung bei unserer Arbeit an der 3. Auflage dieses Buches danken wir Herrn Prof. Scherer und Herrn OA. Dr. Geitner (Chirurgie), Herrn Chefarzt Dr. Podlaha (Gefäßchirurgie), Herrn OA. Dr. Hilberath (Gynäkologie), Dr. Hoenig (Facharzt HNO) und Dr. Schlicke (Facharzt für Augenkrankheiten), der den Beitrag über Augenoperationen neu überarbeitet hat. Dank gilt auch dem Thieme Verlag, der dieses Buch großzügig erweiterte und verständnisvoll mit uns zusammenarbeitete.

Leonberg, im Herbst 1988

E. Haaf
G. Glauch

Inhaltsverzeichnis

Einleitung 1

Hygiene im Operationssaal 3

Kurze Darstellung der gebräuchlichsten Instrumente 8

Mechanische Nähapparate 14

Abdominalchirurgie 17
Nabelhernie 18
Epigastrische Hernie 19
Narbenhernie 22
Leistenhernie 22
Schenkelhernie 25
Hiatushernie 30
Vagotomie 34
Abdominelle Magenresektion 42
Gastrektomie 47
Perforation des Magen-Duodenal-Ulkus 49
Blutung des Magen-Duodenal-Ulkus 49
Cholezystektomie, Choledochotomie und transduodenale Papillenspaltung 50
Darmresektion 58
Rektumkarzinom 64
Abdominooperineale Rektumamputation 64
Tiefe anteriore Rektumresektion mit End-zu-End-Anastomose 68
Anus praeternaturalis 75
Appendektomie 78
Milzextirpation 80
Diffuse Peritonitis 84

Extremitätenchirurgie 88
Osteosynthese mit Schrauben, Platten und Marknagel 95
Kahnbeinfraktur 95
Sprengung des Akromioklaviulargelenkes 99
Olekranonfraktur 102
Patellafraktur 102
Frakturen und Bandverletzungen des oberen Sprunggelenkes 103

Marknagelung ... 110
Hüftnahe Femurfrakturen ... 116
Winkelplattenosteosynthese ... 119
Federnagelung nach Ender ... 124
Endoprothese des Hüftgelenkes nach dem Duo-Kopf-Prinzip ... 128
Totalendoprothese des Hüftgelenkes ... 134
Arthroskopie ... 138
Meniskusoperation ... 140
Hallux valgus ... 144
Hammerzehe ... 148
Amputation großer Gliedmaßen ... 151
Habituelle Schulterluxation ... 155
Dupuytren-Kontraktur ... 158
Karpaltunnelsyndrom ... 160
Hauttransplantationen ... 160

Gefäßchirurgie ... 165
Embolektomie ... 167
Venöse Thrombektomie ... 170
Arteriendesobliteration ... 173
Arteriendilatation nach Dotter-Grüntzig ... 175
Venenbypass ... 177
Bypass mit Kunststoffprothese ... 181
Bypass mit Aortenbifurkation ... 185
Pervenöse Implantation eines Herzschrittmachers ... 188
Saphenektomie ... 193
Lumbale Sympathektomie ... 196

Eingriffe an Kopf und Hals ... 198
Operation bei Schädelfrakturen ... 199
Tracheotomie ... 202
Doppelseitige Strumaresektion ... 207
Hohes Ösophagusdivertikel ... 210

Eingriffe am Thorax ... 212
Operationen an der Brustdrüse ... 213
Anterolaterale Thorakotomie ... 218

Urologische Operationen ... 222
Kryptorchismus ... 223
Vasektomie ... 226
Hydrozele und Varikozele ... 229
Semikastration ... 232
Phimose ... 232
Nephrektomie ... 234

Nieren- und Uretersteine 238
Prostataadenom 243

Gynäkologisch-geburtshilfliche Operationen 246
Kürettage des Uterus 247
Einfache totale abdominelle und vaginale Hysterektomie 250
Erweiterte totale abdominelle Hysterektomie 254
Eingriffe an den Adnexen 256
Kaiserschnitt 257

Proktologische Operationen 261
Hämorrhoiden 261
Rekumpolypen 264
Analfistel 272
Anorektaler Prolaps 274

Eingriffe am Auge 277
Lidoperationen (Entropium, Ektropium, Chalzion) 278
Iridektomie und Goniotrepanation 282
Katarakt-Operationen, Kunstlinsenimplantation 286
Schieloperation 290
Enukleation des Auges 292

Chirurgische Eingriffe bei Hals-, Nasen, Ohren-Erkrankungen 294
Adenotomie 295
Tonsillektomie 298
Nasenpolypen 300
Radikaloperation der Kieferhöhle und Siebbeinzellen 302
Opertion des Nasenseptums 307

Sachverzeichnis 310

Einleitung

Wohl in keinem Fachgebiet der Medizin wird der Begriff „Teamwork" augenfälliger demonstriert als in der Chirurgie bei der Arbeit von Pflegepersonal und Ärzten im Operationssaal.
Dieses Teamwork wollten wir – OP-Pfleger und Chirurg – auch am Schreibtisch fortsetzen, als wir, einer Anregung des Thieme Verlages folgend, diese Instrumentenlehre zusammenstellten. Wir wollten damit den Instrumentierenden nicht nur eine Hilfe für ihre spezifische Arbeit geben, sondern auch die Möglichkeit, die Arbeit am Operationstisch besser verfolgen und verstehen zu können.
So haben wir nicht nur die für eine Operation notwendigen Instrumente im Bild zusammengestellt und benannt, sondern auch die jeweilige Lagerung des Patienten und den Operationsverlauf beschrieben.
Wir waren dabei bemüht, uns möglichst verständlich auszudrücken, haben deswegen auch auf Fachjargon und Telegrammstil verzichtet. Allerdings sollte der Leser über die anatomischen Kenntnisse verfügen, wie sie während der Ausbildung zur Krankenpflege vermittelt werden.
Einem möglichen Einwand des Lesers möchten wir gleich begegnen, dem nämlich: Bei uns wird dies aber ganz anders gemacht. Natürlich! Es gibt wohl kaum zwei chirurgische Abteilungen, die genau dasselbe Instrumentarium und Nahtmaterial verwenden, die sich immer der gleichen Operationsverfahren bedienen. Diese Wahl hängt von der Erfahrung des Operateurs ab, den überdies der Wunsch beseelt, ständig nach noch Besserem zu suchen. So haben wir es beispielsweise unterlassen, Empfehlungen zu geben, wann welches Nahtmaterial wie zu verwenden ist.
Aus der Vielzahl der Möglichkeiten operativer Methoden haben wir „das Übliche", oder was wir dafür hielten, ausgewählt und sind auch nicht der Verlockung erlegen, „Hausspezialitäten" zu beschreiben, die es wohl in jedem Hause gibt. Es hätte den vorgesteckten Rahmen des Buches bei weitem überschritten, wenn wir uns bei der Auswahl der Operationen nicht beschränkt oder mehrere mögliche Verfahren für einen Eingriff beschrieben hätten.
Unser Buch richtet sich vor allem an das OP-Personal, das in einem mittelgroßen Krankenhaus arbeitet. Operationen, die Fachkliniken vorbehalten sind, wie z.B. die an Herz und Thorax, haben wir bewußt weggelassen. Wohl aber haben wir einige Eingriffe beschrieben, wie sie an Häusern unserer Größe von Belegärzten der Fachgebiete Augen- und Hals-Nasen-Ohren-Erkrankungen ausgeführt werden.
Eigennamen zur näheren Bezeichnung von Instrumenten und Operationsmethoden wurden nur dann erwähnt, wenn sie fester Bestandteil der chirurgischen Umgangssprache geworden sind. Bei der Gliederung des Buches sind wir nicht der üblichen Aufteilung des Körpers in Kopf, Hals, Rumpf usw. gefolgt, sondern haben die Schwerpunkte unserer Arbeit

berücksichtigt und beginnen deshalb mit der Abdominal- und Extremitätenchirurgie.

Zum Schluß möchten wir den Kolleginnen und Kollegen unseres Krankenhauses danken, die uns bei der Arbeit an diesem Buch unterstützten: Schwester SABINE FÜRST, Krankenpfleger K. HÖRNSTEIN, Dr. A. GAIGL, Dr. J. PODLAHA, Dr. R. SCHMID, Dr. E. SCHULZE, Dr. G. WAGNER, Dr. HUDJETZ und vor allem Prof. Dr. SCHERER. Besonderer Dank gilt dem Thieme Verlag, der dieses Buch großzügig ausstattete und verständnisvoll mit uns zusammenarbeitete.

Leonberg, im Frühjahr 1978

E. HAAF
H. GLAUCH

Hygiene im Operationssaal

Das Wort Hygiene ist aus der altgriechischen Sprache abgeleitet und bedeutet Gesundheit. Die Besserung einer Krankheit oder die Wiederherstellung der Gesundheit soll in unserem Fachbereich in der Regel durch einen operativen Eingriff erreicht werden. Sein Wert wird aber erheblich gemindert, wenn eine vermeidbare Infektion auftritt. Dadurch wird der Aufenthalt des Patienten im Krankenhaus um Wochen verlängert, seine Gesundheit geschädigt, die Arbeitsfähigkeit gemindert und die Behandlungskosten um ein Vielfaches erhöht.
Zu den vermeidbaren Infektionen gehören solche, die der Patient im Krankenhaus erwirbt. Sie werden als nosokomiale Infektionen bezeichnet, was wörtlich übersetzt, soviel wie: durch die Pflege übertragene Krankheiten bedeutet. Der Begriff wird heute aber weiter gefaßt und ist durch das Bundesgesundheitsamt wie folgt definiert: „Eine im Krankenhaus erworbene (nosokomiale) Infektion ist jede durch Mikroorganismen hervorgerufene Infektion, die im kausalen Zusammenhang mit einem Krankenhausaufenthalt steht. Dies gilt auch unabhängig davon, ob Krankheitssymptome bestehen oder nicht. Sie kann sporadisch oder epidemisch auftreten. Eine epidemische Krankenhausinfektion liegt dann vor, wenn Infektionen mit einheitlichem Erregertyp in zeitlichem, örtlichem und kausalem Zusammenhang mit einem Krankenhausaufenthalt nicht nur vereinzelt auftreten." Der zum Schlagwort gewordene Begriff vom Hospitalismus beinhaltet nicht genau dasselbe. Unter Hospitalismus wird in diesem Zusammenhang die Infektion von Krankenhauspatienten oder Personen verstanden, mit denen die betreffende Klinik besiedelt ist und die gegen die üblichen Antibiotika resistent sind. Hospitalismus ist durch ganz bestimmte Keime verursacht, hauptsächlich durch Staphylokokken und gramnegative Stäbchen wie Escherichia coli, Pseudomonasarten, Klebsiellen und Proteusbakterien. Es ist von Bedeutung, daß an Gegenständen angetrocknete Staphylokokken Tage und Wochen lebensfähig bleiben können, während die gramnegativen Keime eine Austrocknung nicht vertragen. Sie fühlen sich an feuchten Stellen ausgesprochen wohl und vermehren sich. Sie werden deshalb auch „Naß"– oder „Pfützenkeime" genannt.
Der Kampf gegen die nosokomialen Infektionen beginnt nicht erst im Operationstrakt, sondern in seinem Vorfeld, d.h. auf Pflegestationen. Schon dort müssen die hygienischen Maßnahmen einsetzen. Sie erfassen einmal den Kranken, der die Keime einschleppt, zum anderen das Krankenhauspersonal, das sie weiterträgt und auf Gegenstände verbreitet, die zur Patientenbehandlung notwendig sind.
Eine besonders intensive hygienische Abschirmung ist bei allen keimstreuenden Patienten geboten. Das sind solche, die an Nasen-Rachen-Infektionen, einer Wundinfektion oder an einem Dekubitus leiden. Langzeitbeatmete gehören ebenso zum „gefährlichen" Personenkreis wie Kranke, die

mit einem Blasendauerkatheter behandelt werden müssen. In der Regel führen diese schon nach wenigen Tagen zu einer Infektion des Urogenitalsystems.
Was unter „intensiver hygienischer Abschirmung" im einzelnen zu verstehen ist, kann in diesem Rahmen nur skizzenhaft angedeutet werden: Bei Verbandswechsel Einmalhandschuhe tragen, einzeln verpacktes, steriles Instrumentarium verwenden und gebrauchte Instrumente sofort in eine Schale mit Desinfektionsmittel abwerfen. Der Abfall gehört auf der Stelle in ein Abwurfbehältnis. Nach Versorgung des Patienten die Hände desinfizieren, bei starker Verschmutzung waschen und desinfizieren, denn die Hände des Personals gelten als Infektionsquelle 1. Ordnung. Besondere Sorgfalt bei der Entsorgung von Exkrementen und klinischem Müll üben. Zu den alltäglichen Arbeiten gehört die gründliche Reinigung der Krankenzimmer, der Bettgestelle und Nachttische, der Transportwagen, Flure und Aufzüge. Infektionsquellen gibt es praktisch überall. Bakterien siedeln sich genauso gern auf Putzlappen wie in Tupfertrommeln an und kennen keinen Unterschied zwischen septischen und aseptischen Stationen. Wichtig ist, daß alle hygienischen Maßnahmen sinnvoll, machbar und für alle Beteiligten einsehbar sind. Jeder Mitarbeiter sollte durch Bekanntgabe der bakteriologischen Untersuchungsergebnisse und der Infektionsquote sowie durch Fortbildungsveranstaltungen in der Klinik zum Kampf gegen den Hospitalismus motiviert werden.
Das Ziel der hygienischen Bemühungen im Vorfeld des Operationstraktes ist es, die Keimzahlen so zu vermindern, daß die Kranken nicht mehr gefährdet sind. Für den Operationsbereich gilt die Forderung, daß alles, was in den OP hineinkommt, von jeder denkbaren Keimbelastung befreit wird. Jeder, der den Operationstrakt betritt, ist an Händen, Haaren, Kleidung und Schuhen mehr oder minder mit Keimen behaftet. Das gleiche gilt für den Patienten in seinem Bett und für die verschiedensten Gegenstände: Gasflaschen, Untersuchungsgeräte, technische Utensilien und Medikamente, die in den OP gebracht werden.
Eine wirksame Keimabschirmung ist nur durch ein Schleusensystem zu erreichen, das im Idealfall aus getrennten Personal-, Patienten- und Geräteschleusen besteht. In der Regel läßt sich dieses Konzept nur bei einem modernen Krankenhausbau verwirklichen. In älteren Kliniken können ggf. Vorräume zu Schleusen umgebaut werden. Wie auch immer der Zugang zum Operationstrakt gestaltet ist, gefordert werden: diszipliniertes Verhalten, bewußte Organisation und konsequent durchgeführte antiseptische Maßnahmen. Nur so läßt sich Asepsis-Keimfreiheit im OP erreichen. Die antiseptischen Maßnahmen konzentrieren sich im wesentlichen auf die Hände und die Kleidung. Die Hände sollten schon vor Betreten der Schleuse bzw. des Umkleideraumes einer Schnelldesinfektion unterzogen werden. Am zweckmäßigsten ist die Verwendung eines Händedesinfektionsmittels aus einem Wandspender.

Mit Ausnahme der Unterwäsche wird die gesamte Klinikkleidung abgelegt, wozu auch Schuhe und Strümpfe gehören und mit der in den OP-Sälen üblichen Kleidung – kurzärmelige Hemdenblusen, lange Hosen sowie gereinigte und desinfizierte OP-Schuhe vertauscht. Die Haare werden von einer geeigneten Haube restlos bedeckt, und ein Mundschutz wird angelegt. Hinter diesem müssen auch Barthaare verborgen werden. Männer mit wallenden Bärten haben die Wahl, ob der Bart oder sein Träger vor der Tür bleiben muß.

Von der „Umkleidungszeremonie" ist niemand ausgeschlossen, der den Operationstrakt betreten will. Bei ihrem Abschluß wird nochmals die Schnelldesinfektion oder die hygienische Händedesinfektion (s.u.) gefordert.

Der Patient gelangt in einem frisch bezogenen Bett in die Patientenschleuse oder je nach baulichen Gegebenheiten in einen Raum, in dem eine klare Trennung zwischen unreiner und reiner Seite besteht. Hier wird der Kranke vom Operationspersonal übernommen und auf einem zum Operationstrakt gehörenden Wagen oder auf die fahrbare Platte des Operationstisches gelagert.

Alle die bereits genannten Gerätschaften, die in den Operationssaal gebracht werden, müssen einer reinigenden Desinfektion unterzogen werden.

Durch das eben geschilderte Einschleusen wird weitgehende Asepsis erreicht, die nun innerhalb des Operationstraktes im Sinne steriler Operationsbedingungen zu verstärken ist. Hierzu gehören die tägliche reinigende Desinfektion der Fußböden, der Operationstische, Wäschetrommeln, Narkoseapparate, Absaugflaschen, Röntgenvorrichtungen und Infusionsständer. Zur Verhinderung von Infektionen mit sog. Naßkeimen müssen Waschbecken, Abflüsse und die Anfeuchter in Narkoseapparaten täglich desinfiziert, gereinigt bzw. sterilisiert werden.

Für die Höhe der Infektionsrate ist im wesentlichen die Keimübertragung vom Personal oder (und) von den Behandlungseinrichtungen auf den Kranken verantwortlich zu machen. Die von außen kommende Luft spielt dagegen kaum eine Rolle.

Das Risiko einer Primärinfektion durch die Luft im Operationstrakt wird durch den Einbau von Klimaanlagen mit ausreichend hoher Luftwechselrate, optimaler Luftführung und durch die Verwendung geeigneter S-Filter (Ultrafilter) verringert.

Die oben beschriebene Schnelldesinfektion der Hände vor dem Betreten der Schleuse und nach dem Umkleiden wird als hygienische Händedesinfektion bezeichnet.

Vorbedingung für eine aseptisch durchgeführte Operation ist es, daß die Angehörigen des Operationsteams sich einer sog. chirurgischen Händedesinfektion unterziehen, um die Entkeimung von Händen und Unterarmen zu erreichen. Als Methode der Wahl gilt die Einreibung mit einem geeigneten Desinfektionsmittel, das aus Wandspendern entnommen wird. Dabei wird wie folgt vorgegangen: Vorwaschung mit Waschlotion und Nagelreinigung 1–2 Min. Desinfektion: je Hohlhand 2–5 ml Desinfektionsmittel verwenden und damit die Hände bis zum Ellbogen einreiben, 2 Min. 1 ml Desinfektionsmittel auf eine sterile Nagelbürste geben und damit nur die Nagelbereiche bürsten, 1 Min. je 2 ml Desinfektionsmittel pro Hohlhand verwenden und die Hände bis zu den Handgelenken einreiben, 2 Min.

Zum Abschluß dieser hygienischen Kurzinformation noch einige Bemerkungen über die Sterilisation und Behandlung des Instrumentariums. Auf den operativen Abteilungen ist es allgemein üblich, die für bestimmte Operationen gebräuchlichen Instrumente auf Siebe zu packen und diese, in Spezialpapier und Tücher gehüllt, zu sterilisieren. So gibt es Grund-, Laparotomie-, Knochensiebe usw. Eine bessere Garantie für Sterilität, leichtere Handhabung und größere Zweckmäßigkeit soll das sog. Containersystem bieten. Dabei werden die „Siebpakete" durch Kästen aus Edelstahl oder Aluminium ersetzt, in die etagenweise Siebschalen eingehängt werden, auf denen die Instrumente liegen. Die Zuordnung der Instrumente zu bestimmten Operationen bleibt natürlich erhalten. Auch bei der Entsorgung der Instrumente werden dem Containersystem Vorteile nachgesagt. Gebrauchte und ungebrauchte Instrumente lassen sich leicht vorsortieren und trennen, der Transport zur Entsorgungsstelle bereitet keine hygienischen Probleme, ganz gleich, ob Trocken- oder Naßentsorgung gewählt wird. Bei der letzteren liegen die gebrauchten Instrumente in einer Desinfektionslösung. Über die Verwendung des Containersystems im einzelnen informieren die entsprechenden Firmenprospekte.

Das manuelle Reinigen der Instrumente, ihre thermische und chemische Desinfektion sowie ihre Pflege wird heute vielerorts von Desinfektions- und Reinigungsautomaten mit programmierbaren Arbeitsgängen übernommen. Nähere Informationen bitten wir, den leicht zugänglichen Prospekten zu entnehmen.

Der *Umgang mit Aids-Kranken und HIV–(Human Immunodeficiency-Virus) Infizierten* erfordert die strikte Einhaltung anerkannter hygienischer Regeln, die im übrigen für alle Patienten gelten. Nach dem bisherigen Kenntnisstand (1988) wird HIV in erster Linie durch Blut, Blutbestandteile, Ejakulat und Vaginalsekret, ggf. auch durch Muttermilch übertragen. Die Infektion mit HIV durch andere Sekrete und Exkrete wie Liquor, Wundsekrete, Speichel, Tränenflüssigkeit, Stuhl und Urin sind nicht auszuschließen, bislang jedoch noch nicht gesichert.

Das Infektionsrisiko von Pflegepersonal und Ärzten, die HIV-Infizierte pflegen oder therapieren, wird nach heutigem Kentnisstand als relativ gering angesehen, ist jedoch bei parenteralem Kontakt mit Blut (Nadelstichverletzungen) oder bei Verletzungen mit blutkontaminierten scharfen Gegenständen sowie bei Blutspritzern auf Schleimhaut (Mund, Auge), oder bei länger bestehender, großflächiger Blutkontamination der Haut (besonders bei Vorschädigung) nicht sicher auszuschließen. Beim üblichen

Umgang mit den Infizierten (Berühren, Verspritzen von Speicheltröpfchen bei Husten und Sprechen) ist nach bisheriger Erkenntnis keine Infektion zu befürchten.
Schutz vor Kontamination und Verletzungen bietet das Tragen von Handschuhen, Mund-Nasen-Schutz, Brille und flüssigkeitsundurchlässiger Schutzkleidung. Die allgemeinen Regeln, die für eine sichere Dekontamination der Hände und Haut, der Instrumente und verschmutzter Flächen gelten, sind peinlich genau zu beachten. Dasselbe gilt für die sichere Entsorgung kontaminierten Materials.
Bei der Operation eines HIV-Infizierten müssen alle Mitglieder des OP-Teams über die anstehende Problematik informiert werden, vorausgesetzt, daß der HIV-Serostatus des Patienten bekannt ist. Das OP-Team ist auf die notwendige Anzahl der Personen zu begrenzen. Die mit der Operation Beschäftigten sollten Brillen und ggf. doppelte Handschuhe tragen. Darüber hinaus wird die Verwendung feuchtigkeitsundurchlässiger OP-Wäsche und -Kittel (Einwegware oder wiederaufbereitbare, feuchtigkeitsundurchlässige Materialien) gefordert, die nach der Operation direkt im OP-Saal in Wäschesäcke gegeben werden.
Maßnahmen bei Exposition oder Kontakt mit HIV-positivem Material:
Nach Nadelstichverletzungen oder anderen Verletzungen: Ausbluten der Wunde, Spülen der Wunde mit PVP-Jod-Lösung oder Jodtinktur.
Bei Spritzern auf Schleimhaut (Augen, Mund, usw.): Spülen der Augen mit geeigneter Pufferlösung, Spülen des Mundes mit PVP-Jod-Mundantiseptikum.
Bei Kontamination auch intakter Hände oder übriger Hautareale sollten unmittelbar Hände/Haut desinfizierend (Alkohole) gereinigt werden.
Bei parenteraler Inokulation oder Schleimhautkontakt mit HIV-positivem Material sollten derartige Vorfälle unverzüglich dem D-Arzt oder dem personalärztlichen Dienst gemeldet werden. Klinische und serologische Untersuchungen der exponierten Personen sowie ggf. weitere Untersuchungen des Index-Patienten hinsichtlich HIV-Antikörperstatus und evtl. Hepatitis-B-Status können erforderlich werden.
Wiederholung der serologischen Untersuchung auf HIV-Antikörper nach 3, 6, 12 Wochen und 3, 6, und 12 Monaten. Serologische Testungen sollten allen Personen des medizinischen Personals angeboten werden, die eine mögliche HIV-Infektion befürchten.
(Teils frei, teils wörtlich zitiert nach M. Exner u. Mitarb.: Hygienische Maßnahmen zur Verhütung der Übertragung von HIV im Krankenhaus Dtsch. Ärzte-Bl. 85/5 1988).
Bewußt haben wir in diesem Kapitel den Schwerpunkt der Darstellung auf die hygienischen Verhaltensweisen aller im Operationstrakt Tätigen gelegt, denn nur die lückenlose Beachtung der hygienischen Regeln und Maßnahmen sowie andauernde Selbstdisziplin führen zu dem gewünschten Ziel: Asepsis im OP. Vergessen wir nicht: Hygiene bedeutet Gesundheit.

Kurze Darstellung der gebräuchlichsten Instrumente

Auf den Abbildungen der Instrumente erfolgt die Numerierung nicht, wie der Leser vielleicht erwartet, fortlaufend in einer bestimmten Richtung, z.B. im Uhrzeigersinn. Die Instrumente sind vielmehr in der Reihenfolge des Auflegens beim „Tischdecken" beziffert. So sind die Instrumente des Grundbestecks ohne Rücksicht auf ihre Lage auf dem Instrumententisch fortlaufend numeriert, es folgen die für die betreffende Operation benötigten Zusatzinstrumente.

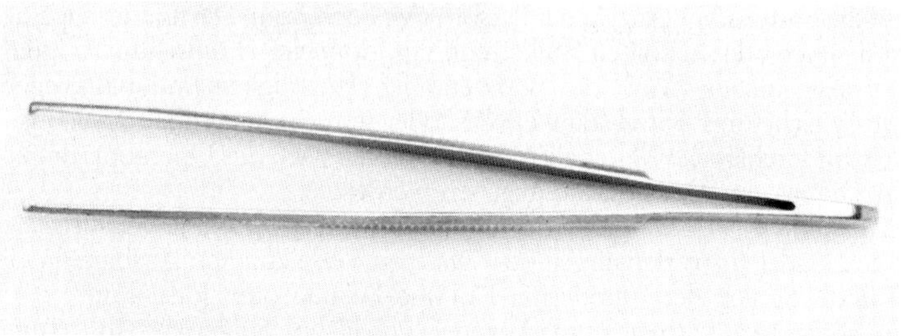

chirurgische Pinzette

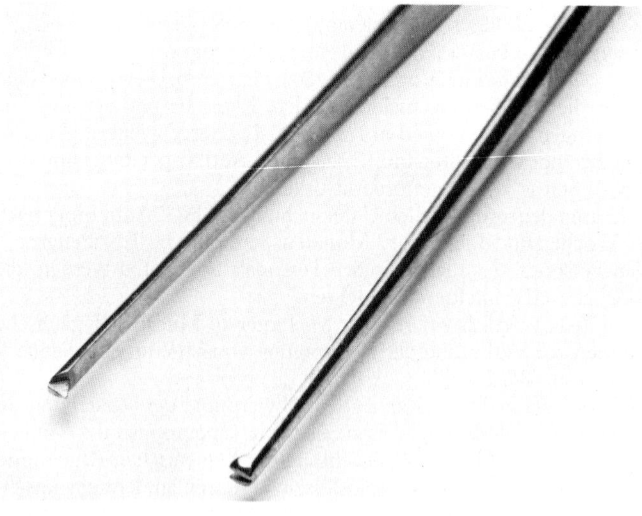

chirurgische Pinzette, Detail

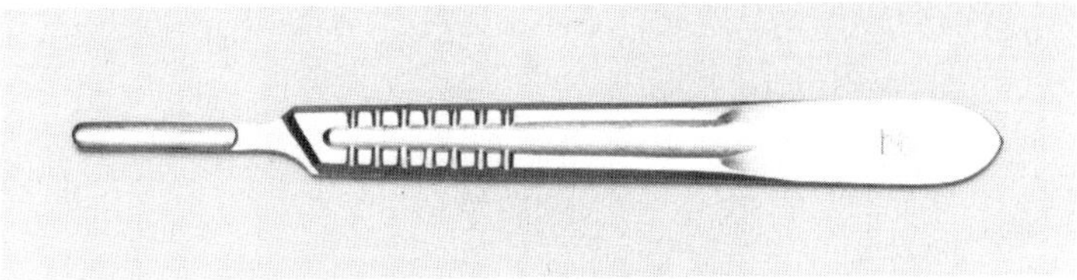

Skalpellgriff

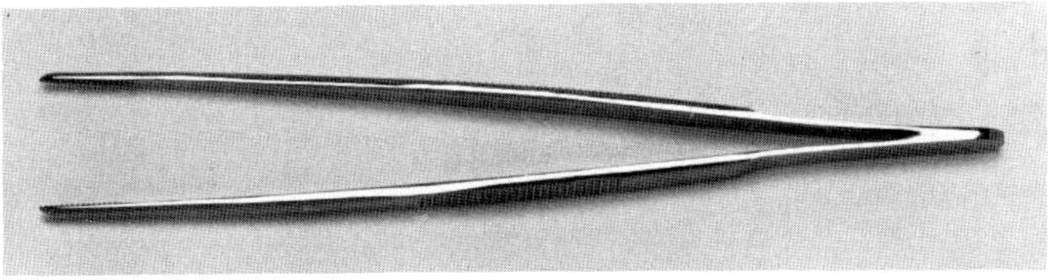

anatomische Pinzette, kurz

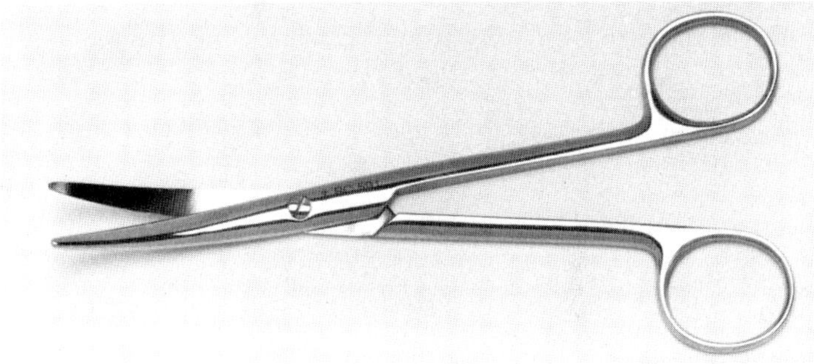

Schere, stumpf-stumpf, Standard, gebogen

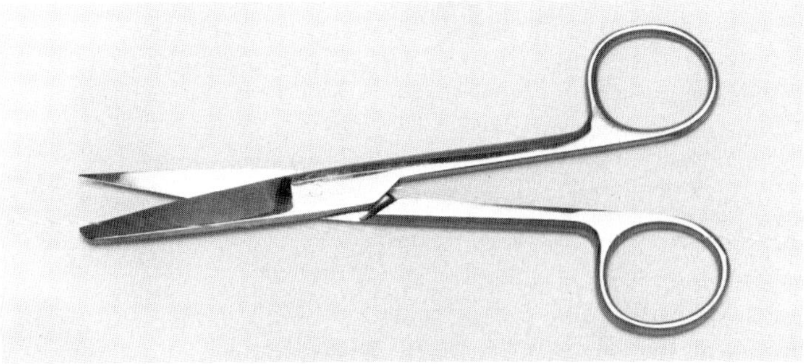

Schere, spitz-stumpf, Standard, gerade

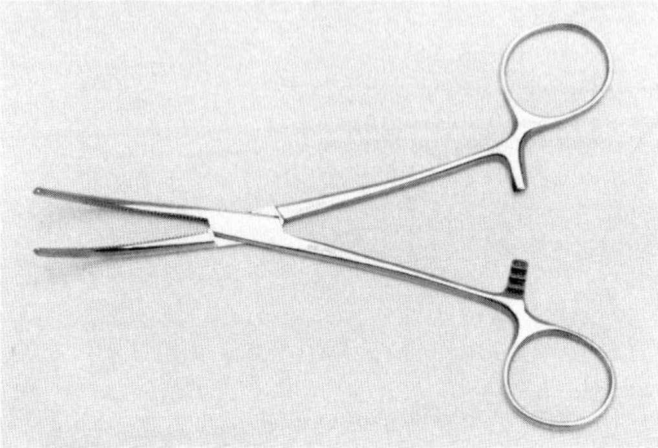

Pean-Klemme

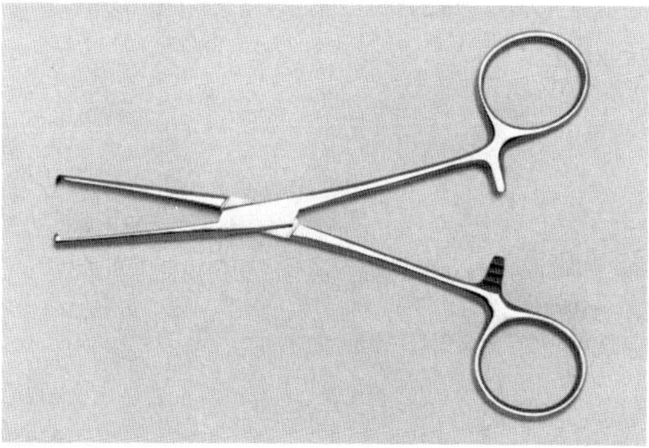

Kocher-Klemme

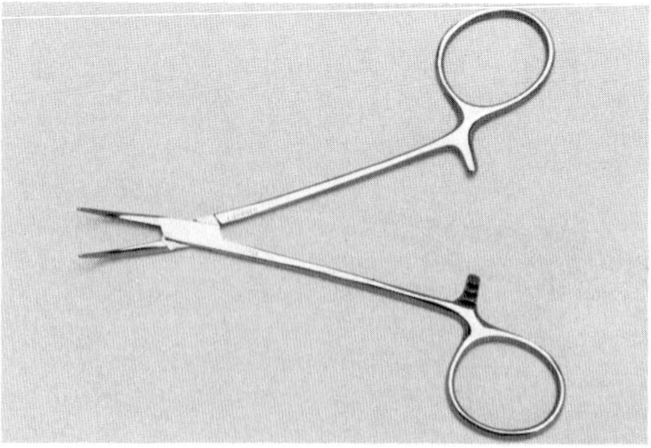

Moskito-Klemme

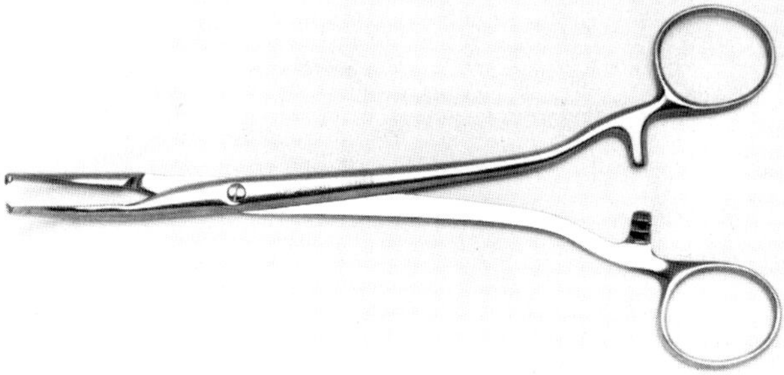

Mikulicz-Klemme

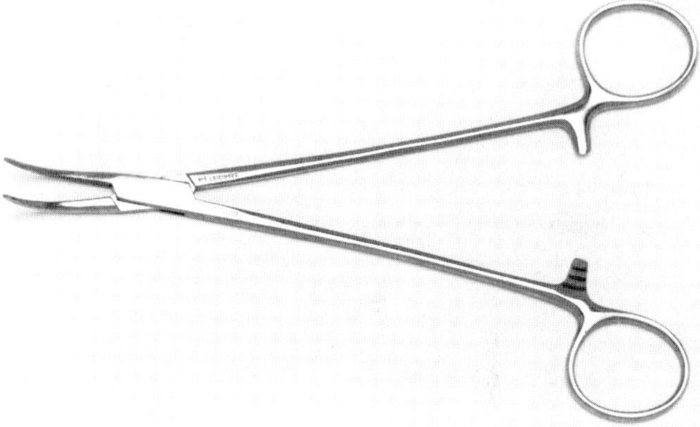

Overholt-Klemme

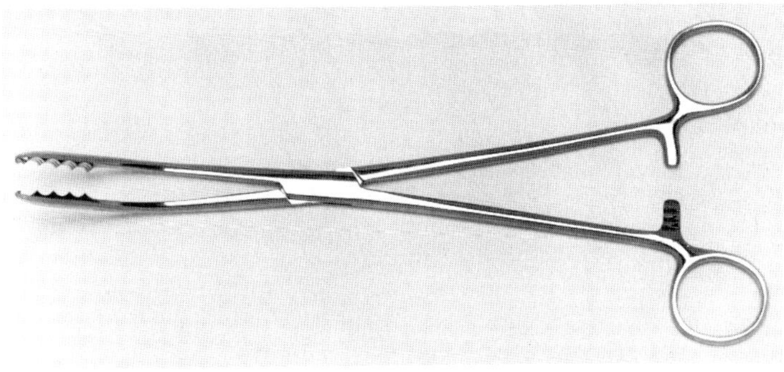

Kornzange

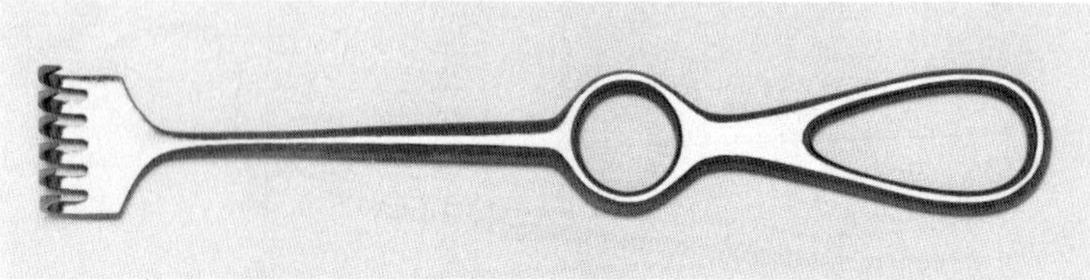

scharfer Wundhaken

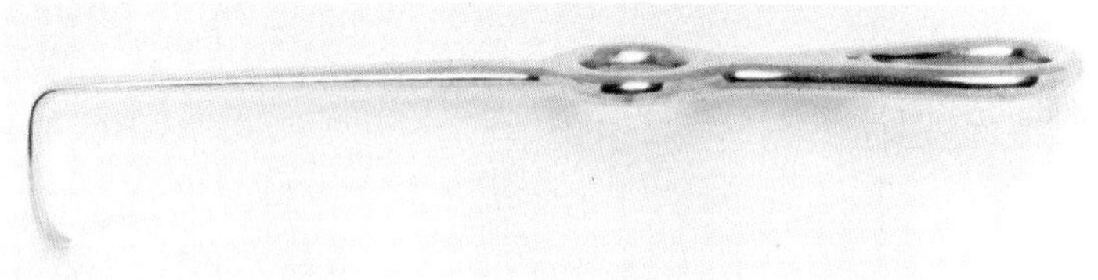

Langenbeck-Haken

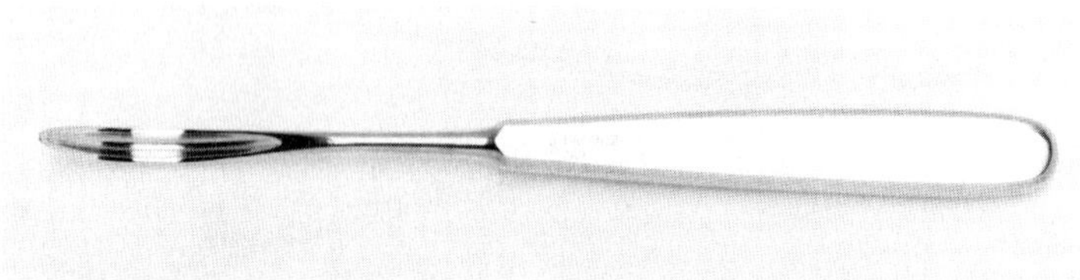

Kocher-Rinne

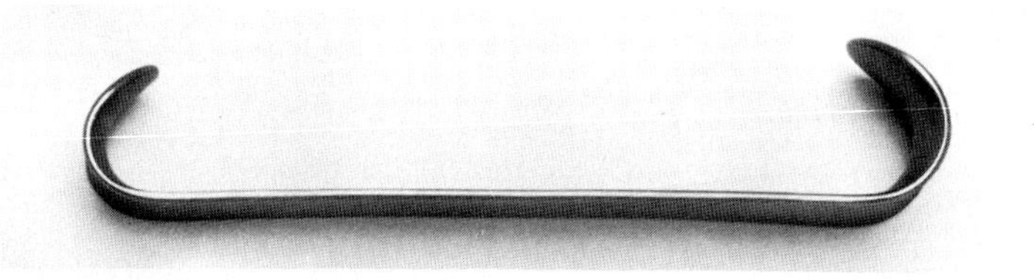

Roux-Haken

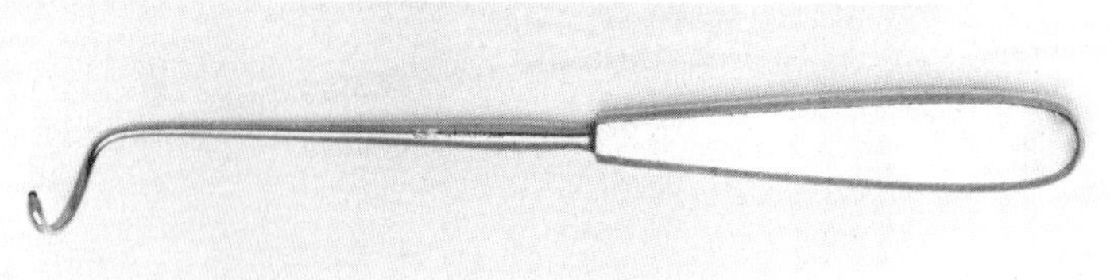

Deschamps

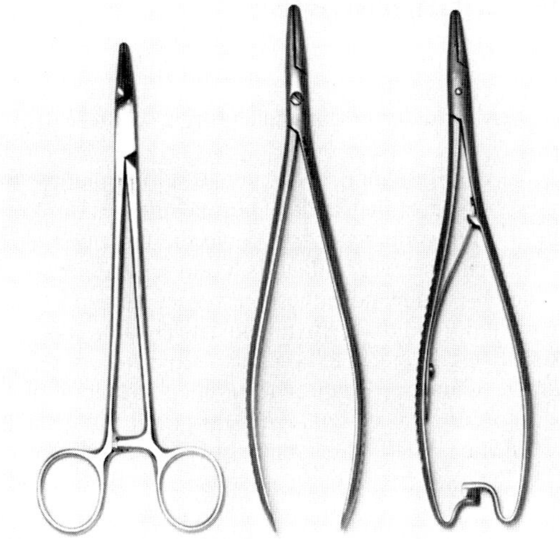

verschiedene Nadelhalter

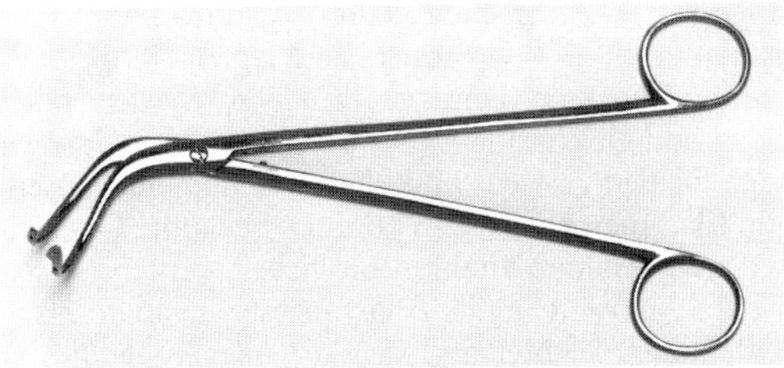

Doppeldeschamps

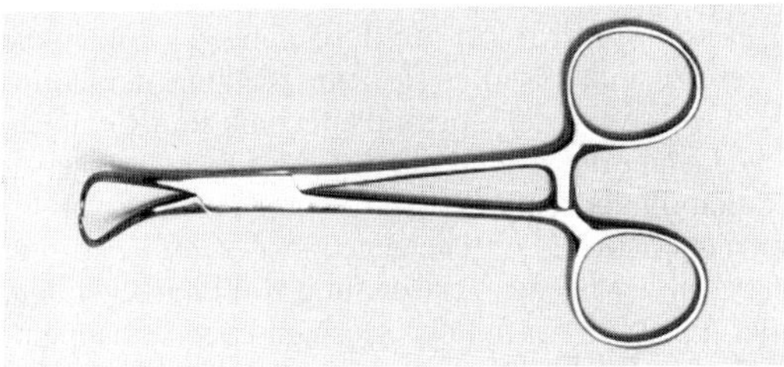

Tuchklemme

Mechanische Nähapparate

Klammernahtapparate werden in der Abdominalchirurgie schon seit dem Jahre 1909 verwendet.
Zunächst wurden sie bei der Resektion abdomineller Hohlorgane, vor allem des Magens eingesetzt, später auch in der Thoraxchirurgie zum Verschluß von Bronchien und Lungenparenchym. Bis in die fünfziger Jahre hinein waren diese Instrumente schwer, unhandlich und schwierig zu reinigen. Die Klammern mußten von Hand eingesetzt werden. In den letzten 3 Jahrzehnten wurden nicht nur praktischere, mit austauschbaren Magazinen versehene „Stapler" (engl. Hefter, Heftapparat) entwickelt, sondern auch Instrumente mit kombinierter Klammer- und Schneidefunktion. Unter diesen gibt es die sog. „Linear cutter", die Darmgewebe in gerader Linie klammern und schneiden (Gia™, Proximate PLC 50) und die intraluminalen Stapler (EEA™, Proximate ILS), die in den Hohlraum des Darmes eingeführt werden.
Mit ihrer Hilfe lassen sich bei kolorektalen und intestinalen Eingriffen sowie bei Operationen am Ösophagus zirkuläre Anastomosen herstellen. Die linearen Klammerschneidegeräte werden bei Resektionen, Transsektionen und Anastomosen in der Abdominal- und Thoraxchirurgie sowie in der Gynäkologie eingesetzt. Die einfachen Klammergeräte (TA™, Proximate LS) werden zum Verschluß von Bronchien, Magen, Darm, Lungenparenchym und Lungengefäßen benutzt. Daneben werden noch Geräte zum Unterbinden und gleichzeitiger Durchtrennung von Gewebe sowie Klammerapparate für den Faszien- und Hautverschluß angeboten.
Mit dem Gebrauch von Klammernahtgeräten konnten bekannte Operationsmethoden ausgeweitet und neue Verfahren entwickelt werden. So lassen sich mit Hilfe der intraluminalen Stapler Anastomosen an anatomisch schwer zugänglichen Regionen leichter und sicherer anlegen als dies in „Handarbeit" möglich ist, z.B. Ösophagus-Darm- und tiefe Rektumanastomosen (s. S. 68ff). Im übrigen erfüllen die mechanischen Nähapparate nahezu ideal die Anforderungen, die an eine problemlose Darmanastomose gestellt werden. Bei Beachtung der Anwendungsregeln ist die Heilung ungestört. Die Anastomose ist sofort gut durchgängig. Obwohl die Nahtklammern dicht gesetzt sind, bewirken sie keine Ischämie der Darmwand. In der Hand des Geübten ist die Operationstechnik relativ einfach, damit verbunden ist die Gefahr der Kontamination des Operationsgebietes geringer. Die Implantation der Klammern wird vom Gewebe toleriert.
Diesen Vorteilen stehen aber auch Nachteile gegenüber. Zum einen sind die Kosten sehr hoch, besonders bei der Verwendung von Einmalgeräten, zum andern ist auch der Aufwand, der mit den mechanischen Nähapparaten bei der Herstellung einfacher End-zu-End-Anastomosen an beweglichen Darmabschnitten betrieben werden muß, so hoch, daß es sich em-

pfiehlt, die manuellen Nahttechniken bei entsprechender Indikation weiterhin beizubehalten. So einfach die Handhabung der Stapler nach den Beschreibungen auch scheinen mag, so schwierig kann ihre Verwendung u.U. werden. Sie sollten deshalb nur von Fortgeschrittenen benutzt werden, denen auch die Technik einer guten Handnaht geläufig ist.

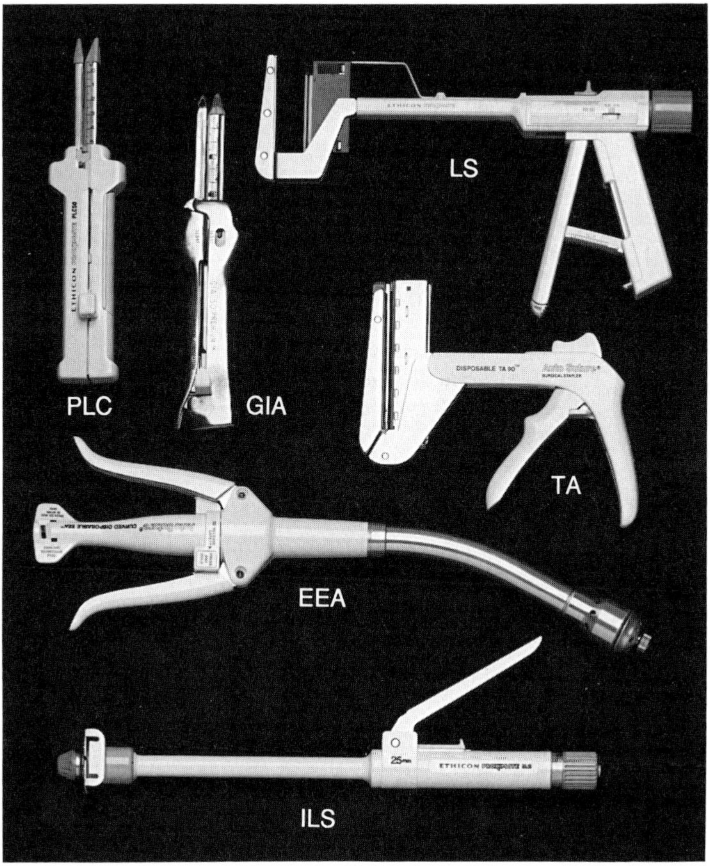

Mechanische Nähapparate.

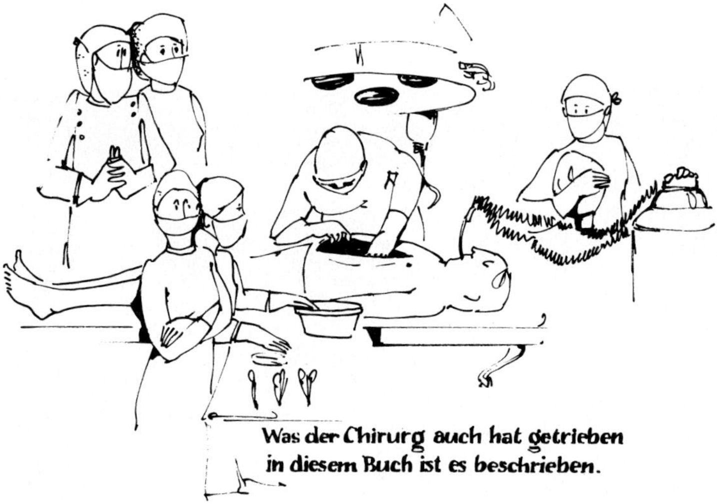
Was der Chirurg auch hat getrieben
in diesem Buch ist es beschrieben.

1 Abdominalchirurgie

Nabelhernie

Instrumentarium s. S. 20f

Die Bruchpforte der Nabelhernie (Hernia umbilicalis) ist der Nabelring, der von ringförmigen Faserzügen der Linea alba gebildet wird. Vor der Geburt treten hier die Nabelgefäße durch, danach wird der Ring durch Narbengewebe ausgefüllt.
Die Operation wird in Rückenlage ausgeführt. Bei kleineren Hernien wird der Nabel am unteren Rand halbkreisförmig umschnitten, bei größeren Brüchen erfolgt hier eine entsprechend große quere Inzision. Der Operateur löst die Pfeiler des Bruchsackes vom umgebenden Fettgewebe, stellt die angrenzende Bauchdeckenaponeurose dar und trennt den Bruchsack vom Hautdeckel des Nabels scharf ab. Nach Eröffnung des Bruchsackes wird der Inhalt reponiert. Nach einer Durchstechungsunterbindung wird der Bruchsack reseziert und die Bruchpforte durch Einzelknopfnähte verschlossen. Der Hautnabel wird dann an die vordere Rektusscheide fixiert und die Operationswunde verschlossen. Bei mittelgroßen und großen Hernien ist zum Verschluß der querverlaufenden Bruchpforte eine Doppelung der Bauchdecken empfehlenswert. Eine erste Reihe von U-Nähten faßt Peritoneum, Muskulatur und Rektusfaszie. Die Nähte werden so angelegt, daß nach Knüpfen der untere Wundrand unter Auskrempelung des Bauchfells unter den oberen hineingezogen wird. Mit einer zweiten Nahtreihe wird der überstehende obere Wundrand auf die vordere Rektusscheide des unteren gesteppt. Sehr große Nabelhernien erfordern eine wetzsteinförmige breite Umschneidung des Nabels, dessen Erhaltung nicht sinnvoll ist.
Nach Versorgung des Bruchsackes ist oft der spannungsfreie Verschluß der Bruchpforte nicht möglich, der wegen der Rezidivgefahr nicht erzwungen werden soll. Der Defekt wird vielmehr durch einen doppelten Faszienstreifen aus der Fascia lata, durch einen entsprechend großen Kutislappen oder durch einen Gore-Tex-Patch verschlossen.

Epigastrische Hernie

Die epigastrische Hernie ist ein Bruch in der Linea alba zwischen Nabel und Schwertfortsatz. Die Ursache ist ein präperitoneales Lipom, das sich durch eine Faszienlücke unter die Haut vorschiebt und nur relativ selten einen Bruchsack nach sich zieht.

Die Operation erfolgt in Rückenlage (Zeichnung). Der Hautschnitt verläuft längs über der Hernie. Der Bruch wird freipräpariert, das präperitoneale Fett abgetragen. Findet sich ein Bruchsack, so wird dieser nach Durchstechungsunterbindung reseziert. Die beiden Rektusbäuche werden durch einige Knopfnähte aneinandergenäht, die Öffnung in der Faszie durch Nähte in querer Richtung verschlossen. Subkutan- und Hautnähte.

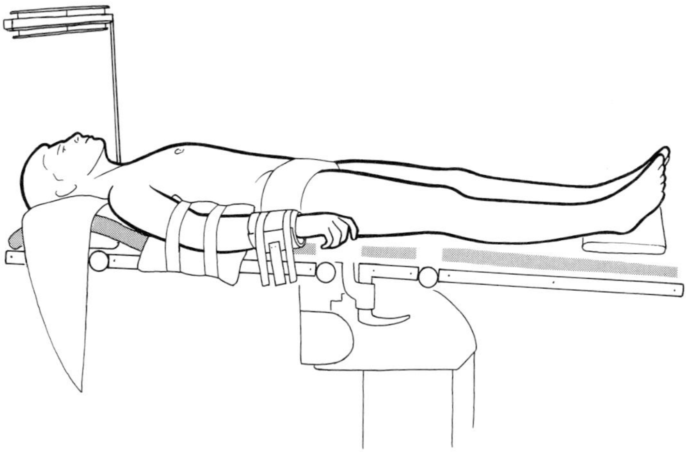

normale Rückenlage

1. 1 großes Skalpell
2. 1 kleines Skalpell
3. 2 chirurgische Pinzetten, Standard
4. 2 chirurgische Pinzetten, fein
5. 2 anatomische Pinzetten, Standard
6. 2 Scheren, stumpf-stumpf, Standard, gebogen
7. 4 Pean-Klemmen, gebogen
8. 2 Kocher-Klemmen
9. 4 Mikulicz-Klemmen
10. 2 Kornzangen, gebogen
11. 2 Präpariertupferklemmen
12. 2 scharfe Haken
13. 2 Roux-Haken
14. 2 Langenbeck-Haken
15. 2 Nadelhalter
16. 1 Gefäß mit Tupfern
17. 1 Dose mit Nadeln und Nahtmaterial
18. 5 Tuchklemmen
19. 1 Elektrokauter
20. 1 Inzisionsfolie

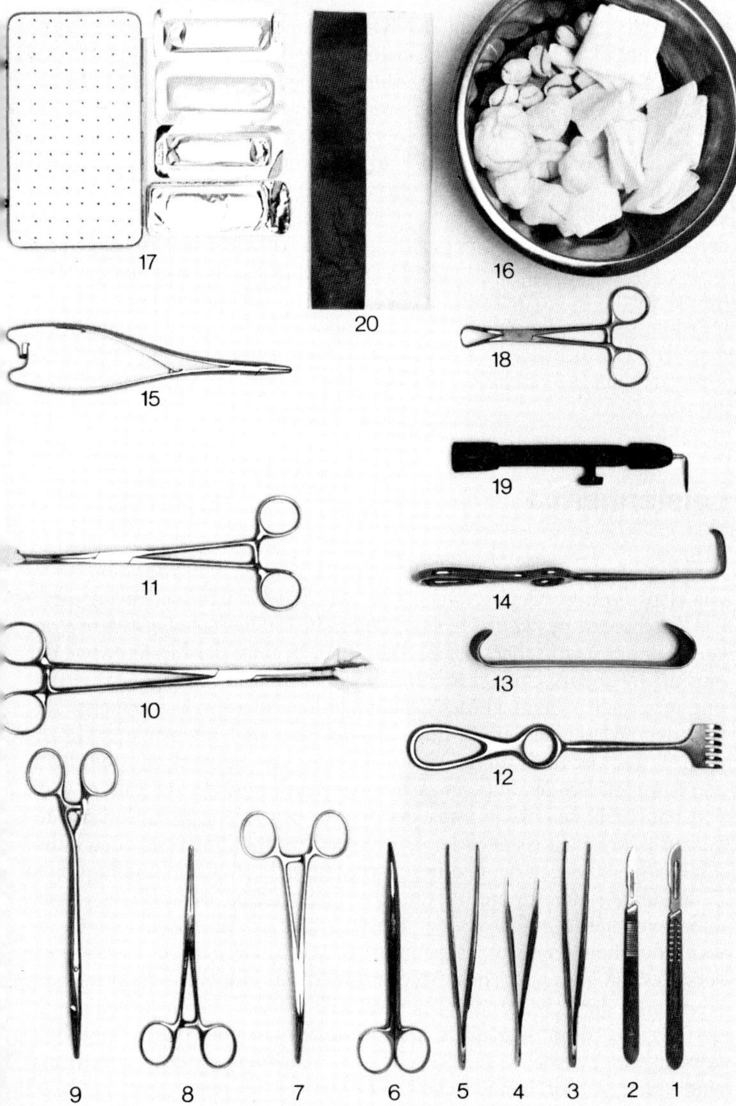
17
16
20
15
18
19
11
14
13
10
12
9
8
7
6
5
4
3
2
1

Narbenhernie

Instrumentarium s. S. 28f

Bleibt nach einer Verletzung der Bauchwand (Operation oder stumpfe Gewalteinwirkung) ein Bezirk verminderter Dehnungsfestigkeit in den straffen Bauchdecken zurück, so kann hier eine Narbenhernie entstehen. Ziel der in Rückenlage durchgeführten Operation ist die Rekonstruktion der Bauchdecken. Das Bruchgebiet wird ausreichend groß umschnitten, die Faszien freipräpariert und das Narbengewebe exzidiert. Sind die einzelnen Schichten der Bauchwand übersichtlich dargestellt und genügend mobilisiert, wird der Bruchsack eröffnet und seine Verwachsungen mit den Eingeweiden gelöst. Überschüssiges und narbig verändertes Bauchfell wird entfernt, danach das gesunde Peritoneum durch fortlaufende Naht geschlossen. Die Faszien werden schichtweise durch Flaschenzug- oder U-Nähte vernäht. Sind die Nahtverhältnisse unsicher, wird zusätzlich ein freies Faszienstück aus der Fascia lata, ein Kutislappen, ggf. auch ein Gore-Tex-Patch auf die vereinigten Faszien aufgesteppt. Subkutan- und Hautnähte.

Leistenhernie

Aufgrund der anatomischen Gegebenheiten können *indirekte* oder *laterale* von den *direkten* oder *medialen Leistenhernien* unterschieden werden. Die Bruchpforte des *indirekten Leistenbruchs* ist der innere Leistenring, der lateral der epigastrischen Gefäße liegt. Hier beginnt der Leistenkanal, der die Bauchwand in schräger Richtung durchzieht und am äußeren Leistenring unmittelbar oberhalb des Leistenbandes endet. Im Leistenkanal verläuft beim Mann der Samenstrang, bei der Frau ein Halteband der Gebärmutter, das Lig. teres uteri. Die Vorderwand des Leistenkanals wird von der Aponeurose des äußeren schrägen Bauchmuskels, die Hinterwand von Bauchfell, der Fascia transversalis und den sehnigen Ausläufern des queren Bauchmuskels gebildet. Durch die Kontraktionen des queren und des inneren schrägen Bauchmuskels wird unter normalen physiologischen Bedingungen der innere Leistenring kulissenartig verschlossen, nach außen verlagert, und damit der Leistenkanal schräg gestellt. Durch die Kontraktionen des queren Bauchmuskels wird außerdem die Fascia transversalis straff gespannt. Diese Mechanismen verhindern das Auftreten von Hernien in der Leistenregion. Bei Ausweitung des inneren Leistenringes und der Fascia transversalis sowie bei gestörtem muskulären Verschluß können Eingeweide, in der Regel Darm oder Netz, in den Leistenkanal eindringen, wodurch eine indirekte Leistenhernie entsteht. Ist die Fascia transversalis medial von den epigastrischen Gefäßen im sog. Hesselbachschen Dreieck geschwächt, so entsteht eine direkte Leistenhernie. Diese verläuft also nicht mit dem Samenstrang, sondern schiebt ihn nach lateral. Die *angeborene Leistenhernie* ist stets ein indirekter Bruch. Bei der Senkung des Hodens (Descensus testis) von der Bauchhöhle in den Hodensack (Skrotum) während der Embryonalentwicklung liegt der Hoden in einer Ausstülpung des Bauchfells (Processus vaginalis peritonei). Nach dem Deszensus, kurz vor oder kurz nach der Geburt, verödet der Processus vaginalis im Bereich des Samenstranges. Bleibt diese Obliteration aus, ist ein angeborener Bruchsack vorhanden. In diesen können sich Darmteile vorschieben, vorausgesetzt, daß der innere Leistenring erweitert ist. Besteht der Inhalt des Processus vaginalis nicht aus Baucheingeweiden, sondern aus Flüssigkeit, so liegt eine *Hydrozele* vor.

Verlauf der Hernienoperation: Normale Rückenlage, Hautschnitt fingerbreit oberhalb des Leistenbandes, Durchtrennung des Subkutangewebes, Darstellung der Externusaponeurose und des äußeren Leistenrings. Spaltung der Externusaponeurose und Präparation der Lefzen nach kranial und kaudal. Am freiliegenden Samenstrang wird die Kremastermuskulatur längs gespalten und jeweils am inneren und äußeren Leistenring zwischen Klemmen durchtrennt, ligiert und exzidiert. Nachdem der Samenstrang samt Begleitgefäßen mit einem Bändchen angeschlungen wurde, sucht der Operateur den Bruchsack auf und präpariert ihn bis zur peritonealen Umschlagsfalte. Nach Abschluß der Präparation muß der innere Leistenring aus allseits freien Rändern der Fascia transversalis bestehen und die Gabelung des Samenstranges nach medial und der Vasa spermatica nach lateral sichtbar sein. Eröffnen des Bruchsackes. Reposition seines Inhaltes, Verschluß der Bruchsackbasis durch Tabaksbeutelnaht und Resektion des überstehenden Restes.
In etwa 90% der indirekten Leistenhernien ist der innere Leistenring weit und die Fascia transversalis ausgeweitet. Letzteres ist bei den medialen Hernien immer der Fall.
Bei diesem Befund empfiehlt sich die Reparation der Bruchpforten nach *Shouldice,* die von allen Verfahren die geringsten Rezidivquoten aufweist: Die Fascia transversalis wird vom inneren Leistenring bis an den Schambeinhöcker heran gespalten und das präperitoneale Fett von den Lefzen stumpf abpräpariert. Nicht nahtfähige Ränder werden reseziert und sodann die Transversalisfaszie durch fortlaufende Naht von medial nach lateral und rückläufig gedoppelt. Dabei wird der innere Leistenring so eng konstruiert, daß nur noch eine geschlossene Pinzette Einlaß findet. Zur weiteren Verstärkung der Hinterwand wird jetzt vom inneren Leistenring beginnend die Muskulatur des M. transversus abdominis an das Leistenband fortlaufend vernäht, am Schambein kehrt die Naht um, und der Operateur fixiert mit dieser zweiten Doppelung den M. obliquus internus abdominis am Leistenband.

Nach Reposition des Samenstranges wird über diesem die Externusaponeurose mit fortlaufender Naht geschlossen. Das Einlegen einer subkutanen Redondrainage und Hautnähte beenden den Eingriff.
Bei der *direkten Leistenhernie* wird der Bruchsack in derselben Weise präpariert, wie eben beschrieben, und allseits die Ränder der Fascia transversalis dargestellt, um ihn ggf. mit einer einstülpenden Tabaksbeutelnaht versenken zu können. Soll der Leistenkanal nach Shouldice rekonstruiert werden, so werden die Ränder der Fascia transversalis so weit reseziert, daß kranial und kaudal nahtfähige Faszienanteile vorliegen. Das weitere Vorgehen ist analog dem oben beschriebenen Verfahren.
Die *Versorgung der kindlichen Leistenhernie* verlangt eine operative Technik, die jede Einengung oder Verlagerung des Samenstranges vermeidet, um die Durchblutung des Hodens und die Funktion des Samenleiters (Ductus deferens) nicht zu gefährden.
Operationsverlauf: Rückenlage, querer Hautschnitt in der Unterbauchfalte, Durchtrennung des Subkutangewebes und der Scarpaschen Faszie, Eröffnung der Externusaponeurose und Darstellung des Samenstranges. Nach Längsspaltung der Kremasterfasern Aufsuchen des Bruchsackes, der an der Vorderwand eröffnet wird. Unter Schonung des Samenleiters und der Gefäße wird nach entsprechender Präparation der Bruchsack quer durchtrennt. Der proximale Abschnitt des Bruchsackes wird bis zur peritonealen Umschlagsfalte freipräpariert, dann nach Reposition des Inhaltes und Umstechung abgetragen. Der distale Bruchsackanteil wird belassen. Die Kremasterfasern werden mit feinen Nähten adaptiert, der innere Leistenring durch 1–2 Nähte des inneren schrägen Bauchmuskels an das Leistenband eingeengt, wobei der Samenstrang nicht verlagert wird, sondern unterhalb der Naht verläuft. Schließlich Naht der Externusaponeurose, Subkutan- und Hautnähte.

Schenkelhernie

Der Schenkelbruch entsteht an einer Schwachstelle der Bauchwand, am sog. Schenkelring. Dieser wird nach medial begrenzt durch den freien Rand der Fascia transversalis, die am Lig. Cooperi (Lig. pubicum superius) inseriert, nach lateral durch die V. femoralis, nach dorsal durch das Lig. Cooperi und nach ventral durch das Lig. inguinale. Die Hernie, die durch einen Defekt der Fascia transversalis entsteht, schiebt sich durch den Schenkelring in den Schenkelkanal parallel der Femoralvene vor und gelangt im Bereich der Fossa ovalis durch die Fascia cribrosa in das Subkutangewebe.

Der operative Verschluß der Bruchpforte kann vom Schenkel aus (krural) oder von der Leiste aus (inguinal) erfolgen. Auch ein kombiniertes Vorgehen ist möglich. Üblicherweise werden die Schenkelhernien der Frau vom kruralen Zugang aus operiert; bei Männern empfiehlt sich der inguinale Weg, da bei ihnen der Schenkelbruch häufig mit einer direkten Leistenhernie kombiniert ist. Auch bei Einklemmungen wird dieser Zugang bevorzugt. Von den zahlreichen Operationsverfahren seien die folgenden beispielhaft dargestellt:

1. *Kruraler Zugang* (normale Rückenlage): Hautschnitt medial der Femoralgefäße, senkrecht oder schräg über der Bruchgeschwulst, ggf. auch tiefer Inguinalschnitt. Nach Eröffnen der Fascia femoralis wird der Bruchsack sichtbar, der allseitig freipräpariert und dann eröffnet wird. Ist der Bruchinhalt reponiert, wird der Bruchsack an der Basis umstochen und abgetragen. Nun stellt der Operateur die Bruchpforte dar, die medial vom Lig. lacunare Gimbernati, lateral von der V. femoralis, kranial vom Leistenband und kaudal vom Lig. Cooperi begrenzt wird.

Bei der Reparation der Bruchpforte nach *Fabricius* (Abb. 1.**1**) vernäht der Operateur mit Einzelknopfnähten, medial beginnend, das Lig. Cooperi mit dem Leistenband, wobei die Fascia transversalis mitgefaßt werden sollte. Auf die Schonung der Femoralvene ist genauso zu achten, wie eine Einengung zu vermeiden ist. Bei der Reparation nach *Bassini* wird das Lig. lacunare und Leistenband breitflächig mit der Fascia pectinea vernäht (Abb. 1.**2**). Mit einer zweireihigen fortlaufenden Naht wird bei der Methode nach *Shouldice* die Bruchpforte verschlossen. Mit der ersten Naht wird die Fascia transversalis auf das Lig. Cooperi oder die Fascia pectinea genäht. Anschließend wird der überstehende Rand des Lig. inguinale wieder mit fortlaufender Naht darüber fixiert.

2. *Inguinaler Zugang:* Der Operationsverlauf entspricht bis einschließlich Spaltung der Fascia transversalis dem Eingriff bei Leistenhernien (s. S. 23). Ist die Hinterwand des Leistenkanals eröffnet, gelangt der Operateur bei der weiteren Präparation an den Hals des Schenkelbruchsackes, der medial der Femoralvene gelegen ist. Durch vorsichtigen Druck von krural und durch Zug am Bruchsackhals läßt sich der Bruch luxieren und in üblicher Weise versorgen.

Bei der Reparation der Bruchpforte nach *Lotheissen/Mc.Vay* wird die Fascia transversalis, ggf. auch der M. obliquus internus abdominis, an das Lig. Cooperi fixiert (Abb. 1.**3**).
Bei der Reparation nach *Shouldice* wird das bereits beschriebene krurale Verfahren mit der inguinalen Methode des Genannten kombiniert. Der Verschluß des Schenkelkanals erfolgt durch Annäherung des Lig. Cooperi an die Fascia transversalis oder an die Rückseite des Leistenbandes durch fortlaufende Naht. Hierbei kann die erste Naht von inguinal, die zweite nach Verziehung des Leistenschnittes nach kaudal von krural plaziert werden. Ist so die Bruchpforte der Schenkelhernie sicher verschlossen, wird die Hinterwand des Leistenkanals mehrschichtig nach Shouldice (S. 23) aufgebaut.

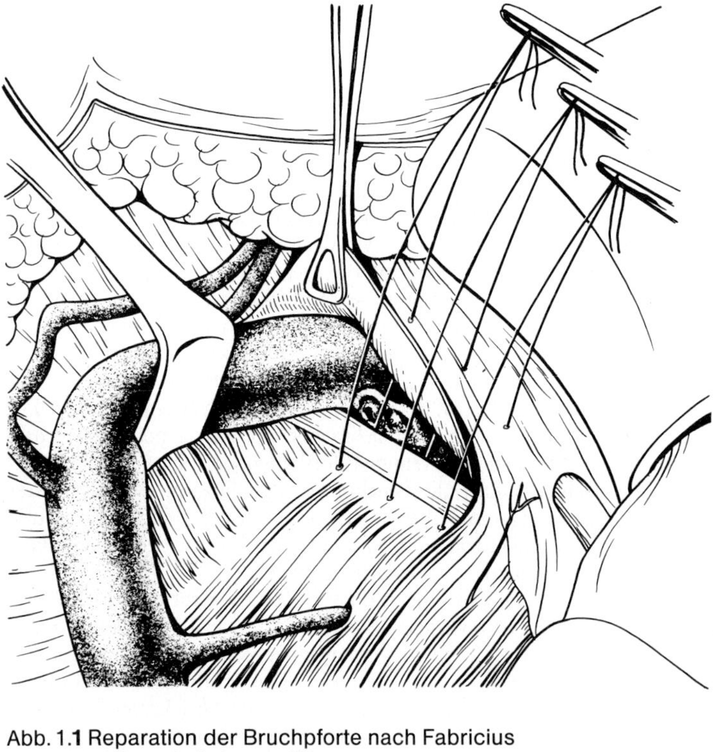

Abb. 1.**1** Reparation der Bruchpforte nach Fabricius
(Abb. 1.**1**–1.**3** nach Schumpelik)

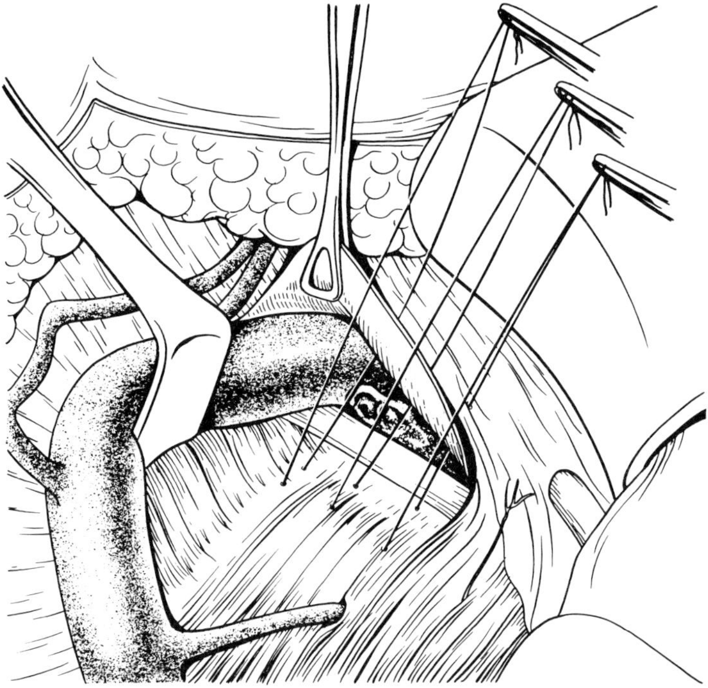

Abb. 1.**2** Verfahren nach Bassini

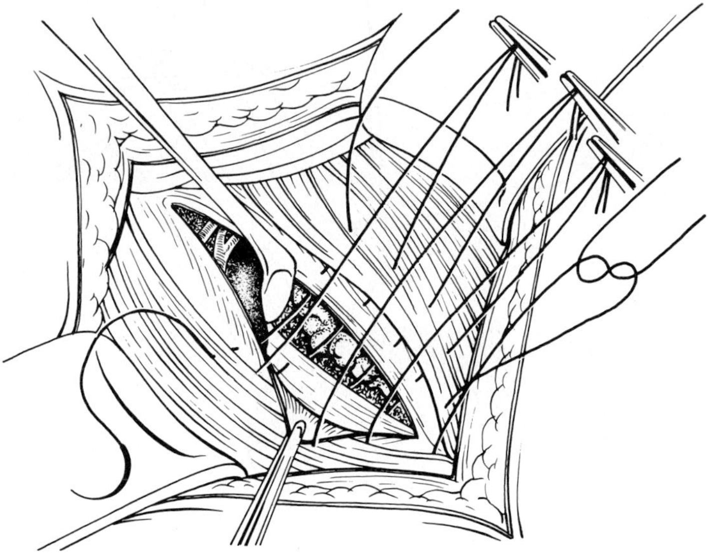

Abb. 1.**3** Verfahren nach Lotheissen/McVay

1. 1 großes Skalpell
2. 1 kleines Skalpell
3. 2 chirurgische Pinzetten, Standard
4. 2 chirurgische Pinzetten, fein
5. 2 anatomische Pinzetten, Standard
6. 2 Scheren, stumpf-stumpf, Standard, gebogen
7. 4 Pean-Klemmen, gebogen
8. 4 Kocher-Klemmen
9. 2 Overholt-Klemmen
10. 2 Kornzangen, gebogen
11. 2 Präpariertupferklemmen
12. 2 scharfe Haken
13. 2 Roux-Haken
14. 2 Langenbeck-Haken
15. 2 Nadelhalter
16. 1 Gefäß mit Tupfern
17. 1 Dose mit Nadeln und Nahtmaterial
18. 5 Tuchklemmen
19. 1 Elektrokauter
20. 1 Siliconzügel
21. 1 Inzisionsfolie

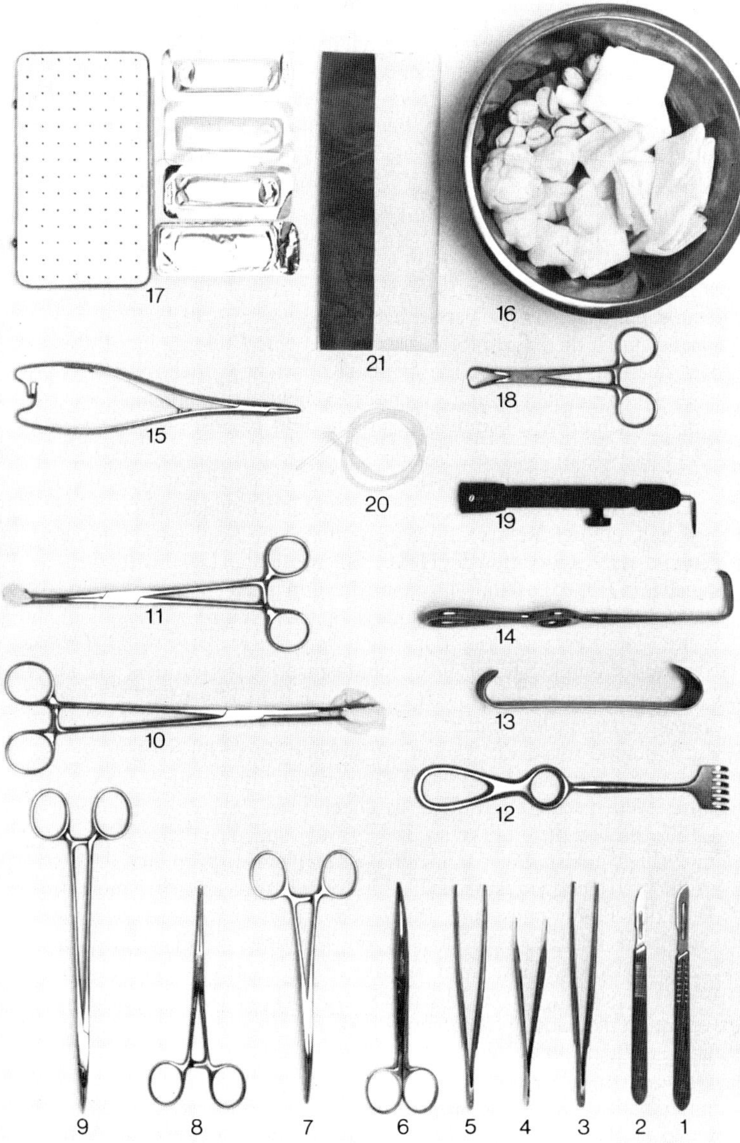
17
21
16
18
15
20
19
11
14
10
13
12
9
8
7
6
5
4
3
2
1

Hiatushernie

Die Stelle, an der die Speiseröhre durch das Zwerchfell tritt, wird als Hiatus oesophageus bezeichnet. Hier entstehen Zwerchfellbrüche am häufigsten, die nach der Bruchpforte *Hiatushernien* genannt werden. Sie können angeboren oder erworben sein. Bei der einfachsten Form dieser Hernien tritt der abdominelle Anteil des Ösophagus über den Hiatus hinaus nach oben in den Thoraxraum (Short esophagus). Gelangen auch kardianahe Magenanteile in diese Position, spricht man von einer *ösophagogastrischen Hernie.* Behält die abdominale Speiseröhre ihre normale Lage bei, drängen sich aber Anteile des Magenfundus hinter oder neben der Speiseröhre durch den Hiatus in den Brustraum, werden solche Bruchformen als *paraösophageale Hernien* bezeichnet. Im extremsten Fall gleitet der ganze Magen durch die Bruchpforte. Da er dabei eine Drehung um 180 Grad nach oben ausführt, sozusagen auf dem Kopf steht, wird die Hernie „Upside-down stomach" genannt. Auch die Kombination der beiden beschriebenen Bruchformen, ösophagogastrische und paraösophageale Hernie, wird beobachtet.

Das Ziel der Operation ist es, den pathologisch abgeflachten Winkel zwischen Speiseröhre und Fundus (Hisscher Winkel) wieder spitzwinklig zu gestalten, um den Reflux von Magensaft in den Ösophagus zu unterbinden und, nach Reposition der Hernie, einen erneuten Durchtritt von abdominellem Ösophagus und Magenanteilen durch den Hiatus zu verhindern. Dies wird durch Einengung des Hiatusschlitzes auf seine physiologische Weite, durch Fixation des Magens an die vordere Bauchwand *(Gastropexie)* oder durch Bildung einer Fundusmanschette um den terminalen Ösophagus *(Fundoplicatio)* erreicht. Je nach Befund werden die verschiedenen Verfahren kombiniert.

Zur Operation wird der Patient mit überstrecktem Oberbauch auf dem Rücken gelagert (Zeichnung). Als Zugang zum Operationsgebiet wird der obere Medianschnitt gewählt. Als erster Schritt der Operation werden nach Eröffnung des Abdomens die Verwachsungen zwischen Fundus und Zwerchfell gelöst. Bei paraösophagealen Hernien wird der Bruchsack eröffnet – ösophagogastrische Hernien besitzen einen solchen nicht – und die in den Thoraxraum eingedrungenen Organteile reponiert. Der distale Ösophagus wird freipräpariert, mit Allis-Klemmen gefaßt und nach unten gezogen. Durch Nähte wird der erweiterte Hiatus auf physiologische Weite eingeengt, ein zuvor eingeführter dickkalibriger Magenschlauch verhindert die Bildung einer Stenose. Als alleiniger Akt ist die *Hiatoplastik* nicht geeignet, ein Rezidiv zu verhindern. Dazu ist neben anderen Verfahren die Gastropexie geeignet. Der nach distal gezogene Magen wird dabei mit U-Nähten an die vordere seitliche Bauchwand fixiert. Die Nähte werden zwischen kleiner Kurvatur und Peritoneum einschließlich dem hinteren Blatt der Rektusscheide gelegt und geknüpft.

Zur Fundoplicatio wird der Magenfundus ausreichend mobilisiert und ein entsprechend langer, dem Ösophagus benachbarter Fundusteil von links nach rechts hinter der Speiseröhre nach vorn herumgeführt. Wird dieser mit dem links vom Ösophagus verbliebenen Fundus durch Einzelnähte verbunden, entsteht eine relativ breite Manschette um die Speiseröhre, die ein Rezidiv wirksam verhindert, besonders dann, wenn noch zusätzlich die Gastropexie durchgeführt wird.

Erworbene Hiatushernien können auch transpleural, d.h. durch Eröffnung des Thorax (Thorakotomie) vom Brustraum aus, operiert werden. Die Durchführung der oben beschriebenen Fundoplicatio ist dann allerdings nur möglich, wenn die Operation zu einem Zweihöhleneingriff erweitert wird. Beschränkt sich der Operateur aus gegebenen Gründen auf den Thoraxeingriff, so besteht das Prinzip dieses Verfahrens in der Einengung der Zwerchfellbruchpforte (Hernioplastik) und in der Verankerung der Speiseröhre im Hiatus.

Der Thorax wird durch eine Inzision im 7. Interkostalraum links oder durch das Bett der resezierten linken 8. Rippe eröffnet (Lagerung S. 219). Der mit einem dicken Magenschlauch armierte Ösophagus wird in seinem distalen Abschnitt freipräpariert und angeschlungen. Neben der Speiseröhre liegt der Bruchsack. Er wird isoliert, eröffnet und sein Inhalt revidiert. Größere Bruchsäcke werden reseziert. Nach Verschluß und Reposition des Bruchsackes wird die Bruchpforte hinter der Speiseröhre mit Einzelknopfnähten aus nichtresorbierbarem Material so verschlossen, daß die Speiseröhre nicht eingeengt wird. Zwischen ihr und den Verschlußnähten soll sogar eine etwa 1 ½ Querfinger breite Lücke gelassen werden. In diesen eingeplanten Defekt wird der Ösophagus mit nichtresorbierbarem Nahtmaterial zirkulär eingenäht, wobei auf den Verlauf des Vagusnervs zu achten ist. Die Nähte fassen jeweils in Längsrichtung einen breiten Abschnitt der Ösophagusmuskulatur, ohne die Schleimhaut anzustechen. Nach Einlegen einer Pleuradrainage wird die Thorakotomie schichtweise geschlossen.

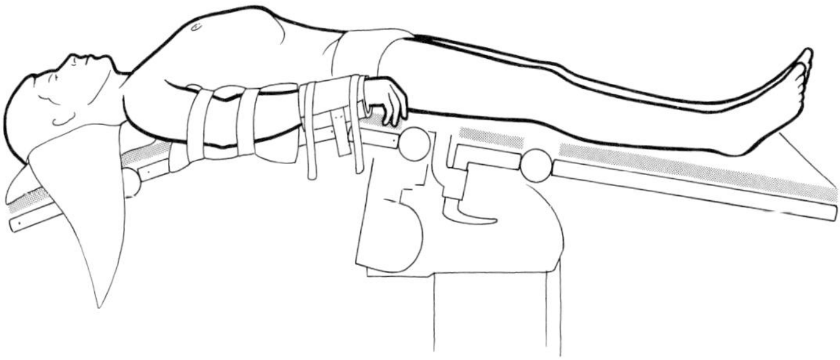

Rückenlage mit überstrecktem Oberkörper

1. 1 großes Skalpell
2. 1 kleines Skalpell
3. 2 chirurgische Pinzetten, Standard
4. 2 chirurgische Pinzetten, fein
5. 2 chirurgische Pinzetten, lang
6. 2 chirurgische Pinzetten, lang, fein
7. 2 anatomische Pinzetten, Standard
8. 2 anatomische Pinzetten, lang
9. 2 anatomische Pinzetten, lang, fein
10. 2 Scheren, stumpf-stumpf, Standard, gebogen
11. 2 Scheren, stumpf-stumpf, lang, gebogen
12. 4 Pean-Klemmen, gebogen
13. 4 Kocher-Klemmen
14. 4 Mikulicz-Klemmen
15. 2 Overholt-Klemmen
16. 2 Allis-Klemmen, lang
17. 2 Kornzangen, gebogen
18. 2 Präpariertupferklemmen
19. 2 scharfe Haken
20. 2 Roux-Haken
21. 2 Langenbeck-Haken
22. 2 Bauchdeckenhaken
23. 2 Leberhaken
24. 2 Haken, tief, schmal
25. 1 Bauchdeckenhalter
26. 2 Nadelhalter
27. 1 Nadelhalter, lang
28. 1 Gefäß mit Tupfern
29. 1 Dose mit Nadeln und Nahtmaterial
30. 5 Tuchklemmen
31. 1 Elektrokauter
32. 1 Inzisionsfolie
33. 1 Sauger
34. 1 Rochard-Haken (ohne Abb.)

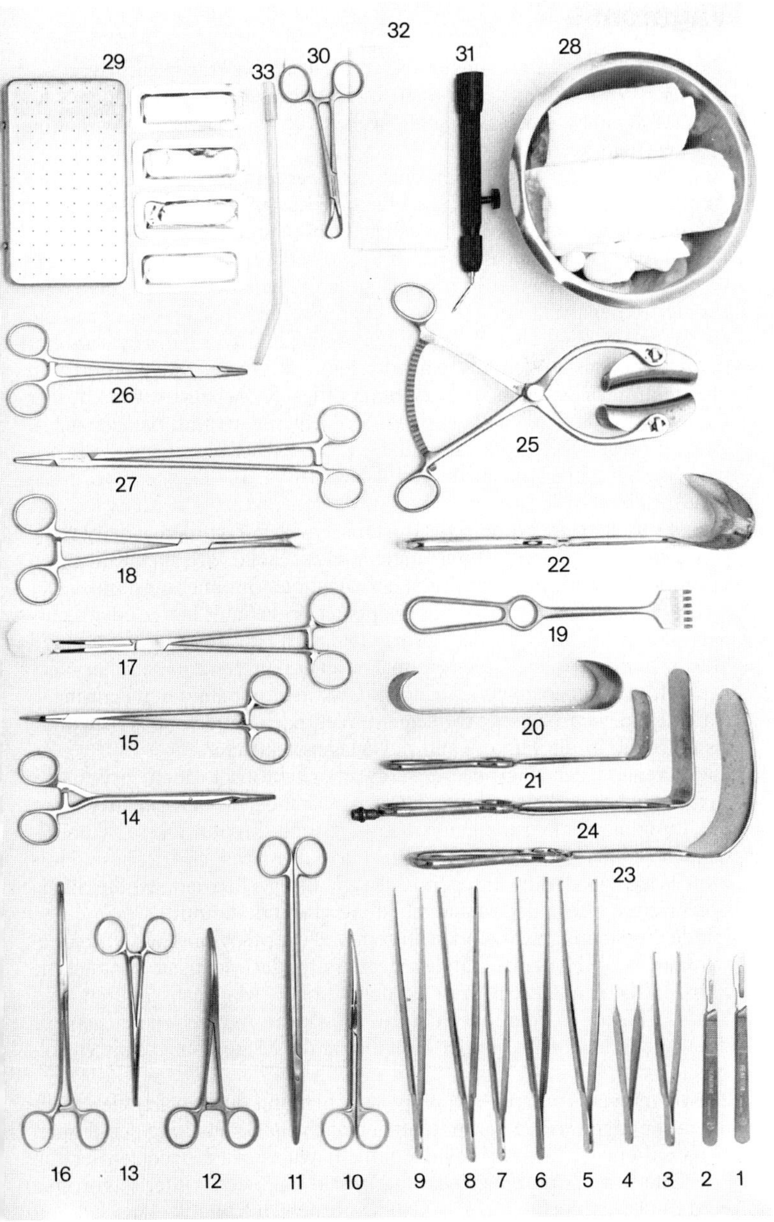
32
29
33
30
31
28
26
25
27
22
18
19
17
20
15
21
14
24
23
16
13
12
11
10
9
8
7
6
5
4
3
2
1

Vagotomie

Die Innervation des Magens unterscheidet sich im Prinzip nicht von der nervösen Versorgung des übrigen Intestinaltraktes. In der Magenwand findet sich ein System von Ganglienzellen, die von Vagus und Sympathikus gesteuert werden.
Voraussetzung für das Verständnis der Vagotomie ist die Kenntnis der Anatomie der Vagusnerven, die etwas verkürzt, ohne Berücksichtigung der zahlreichen Varianten, dargestellt werden soll.
Der linke Vagus (Truncus vagalis anterior) verläuft an der Vorderseite des Ösophagus. In Höhe der Kardia zweigt ein R. hepaticus ab, der dem Verlauf der A. hepatica folgt und zum Leberhilus zieht. Häufig ist es nicht ein einzelner Ast, sondern 2–3 getrennte Zweige. Im Bereich des Pylorus gibt der R. hepaticus 1 oder 2 Äste ab, die zum Antrum des Magens und zum Duodenum ziehen. Nach Abzweigung des R. hepaticus verläuft der Hauptast des linken Vagus entlang der kleinen Kurvatur, parallel zur A. gastrica sinistra. Er wird auch vorderer Latarjetscher Nerv genannt. In seinem Verlauf gibt er unterschiedlich viele Äste (4–10) ab, die im vorderen Peritonealblatt des kleinen Netzes verlaufen und zur Vorderwand des Magens ziehen. In Höhe des Antrums endet der vordere Latarjetsche Nerv, indem er sich in 3–4 Äste aufteilt. Diese Stelle wird auch Krähenfuß genannt. Er ist für den Chirurgen ein wichtiger Orientierungspunkt. Der rechte Vagus (Truncus nervi vagalis posterior) verläuft hinter oder rechts der Speiseröhre. In Höhe der Kardia gibt er Äste ab, die zum Antrum und Plexus coeliacus ziehen. Der Hauptast, auch hinterer Latarjetscher Nerv genannt, verläuft ebenfalls an der kleinen Kurvatur im hinteren Peritonealblatt des kleinen Netzes. Auf seinem Weg nach kaudal gibt er mehrere Äste ab, die in die Hinterwand des Magens eintreten.
Die Erregung der Vagusnerven kommt reflektorisch durch psychische Reize (Anblick und Geruch von Speisen) zustande. Sie bewirkt am Magen die Anregung der Peristaltik und der Magensaftsekretion. Die salzsäurebildenden Belegzellen werden stimuliert und Gastrin freigesetzt. Dieses Hormon wirkt wiederum anregend auf die Belegzellen ein, wodurch ein potenzierter Effekt der Salzsäurebildung zustande kommt.
Für die Entstehung der Duodenalulzera und der präpylorischen Magengeschwüre ist die Hyperazidität des Magensaftes der wichtigste ätiologische Faktor. Bei den Geschwüren in den übrigen Magenabschnitten sind hauptsächlich Veränderungen der Faktoren verantwortlich zu machen, die die Magenschleimhaut vor der Einwirkung der Magensäure schützen sollen.
Zur operativen Therapie von präpylorischen und duodenalen Geschwüren und mit gewissen Einschränkungen auch zur Behandlung der übrigen Magenulzera (s. Operationsindikationen) wurde in den beiden letzten Jahrzehnten mehr und mehr die Vagotomie eingesetzt. Unter Vagotomie wird die Unterbrechung der beiden Vagusnerven bzw. die Ausschaltung

bestimmter Vagusäste verstanden. Dieses Verfahren hat den Vorteil, daß bei der Operation von präpylorischen und duodenalen Geschwüren der ganze Magen erhalten bleibt. Bei den Ulzera der übrigen Magenabschnitte muß zusätzlich der geschwürtragende Bezirk reseziert werden, wodurch aber in der Regel eine ausgedehnte Magenresektion vermieden werden kann.

Operationstechnisch werden heute 2 Verfahren angewandt: 1. Die trunkuläre oder totale Vagotomie (TV), 2. die selektive proximale Vagotomie (SPV), die das Verfahren der Wahl darstellt.

Die Unterschiede beider Verfahren sind folgende:

Trunkuläre Vagotomie: Alle Vagusäste zum Magen einschließlich aller abdominaler Äste werden durchtrennt (Abb. S. 36).

Selektive proximale Vagotomie: Alle Vagusäste, die zum Fundus und Korpus des Magens führen, werden durchtrennt. Die vagale Innervation des Antrums und der übrigen Bauchorgane bleibt jedoch erhalten (Abb. S. 37).

Nach der relativ leicht und rasch durchzuführenden TV treten schwerwiegende Störungen im Magen-Darm-Trakt auf. Die Kontraktionsfähigkeit aller Magenabschnitte ist gemindert. Die Folgen sind Erschlaffung und Dilatation des Magens sowie eine starke Verzögerung der Entleerung. Im Duodenum ist die Insulingegenregulation durch Glukagon eingeschränkt, die Sekretion der Verdauungssäfte gemindert. Auch im Dünndarm ist die Kontraktionsfähigkeit herabgesetzt (Dilatation und Stauung), der Zottenapparat gelähmt. Die Fettresorption ist vermindert, episodenhaft treten Diarrhöen auf.

Wegen dieser beträchtlicher Nebenwirkungen wird die TV heute nur noch ausnahmsweise ausgeführt. Eine relative Indikation zu diesem Eingriff ist gegeben, wenn bei notfallmäßig durchgeführter Operation eines perforierten oder blutenden Magen-Duodenal-Ulkus (S. 49f) der schlechte Allgemeinzustand und das höhere Lebensalter des Patienten die Durchführung einer SPV nicht erlaubt oder auch bei der Operation eines Anastomosenulkus nach Magenresektion vom Typ Billroth II.

Um die geschilderten Entleerungsstörungen des Magens zu verhindern, muß der TV eine sog. Drainageoperation des Magenausgangs hinzugefügt werden. Dazu werden verschiedene Verfahren angegeben. Am leichtesten durchführbar ist die Pyloroplastik nach Heinecke-Mikulicz. Dabei wird entsprechend der Magen-Darm-Achse eine Längsinzision durch den Pylorusmuskel geführt. Der Einschnitt reicht jeweils 5 cm duodenal- und magenwärts. Der Wundverschluß erfolgt quer zur Lichtung mit einseitigen extramukös gestochenen Einzelkopfnähten oder fortlaufender submuköser Allschichtennaht.

Indikationen zur selektiven proximalen Vagotomie (SPV): therapieresistentes Ulcus duodeni und präpylorisches Ulkus, Magengeschwüre in Kombination mit Exzision bzw. Resektion der ulkustragenden Bezirke und bei nicht resezierbarem Ulkus im Magenstumpf nach Magenresektion.

trunkuläre Vagotomie (TV)

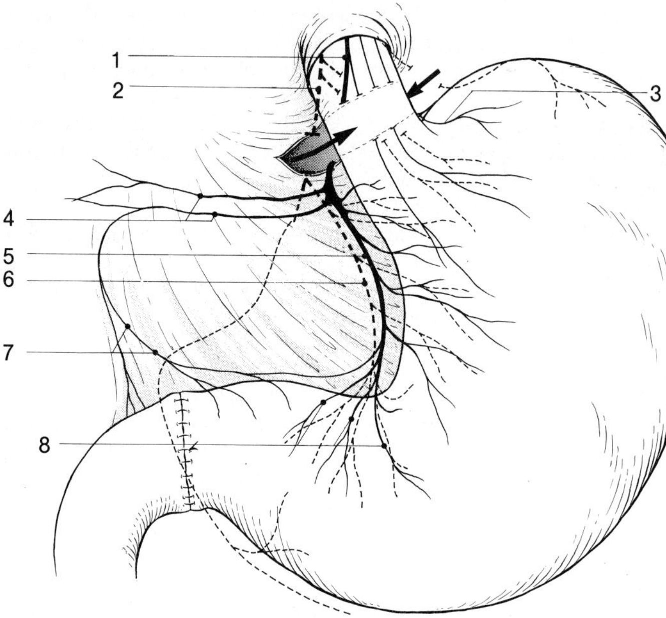

1 = Truncus vagalis anterior (linker Vagus)
2 = Truncus vagalis posterior (rechter Vagus)
3 = vorderer Fornixast
4 = Leberäste (Rr. hepatici)
5 = vorderer gastraler Hauptnerv (Latarjet)
6 = hinterer gastraler Hauptnerv (Latarjet)
7 = Antrumäste
8 = Krähenfuß

(nach Burger)

selektive proximale Vagotomie (SPV)

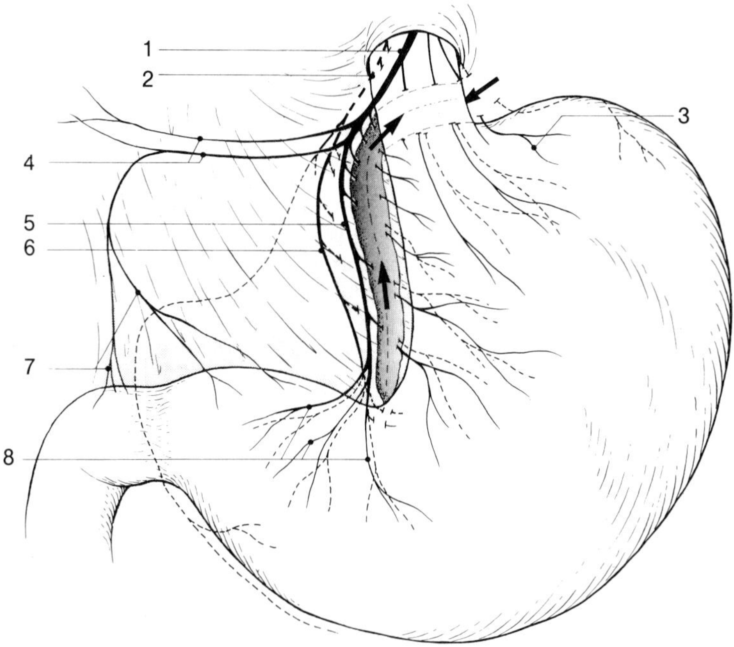

1 = Truncus vagalis anterior (linker Vagus)
2 = Truncus vagalis posterior (rechter Vagus)
3 = vorderer Fornixast
4 = Leberäste (Rr. hepatici)
5 = vorderer gastraler Hauptnerv (Latarjet)
6 = hinterer gastraler Hauptnerv (Latarjet)
7 = Antrumäste
8 = Krähenfuß

(nach Burger)

Operationsablauf: Rückenlagerung mit leicht überstrecktem Oberkörper (S. 31). Eröffnung des Abdomens durch oberen Medianschnitt, Einsetzen eines Rochard-Hakens, der die Übersicht beträchtlich erleichtert. Identifizieren des vorderen Latarjetschen Nervs, Aufsuchen des sog. Krähenfußes und Beginn der magennahen Skelettierung im Bereich des vorderen Peritonealblattes der kleinen Kurvatur. Die Skelettierung wird über die Kardia hinaus bis auf die unteren Ösophagusabschnitte fortgesetzt. Nach Anschlingen der Speiseröhre wird diese auf einer Länge von 2 cm von allem auf- und anliegenden Gewebe befreit. Im Kardia-Ösophagus-Bereich ist auf den Abgang des R. hepaticus zu achten, dessen Verletzung unter allen Umständen zu vermeiden ist. Anschließend erfolgt die magennahe Skelettierung der kleinen Kurvatur im Verlauf des hinteren Peritonealblattes. Nun wird auch die Ösophagushinterwand vom anliegenden Gewebe befreit. Die Präparation ist beendet, wenn im Bereich des terminalen Ösophagus auf 2 cm Länge alle Gewebsverbindungen zum kleinen Netz, Retroperitonealraum und zum Magenfundus durchtrennt sind. Nun wird der Ösophagus nochmals mit Pinzette oder Nervenhäkchen auf belassene Vagusfasern untersucht, die ggf. durchtrennt werden. Ist keine Pylorusstenose vorhanden, ist nach schichtweisem Verschluß der Operationswunde der Eingriff beendet. Andernfalls muß der SPV eine Drainageoperation (s.o.) hinzugefügt werden.

Mit noch so großem
Stimmaufwand
geht gar nichts schneller
von der Hand.

1. 1 großes Skalpell
2. 1 kleines Skalpell
3. 1 langes Skalpell
4. 2 chirurgische Pinzetten, Standard
5. 2 chirurgische Pinzetten, fein
6. 2 chirurgische Pinzetten, lang
7. 2 chirurgische Pinzetten, lang, fein
8. 2 anatomische Pinzetten, Standard
9. 2 anatomische Pinzetten, lang
10. 2 anatomische Pinzetten, lang, fein
11. 1 anatomische Pinzette, lang, gebogen
12. 2 Scheren, stumpf-stumpf, Standard, gebogen
13. 2 Scheren, stumpf-stumpf, lang, gebogen
14. 4 Pean-Klemmen, gebogen
15. 4 Kocher-Klemmen
16. 4 Mikulicz-Klemmen
17. 10 Overholt-Klemmen
18. 4 Moskito-Klemmen, gebogen
19. 2 Kornzangen,gebogen
20. 2 Präpariertupferklemmen
21. 1 Kocher-Rinne
22. 2 Deschamps
23. 1 Kocher-Rinne, lang
24. 2 Deschamps, lang
25. 4 Allis-Klemmen, lang
26. 1 Nervenhaken
27. 2 scharfe Haken
28. 2 Roux-Haken
29. 2 Langenbeck-Haken
30. 2 Bauchdeckenhaken
31. 2 Leberhaken
32. 2 Haken, tief, schmal
33. 1 Bauchdeckenhalter
34. 2 Nadelhalter
35. 1 Nadelhalter, lang
36. 1 Gefäß mit Tupfern
37. 1 Dose mit Nadeln und Nahtmaterial
38. 6 Tuchklemmen
39. 1 Elektrokauter
40. 1 Inzisionsfolie
41. 1 Sauger
42. 1 Rochard-Haken (ohne Abb.)

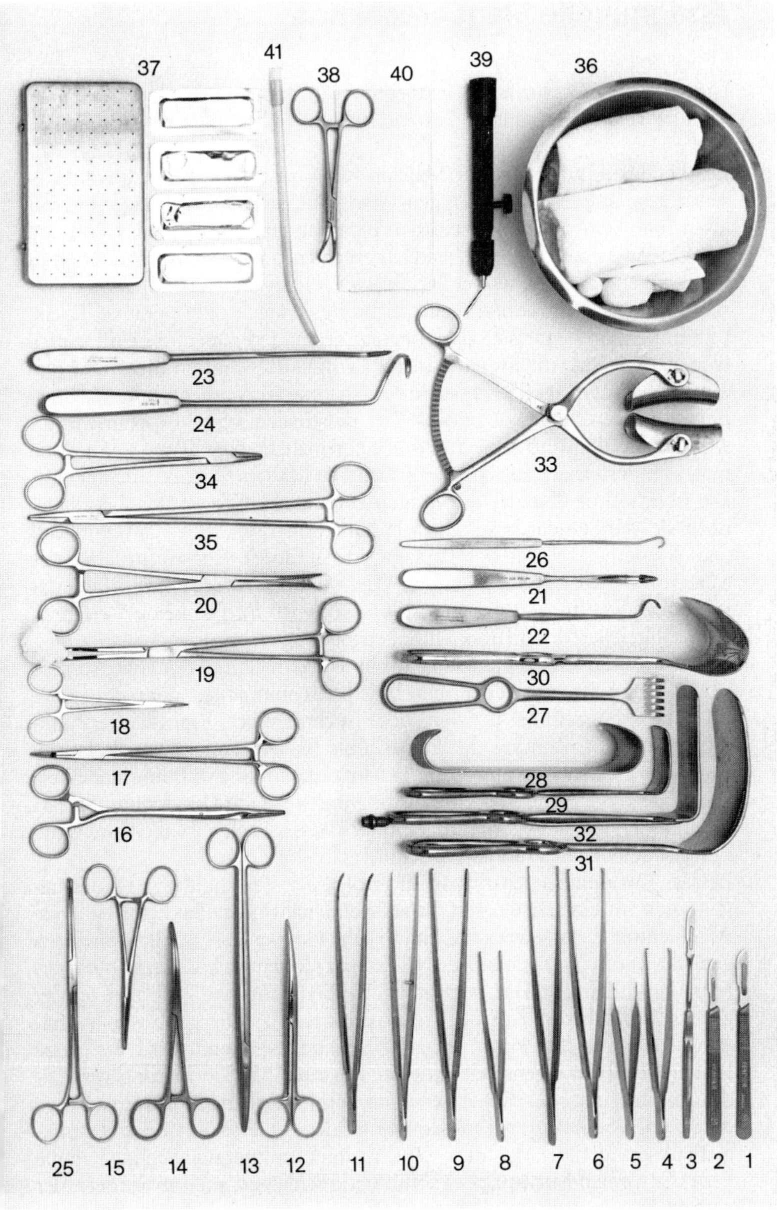
37
41
38
40
39
36
23
24
34
35
20
19
18
17
16
33
26
21
22
30
27
28
29
32
31
25
15
14
13
12
11
10
9
8
7
6
5
4
3
2
1

Abdominelle Magenresektion

Unter einer *Resektion des Magens* wird die Entfernung einzelner Magenabschnitte verstanden, unter *Gastrektomie* die vollständige Entfernung des Magens.

Die häufigste Indikation zur Magenresektion ist das chronisch rezidivierende, therapieresistente Magen- und Duodenalulkus. Dieser Eingriff kann auch beim Magenkarzinom in Betracht gezogen werden, wenn sich der Operateur zu einer sog. stadiengerechten oder histologieorientierten Strategie entscheidet, wobei der Sitz des Karzinoms, histologische Typisierung, Wachstums- und Metastasierungstendenz die operative Taktik bestimmen. Im Gegensatz dazu bevorzugen andere Operateure prinzipiell die Gastrektomie mit systematischer Lymphknotenentfernung und Milzexstirpation als Regeloperation mit Ausnahme bei Vorliegen eines kleinen präpylorischen Magenkarzinoms vom intestinalen Typ. Bei fortgeschrittenem Lebensalter und schlechtem Allgemeinzustand des Patienten jedoch mag sich der Operateur zu einer palliativen Magenresektion entscheiden.

Die übliche Lokalisation des Magen-Duodenal-Ulkus ist der Pylorusbereich. Bei der Standardresektion werden zwei Drittel des Organs entfernt. Die Wiederherstellung der Passage erfolgt durch Anastomosieren des Magenrestes mit dem Duodenum: *Gastroduodenostomie (Billroth I)* oder mit dem Jejunum: *Gastrojejunostomie (Billroth II)*. Für beide Verfahren sind zahlreiche Modifikationen angegeben.

Operationstechnik: In Rückenlage mit Überstreckung des Oberkörpers (Zeichnung S. 31), entweder oberer Medianschnitt, linke oder rechte paramediane, transrektale Inzision oder rechtsseitiger Rippenbogenrundschnitt. Nach Eröffnung der Leibeshöhle Skelettierung (Devaskularisierung) der großen Kurvatur von der Mitte aus unter Eröffnung der Bursa omentalis pyloruswärts, bis zur Abtragungsstelle am Duodenum. Skelettierung der kleinen Kurvatur. Abtragen des distalen Magenanteils im Bereich des ersten Duodenalabschnittes.

Bei der Operation nach Billroth II erfolgt der Verschluß des Duodenalstumpfes am einfachsten mit Tabaksbeutelnaht oder durch fortlaufende Allschichtnaht, die jeweils mit einer Reihe von Serosa-Einzelknopfnähten gedeckt werden. Je nach Sitz des Ulkus im Duodenum können kompliziertere Verschlußtechniken notwendig werden. Weitere Skelettierung der großen und kleinen Kurvatur nach proximal bis zur geplanten Abtragungsstelle und Resektion. Je nach Operationsverfahren wird das ganze Lumen des Restmagens oder nur ein Teil zur Anastomosierung verwendet. Bei der *retrokolischen Anastomose* wird die oberste Jejunumschlinge durch einen Schlitz im Mesokolon hinter dem Querdarm an den Restmagen so herangeführt, daß die möglichst kurze zuführende Schlinge an die Seite der kleinen Kurvatur, der abführende Schlingenanteil an die Seite der großen Kurvatur zu liegen kommt.

Nahttechnik der Anastomose: Vereinigung der Hinterwand durch seroseröse Einzelknopfnähte und durch fortlaufende Allschichtnaht, Serosa, Muskularis, Mukosa. Vereinigung der Vorderwand in umgekehrter Reihenfolge, einstülpende Allschichtennaht, seroseröse Naht. Auch die einreihige Nahttechnik mit extramukös gestochener einstülpender Allschichtennaht findet Anwendung. Zum Schluß wird der Restmagenanteil der Anastomose an den Mesokolonschlitz fixiert, wodurch der Schlitz geschlossen wird.

Bei der *antekolischen Gastrojejunostomie* wird die Jejunumschlinge vor dem Colon transversum an den Magenstumpf gebracht und mit ihm anastomosiert. Da die wieder an der Seite der kleinen Kurvatur liegende zuführende Schlinge länger als bei der retrokolischen Anastomose ist, besteht die Gefahr, daß sich der Speisebrei in die zuführende Schlinge entleert und zwischen dem verschlossenen Duodenum und Magen hin und her pendelt. Dies kann durch eine Seit-zu-Seit-Anastomose zwischen zu- und abführender Schlinge vermieden werden, die etwa handbreit unter der Gastroenterostomie angelegt wird *(Braunsche Anastomose)*.

Die direkte Verbindung zwischen Restmagen und Duodenum (Billroth I) ist physiologischer als das Billroth-II-Verfahren. Voraussetzung für eine sichere Anastomose ist eine intakte, gut durchblutete Duodenalhinterwand mit einem 1–1,5 cm hohen hinteren Rand. Diese Bedingungen sind bei einem Ulkus an der Duodenumhinterwand meist nicht gegeben.

Ist das Verfahren indiziert, wird nach Skelettierung und Resektion die Öffnung des Restmagens entweder bis auf die Breite des Duodenallumens verschlossen oder durch Raffnähte dem Duodenallumen angepaßt und eine End-zu-End-Anastomose durchgeführt.

Tisch 1

1. 1 großes Skalpell
2. 1 kleines Skalpell
3. 1 langes Skalpell
4. 2 chirurgische Pinzetten, Standard
5. 2 chirurgische Pinzetten, fein
6. 2 chirurgische Pinzetten, lang
7. 2 chirurgische Pinzetten, lang, fein
8. 2 anatomische Pinzetten, Standard
9. 2 anatomische Pinzetten, lang
10. 2 anatomische Pinzetten, lang, fein
11. 1 anatomische Pinzette, lang, gebogen
12. 2 Scheren, stumpf-stumpf, Standard, gebogen
13. 2 Scheren, stumpf-stumpf, lang, gebogen
14. 10 Pean-Klemmen, gebogen
15. 4 Pean-Klemmen, gebogen, lang
16. 6 Kocher-Klemmen
17. 4 Mikulicz-Klemmen
18. 10 Overholt-Klemmen
19. 4 Moskito-Klemmen, gebogen
20. 2 Kornzangen, gebogen
21. 2 Präpariertupferklemmen
22. 2 scharfe Haken
23. 2 Roux-Haken
24. 2 Langenbeck-Haken
25. 2 Bauchdeckenhaken
26. 2 Leberhaken
27. 2 Haken, tief, schmal
28. 1 Bauchdeckenhalter
29. 2 Nadelhalter
30. 1 Nadelhalter, lang
31. 2 Gefäße mit Tupfern und Bauchrollen
32. 1 Dose mit Nadeln und Nahtmaterial
33. 6 Tuchklemmen
34. 1 Elektrokauter
35. 1 Inzisionsfolie

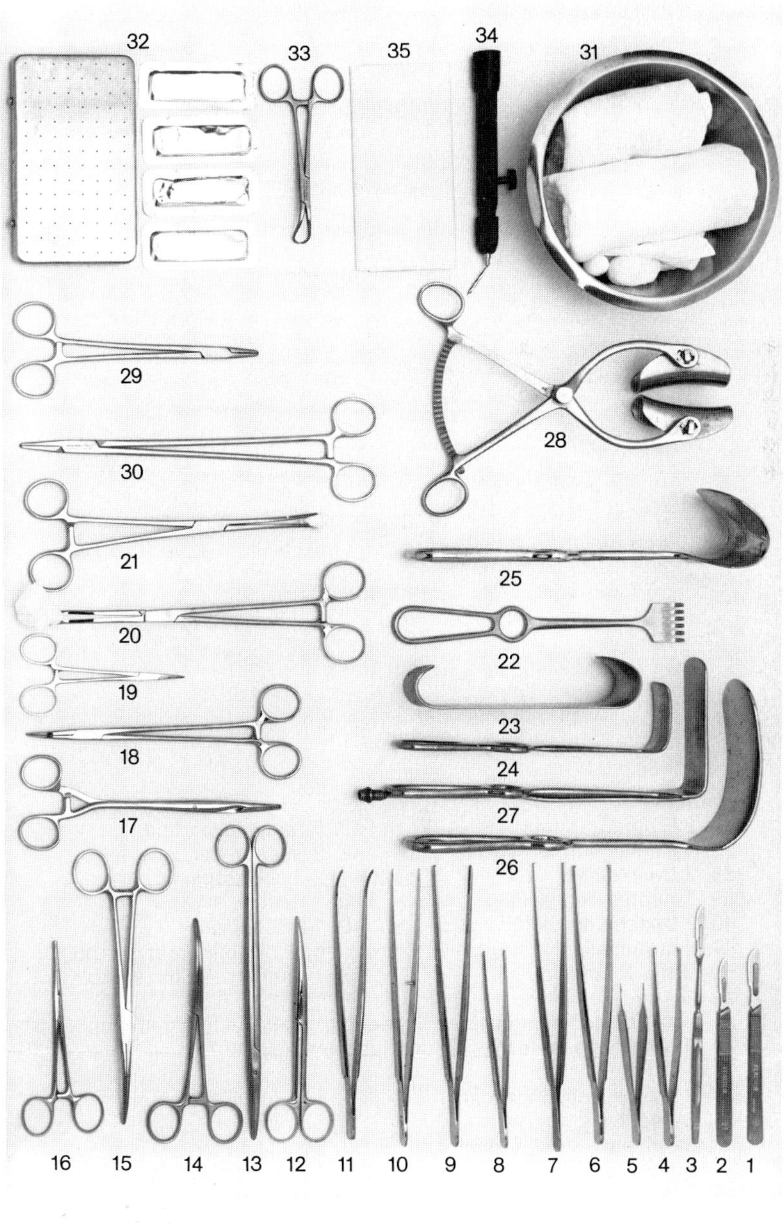
32
33
35
34
31
29
28
30
21
25
20
22
19
23
18
24
27
17
26
16
15
14
13
12
11
10
9
8
7
6
5
4
3
2
1

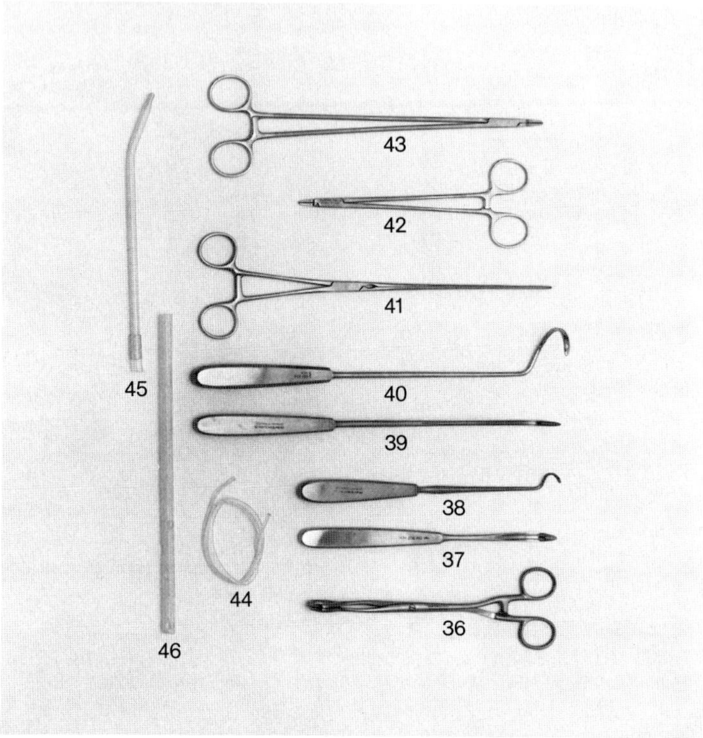

Tisch 2

36. 2 Ringfaßzangen
37. 1 Kocher-Rinne
38. 2 Deschamps
39. 1 Kocher-Rinne, lang
40. 2 Deschamps, lang
41. 4 atraumatische Magen-Darm-Klemmen
42. 2 Nadelhalter, fein
43. 2 Nadelhalter, lang, fein
44. 2 Siliconzügel
45. 1 Sauger
46. 1 Silicondrain
    ggf. 1 Nähapparat (o. Abb.)
47. 1 Rochard-Haken (o. Abb.)

Unter diesen Instrumenten liegen, durch ein Tuch abgetrennt, die Instrumente für den Bauchdeckenverschluß

1. 2 chirurgische Pinzetten, Standard
2. 2 Scheren, stumpf-stumpf, Standard
3. 2 Roux-Haken
4. 4 Mikulicz-Klemmen Standard
5. 2 Nadelhalter
6. 1 Dose mit Nadeln und Nahtmaterial

Gastrektomie

Die Indikation zur totalen Entfernung des Magens ist vor allem das Magenkarzinom.

Seit mehr als einem Jahrzehnt wird diskutiert, ob die Gastrektomie beim Magenkarzinom aus Prinzip oder nur aus Notwendigkeit (hoher Sitz des Karzinoms) durchgeführt werden soll. Diese Frage ist heute weitgehend zugunsten der prinzipiellen Gastrektomie entschieden. Eine Ausnahme bildet das kleine präpylorische Magenkarzinom vom intestinalen Typ, für dessen Behandlung eine entsprechende Magenteilresektion ausreichend ist. Neben der Entfernung des Magens wird ansonsten beim Karzinom auch die Resektion des großen und kleinen Netzes sowie der Milz vorgenommen, um damit die wesentlichen Lymphknotengruppierungen in der nächsten Umgebung des Magens zu eliminieren. Ausgedehntere Lymphadenektomien scheinen die Prognose der Erkrankung nur fraglich zu verbessern.

Operationsverlauf: Die Operation erfolgt in Rückenlage mit überstrecktem Oberkörper (S. 31) von einem oberen Medianschnitt oder einer queren Laparotomie aus. Nach Eröffnen des Abdomens erleichtert das Einsetzen eines Rochard-Hakens wesentlich den Zugang in den Oberbauch.

Die Gastrektomie beginnt nach Mobilisation des linken Leberlappens und Inzision des präösophagealen Peritoneums mit der stumpfen Freipräparierung der abdominellen Speiseröhre, die mit einem Bändchen angeschlungen wird. Das große Netz wird vom Querkolon abgelöst und der Magen so weit skelettiert, daß das Duodenum 2 cm postpylorisch abgesetzt werden kann. Der Duodenalstumpf wird mit einem Klammerapparat oder durch extramukös gestochene Allschichtennähte sicher verschlossen. Die A. gastroepiploica dextra wird unmittelbar am Abgang von der A. gastroduodenalis ligiert, hier gelegene Lymphknoten werden mit entfernt. Nach der Durchtrennung des kleinen Netzes lebernah werden die nun mobilen unteren Magenanteile nach links oben gezogen. Dadurch wird die A. gastrica sinistra sichtbar, die am Abgang aus dem Truncus coeliacus ligiert und durchtrennt wird. Benachbarte Lymphknoten werden entfernt.

Nach Abtrennen des Omentum majus vom Kolon wird die Milz von lateral her mobilisiert und nach Ligieren und Durchtrennen des Milzstiels reseziert, wobei eine Verletzung des Pankreasschwanzes unbedingt zu vermeiden ist. Nach restlicher Skelettierung des Magenfundus wird der Magen im Bereich des distalen Ösophagus abgesetzt.

Die Art und Weise der Passagerekonstruktion hat 4 Generationen von Chirurgen beschäftigt, die nahezu 50 entsprechende Methoden entwickelt haben. Von vielen Chirurgen wird heute die relativ einfache End-zu-End- oder End-zu-Seit-Ösophagusjejunostomie nach Roux mit Y-Anastomosierung bevorzugt.

Wir beschränken uns auf die prinzipielle Darstellung des Verfahrens (Abb. unten).

Etwa 20 cm hinter dem Treitzschen Band wird nach entsprechender Präparation die Kontinuität des Jejunums unterbrochen, das aborale Ende der durchtrennten Schlinge mitsamt dem ernährenden, ausreichend mobilisierten Mesenterium durch einen Schlitz im Mesokolon hochgeführt, und mit der Speiseröhre in üblicher Weise anastomosiert. Das orale Ende der unterbrochenen Jejunumschlinge wird 40–50 cm unterhalb der Ösophagojejunostomie mit dem Dünndarm End-zu-Seit verbunden.

Instrumentarium S. 44ff.

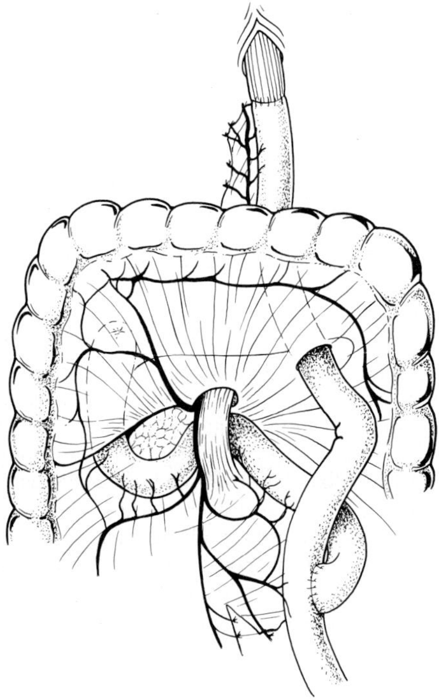

(nach Gschnitzer)

Perforation des Magen-Duodenal-Ulkus

Die akute Ulkusperforation ist eine absolute Operationsindikation. Die häufigste Lokalisation des perforierten Ulkus ist die Bulbusvorderwand des Duodenums, mit Abstand folgen die Vorderfläche des Antrums, die kleine Kurvatur und die Vorder- und Hinterwand des Magens.
Für das operative Vorgehen stehen 3 Methoden zur Verfügung:
1. Die Pyloroplastik mit selektiver proximaler Vagotomie (S. 35),
2. die Resektion (S. 42f),
3. die Ulkusübernähung.

Zu 1.: Liegt die Perforationsstelle im parapylorischen Bereich des Magens oder Duodenums und besteht keine Peritonitis, so wird das Ulkus längs exzidiert und eines der pyloroplastischen Verfahren durchgeführt. Diesem Eingriff folgt die selektive proximale Vagotomie.
Zu 2.: Die Resektion ist indiziert, wenn die Perforation innerhalb der 6-Stunden-Grenze liegt und sich keine diffuse eitrige Peritonitis ausgebildet hat, ferner, wenn eine Magenausgangsstenose vorliegt. In dieser Situation ist auch die Durchführung einer SPV und Pyloroplastik möglich. Auch die segmentäre Resektion des ulkustragenden Magenteils kann erwogen werden. Dabei muß das Ulkus im gesunden Gewebe exzidiert und natürlich histologisch untersucht werden. Bei Verdacht auf maligne Entartung ist die Schnellschnittuntersuchung zu fordern. Der segmentären Resektion wird die selektive proximale Vagotomie, in Ausnahmefällen die trunkuläre Vagotomie (S. 35f) angeschlossen.
Zu 3.: Die Ulkusübernähung ist angezeigt bei Patienten jenseits des 60. Lebensjahres, beim Vorliegen einer eitrigen Peritonitis und bei instabilen Kreislaufverhältnissen. Die Ulkusränder werden exzidiert und der Defekt durch eine Einzelknopfreihe verschlossen. Diese Naht wird durch eine zweite seromuskuläre Nahtreihe gedeckt und zusätzlich evtl. noch ein breiter Netzzipfel aufgesteppt.
Alle diese Operationen werden in Rückenlage mit überstrecktem Oberkörper ausgeführt. Der Zugangsweg ist der obere Medianschnitt, das verwendete Instrumentarium wird auf S. 40f bzw. 44ff angegeben.

Blutung des Magen-Duodenal-Ulkus

Akute, anhaltende oder kurzfristig rezidivierende Magenblutungen stellen eine absolute Indikation zur operativen Blutstillung dar, sofern keine konservativen oder endoskopischen Therapiemöglichkeiten bestehen, wie Sklerosierungs- oder Laserbehandlung. Die Art des Vorgehens richtet sich nach Lokalisation und Ausdehnung der Blutungsquelle sowie nach der Grundkrankheit. Ist die Blutung durch ein Ulkus im parapylorischen Bereich verursacht, so ist die Durchführung einer Magenresektion oder die Exzision des Ulkus mit anschließender SPV indiziert.

Entscheidet sich der Operateur zur Magenresektion, so beginnt er mit der Skelettierung im Bereich des Ulkus, um möglichst rasch die Gefäße zu unterbinden, die die Blutung verursachen. Liegen schwielige Verwachsungen vor, die eine zeitraubende Präparation erfordern, so wird die Vorderwand des oberen Duodenums längs eröffnet, das Ulkus eingestellt und eine lokale Umstechung der Blutung vorgenommen. Danach erfolgt die Skelettierung wie oben erwähnt und schließlich die Zweidrittelresektion des Magens mit Gastroenterostomie (S. 42f).
Bereitet trotz vorausgegangener Gastroskopie die Lokalisation der Blutungsquelle Schwierigkeiten, so wird der Magen im vorderen mittleren Korpusbereich durch eine längsverlaufende Inzision eröffnet (Gastrotomie) und der Magen planmäßig inspiziert. Findet sich ein nicht kallöses Ulkus und ist die Blutung durch die Läsion einer kleinen Arterie der Magenwand verursacht, so wird eine lokale Umstechung vorgenommen und anschließend eine selektive proximale Vagotomie (S. 35f) mit Pyloroplastik durchgeführt. Damit ist das Ulkus der Selbstheilung überlassen. Zum selben Vorgehen wird sich der Operateur bei der hämorrhagisch-erosiven Gastritis entschließen.
Bei blutenden kallösen Magenulzera und bei jeder Arrosion einer der Magenhauptarterien wird die Magenresektion durchgeführt. Blutende Karzinome oder Sarkome des Magens erfordern ggf. eine palliative Resektion oder die Gastrektomie.
Die beschriebenen Eingriffe werden in Rückenlage durchgeführt. Zugangsweg ist der obere Medianschnitt, das Instrumentarium wie auf S. 44ff angegeben.

Cholezystetkomie, Choledochotomie und transduodenale Papillenspaltung

Zur Operation an der Gallenblase und an den Gallenwegen liegt der Patient auf dem Rücken. Durch Überstreckung am Übergang von Brust- und Lendenwirbelsäule erweitert sich die untere Thoraxapertur und erleichtert dadurch den Zugang zu den Oberbauchorganen (Zeichnung S. 31).
Das Abdomen wird meist durch einen rechtsseitigen oberen Transrektalschnitt oder durch einen rechtsseitigen Rippenbogenrandschnitt eröffnet. Der erstere wird etwas lateral der Mitte des Muskelbauchs des geraden Bauchmuskels geführt, dessen Fasern nach Spaltung der Faszie stumpf auseinandergedrängt werden. Der letztere liegt 2 Querfinger unter dem Rippenbogen, beginnt am Schwertfortsatz des Brustbeins und zieht bis zur vorderen Axillarlinie. Der rechte M. rectus wird durchtrennt, der äußere und innere schräge Bauchmuskel werden in Faserrichtung gespalten. Ist nach Inspektion des Abdomens die Indikation zur *Cholezystektomie* gegeben, so kann die Gallenblase vom Fundus her in Richtung auf den

Ductus cysticus oder auf umgekehrtem Weg (anterogrades oder retrogrades Verfahren) freipräpariert werden. Bei letzterem wird die Gallenblase ggf. nach Abpunktion ihres Inhalts mit ein oder zwei Ringzangen gefaßt, die Serosa des Lig. hepatoduodenale vom Gallenblasenhals bis zum lateralen Rand des Bandes gespalten und der Ductus cysticus von dem umgebenden Binde- und Fettgewebe freipräpariert, bis seine Einmündungsstelle in den Ductus choledochus sicher dargestellt ist. Wegen der zahlreichen anatomischen Varianten gibt sich der Operateur erst dann zufrieden, wenn er den Endabschnitt des Ductus hepaticus communis und den Anfangsteil des Ductus choledochus überblickt. Ist dies der Fall, so schlingen wir den Zystikus zunächst mit einem dünnen Siliconzügel an, präparieren die A. cystica frei und durchtrennen sie zwischen 2 Ligaturen. Vor der Exstirpation der Gallenblase kann jetzt eine cholangiographische Kontrolle des gemeinsamen Gallenganges erfolgen. Mindestens 15 mm vor der Einmündungsstelle wird die Vorderwand des Ductus cysticus quer geschlitzt, ein Katheter oder eine Knopfkanüle eingeführt, festgebunden und eine druckkontrollierte *Radiomanometrie* des Gallenwegsystems durchgeführt, wozu u.a. das Debitomanometer nach Tondelli benutzt werden kann. Es besteht aus einem y-förmigen Schlauchsystem (Einmalbesteck), das eine als Flüssigkeitsreservoir dienende Spritze mit einem Steigrohr mit Zentimeterskala verbindet. Als Nullpunkt gilt die halbe Distanz zwischen vorderer Bauchwand und Oberfläche des Operationstisches. Die Reservoirspritze wird nun auf die Druckbedingung einer 14 cm hohen Flüssigkeitssäule eingestellt und die Gallenwege unter Röntgendurchleuchtung mit Kontrastmittel gefüllt. Das Ergebnis der Füllung wird durch eine Röntgenaufnahme dokumentiert. Weitere Röntgenaufnahmen sind bei Druckwerten von 20 und 30 cm empfehlenswert. Für die Diagnose von Papillenfunktionsstörungen oder organischen Stenosen ist die Messung des sog. *Residualdruckes* von Wichtigkeit. Dieser ist definiert als die Höhe einer Kontrastmittelsäule in Zentimeter, die bei gefülltem Gallengang mit dem Abflußwiderstand an der Papille im Gleichgewicht steht. Zur Bestimmung dieses Druckes muß der Zufluß zur Reservoirspritze mit einer Klemme blockiert werden, damit ein Rückfluß vermieden wird.

Der obere Grenzwert des Residualdruckes für den Ductus choledochus beträgt 16 cm. Der Wert der Manometrie liegt darin, Durchleuchtungsbilder unter bekannten Druckwerten zu bekommen. Von Interesse ist, ob anatomische Besonderheiten vorliegen, ob das Gangsystem erweitert ist, ob sich konkrementverdächtige Kontrastmittelaussparungen im Gangsystem darstellen und ob schließlich ein prompter Übertritt des Kontrastmittels ins Duodenum bei normalem Papillenspiel besteht. Röntgenologisch sichtbare Einengungen an den Sphinkteren sind nur dann bedeutungsvoll, wenn die Passage unter pathologischen Druckverhältnissen erzwungen wurde und eine Druckminderung auch nach Gaben von Spasmolytika nicht eintritt.

Die direkte Betrachtung der Gallenwege ist mit einem *Choledochoskop* aus flexiblem Fiberglas möglich. Über einem Instrumentenkanal können zudem Biopsien aus Tumoren oder aus dem Gewebe des Papillenbereichs entnommen werden.

Ergibt die Radiomanometrie und ggf. auch die Cholangiographie keinen pathologischen Befund, werden Katheter bzw. Kanüle entfernt, der Ductus cysticus etwa 5 mm vor seiner Einmündung durchtrennt und mit einer Umstechungsligatur versorgt. Nun löst der Operateur die Gallenblase aus dem Leberbett, wobei er einen Saum des Peritonealüberzuges stehen läßt. Kleine Gefäßverbindungen und Gallengänge *(Ductus hepaticystici)* werden sofort durch Umstechung oder Elektrokoagulation versorgt. Abschließend wird das Leberbett durch Naht des Peritonealsaumes, wobei aber auch Lebergewebe mitgefaßt wird, verschlossen. Nach Einlegen einer Redondrainage in den subhepatischen Raum wird die Operationswunde schichtweise vernäht.

Erweist sich aufgrund der eben beschriebenen Cholangiographie die Revision des Ductus choledochus beispielsweise wegen vorhandener Konkremente als notwendig, so wird er zum Duodenum hin weiter freipräpariert und, zwischen 2 Haltefäden 5–10 mm vom lateralen Rand des Zwölffingerdarmes entfernt, in einer Länge von 10–15 mm längs eröffnet *(Choledochotomie)*. Mit Fensterzangen verschiedener Größe und Biegung sowie mit Hilfe von Gallengangslöffeln oder auch mit Ballonkathetern werden die im Röntgenbild festgestellten Konkremente entfernt. Vom Resultat seiner Bemühungen und von der freien Durchgängigkeit der Papille überzeugt sich der Operateur durch eine cholangiographische Kontrolle, auch ein Choledochoskop kann dafür nützlich sein. Die Choledochotomie wird entweder primär durch eng gesetzte Einzelknopfnähte längs verschlossen, oder es wird ein T-Drain in den Gallengang eingelegt und die Inzision bis eng an die Austrittsstelle des Drains vernäht.

Indikation zur *transduodenalen Papillenspaltung* sind der inkarzerierte Papillenstein sowie die narbige Stenose oder Sklerose der Papille mit Abflußbehinderung der Galle, des Pankreassaftes oder beider Sekrete.

Nach ausreichender Mobilisation des Duodenums von lateral her (nach Kocher) wird die Lage der Papille durch Sondierung des Ductus choledochus ermittelt. Die Metallsonde wird durch den Zystikusstumpf oder durch eine kleine Choledochotomie eingeführt, falls diese nicht schon vorher zur Revision des Ganges angelegt worden war. Über der Papille, die meist tiefer als vermutet liegt, wird zwischen 2 Haltefäden medial die Vorderwand des Duodenums durch Längsschnitt eröffnet und die Hinterwand durch Einsetzen eines Duodenalspreizers übersichtlich gemacht. Ist die Papille durch einen Stein blockiert, so versucht der Operateur ihn von retroduodenal gegen die Papille zu drücken und spaltet den Papillenring so weit, daß das Konkrement mühelos extrahiert werden kann. Durch die *Papillotomie* läßt sich auch der Choledochus relativ einfach mit dem bereits erwähnten Instrumentarium nach weiteren Steinen absuchen. Ist die Papille durch eine Stenose eingeengt, so wird die vom Choledochus eingeführte Sonde unter Sicht durch die Duodenalmündung geleitet. Gelingt dies nicht, so wird die Papille durch eine Farblösung sichtbar gemacht, die durch einen in den Gallengang eingelegten Katheter gespritzt wird. Ist die Papille sicher lokalisiert, kann vom Duodenum aus eine Rillensonde eingeführt und Papillenschleimhaut sowie Sphinkterapparat bis über den stenosierten Abschnitt hinaus gespalten werden. Die Inzision (10–15 mm) erfolgt mit einem feinen Skalpell, feiner Schere oder Papillenstanze am ventralen Umfang der Papille und wird nach oben und außen geführt. Durch Einlegen einer T-Drainage kann der Ductus choledochus vorübergehend entlastet werden. Die längsgerichtete Duodenotomie wird durch extramuköse Einzelknopf- oder fortlaufender Allschichtnaht verschlossen.

Tisch 1

1. 1 großes Skalpell
2. 1 kleines Skalpell
3. 1 langes Skalpell
4. 2 chirurgische Pinzetten, Standard
5. 2 chirurgische Pinzetten, fein
6. 2 chirurgische Pinzetten, lang
7. 2 chirurgische Pinzetten, lang, fein
8. 2 anatomische Pinzetten, lang
9. 2 anatomische Pinzetten, lang, fein
10. 1 anatomische Pinzette, lang, gebogen
11. 2 Scheren, stumpf-stumpf, Standard, gebogen
12. 2 Scheren, stumpf-stumpf, lang, gebogen
13. 1 Schere, spitz-stumpf, lang
14. 4 Pean-Klemmen,gebogen
15. 4 Kocher-Klemmen
16. 4 Mikulicz-Klemmen
17. 2 Overholt-Klemmen
18. 4 Allis-Klemmen, lang
19. 2 Kornzangen,gebogen
20. 2 Präpariertupferklemmen
21. 2 scharfe Haken
22. 2 Roux-Haken
23. 2 Langenbeck-Haken
24. 2 Bauchdeckenhaken
25. 2 Leberhaken
26. 2 Haken, tief, schmal
27. 1 Blasenspatel
28. 1 Spatelhaken
29. 1 Bauchdeckenhalter
30. 2 Nadelhalter
31. 2 Nadelhalter, lang
32. 2 Gefäße mit Tupfern und Bauchrollen
33. 1 Dose mit Nadeln und Nahtmaterial
34. 6 Tuchklemmen
35. 1 Elektrokauter
36. 1 Inzisionsfolie

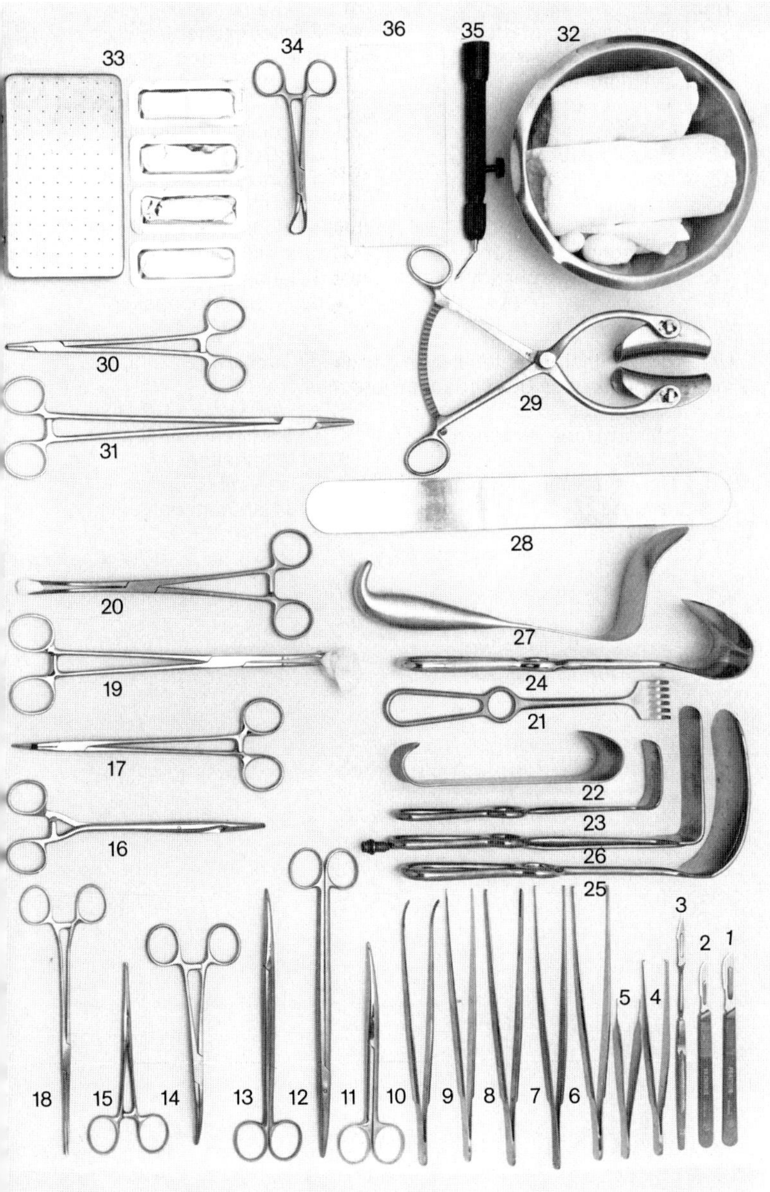
36
35
32
33
34
30
29
31
28
20
27
19
24
21
17
22
23
16
26
25
3
2
1
5
4
18
15
14
13
12
11
10
9
8
7
6

Tisch 2

37. 1 Schere, stumpf-stumpf,
38. 2 Zystikusklemmen
39. 1 Zystikaklemme
40. 2 Ringfaßzangen
41. 1 Satz Gallengangssonden
42. 1 Satz Fensterzangen
43. 4 Mikulicz-Klemmen, extra fein
44. 1 Papillenstanze
45. 1 Duodenumspreizer
46. 1 Cholangiographiekatheter
47. 1 T-Katheter
48. 2 Siliconzügel lang, stark gebogen
49. 1 Spritze mit Punktionskanüle
50. 1 Spritze mit Spülflüssigkeit und Gefäß
51. 1 Spritze mit Kontrastmittel
52. 1 Sauger
53. 1 Redondrain mit Spieß und Silicondrain
54. 1 Ballonkatheter evtl. Choledochoskop

Unter diesen Instrumenten liegen, durch ein Tuch abgetrennt, die Instrumente für den Bauchdeckenverschluß:

1. 2 chirurgische Pinzetten, Standard
2. 2 Scheren, stumpf-stumpf, Standard
3. 2 Roux-Haken
4. 4 Mikulicz-Klemmen
5. 2 Nadelhalter
6. 1 Dose mit Nadeln und Nahtmaterial

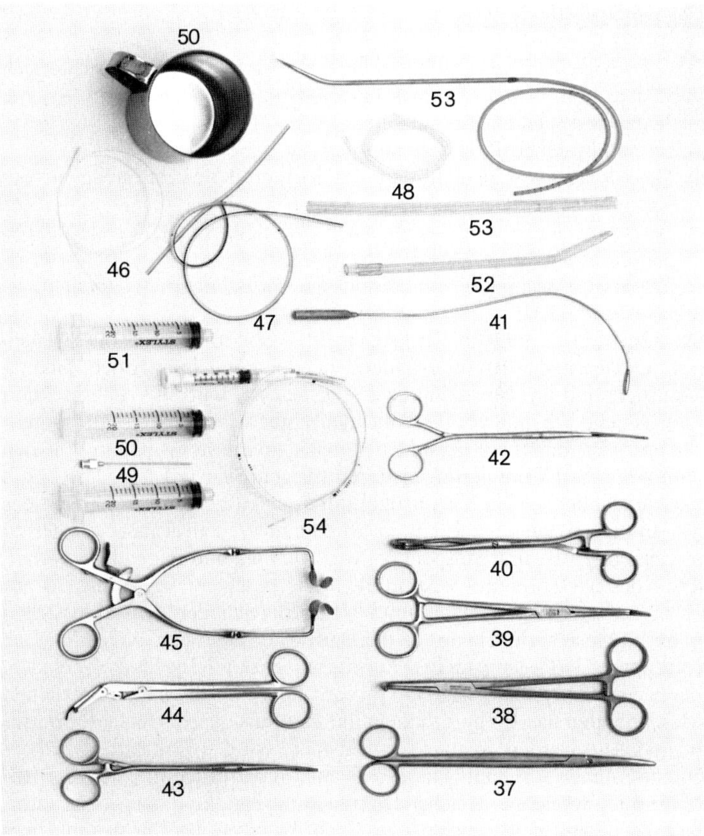
50
53
48
53
46
52
47
41
51
50
42
49
54
40
45
39
44
38
43
37

Darmresektionen

Das Ausmaß einer Darmresektion und das operative Vorgehen richtet sich nach dem betroffenen Darmabschnitt – Dünn- oder Dickdarm – sowie nach der vorliegenden Erkrankung.
Allgemein bestehen diese Operationen aus 2 Schritten:
1. Devaskularisierung und Entfernung des betroffenen Darmteiles aus der Kontinuität des Darmrohres.
2. Anastomosierung der verbliebenen Darmenden mit Verschluß des Mesenteriums bzw. Mesokolons.

Die Operationstechnik sei am Beispiel einer *umschriebenen Dünndarmresektion* geschildert.
Die Operation erfolgt in Rückenlage, das Abdomen wird durch einen unteren Paramedianschnitt eröffnet. Nachdem die Dünndarmerkrankung lokalisiert und ihre Ausdehnung festgestellt ist, wird die zur Resektion vorgesehene Schlinge vor die Bauchdecke gebracht. Die Resektionsgrenzen müssen immer im gesunden Bereich, mindestens 10 cm von den pathologischen Veränderungen entfernt liegen. Sie werden zunächst grob markiert, indem je ein Siliconzügel durch einen gefäßfreien Bereich des Mesenterialansatzes geführt wird. Mit Hilfe der Zügel läßt sich der zu resezierende Abschnitt anspannen, was auch die nun folgende Unterbindung des Mesenteriums erleichtert. Diese geschieht keilformig bis zur zweiten Gefäßarkade. Im unmittelbaren Bereich der Resektionsstellen wird das Mesenterium knapp an der Darmwand abgesetzt. Nun erfolgt die endgültige Markierung der Resektionsgrenzen durch jeweils 2 Haltefäden, die gegenüber, etwa 1,5–2,0 cm proximal bzw. distal von der erhaltenen Mesenterialgrenze aus gerechnet, in die seromuskuläre Schicht der Darmwand gelegt werden. In etwa 1 cm Abstand vor den Haltefäden wird der zu entfernende Abschnitt mit jeweils einer harten Klemme, der zu erhaltende mit jeweils einer weichen Darmklemme handbreit ober- bzw. unterhalb der Haltefäden verschlossen. Nach Absetzen des Darmes mit dem elektrischen Messer müssen das orale und aborale Ende durch eine Anastomose wieder vereinigt werden. Diese kann als *End-zu-End– (terminoterminale) oder Seit-zu-Seit- (laterolaterale) Anastomose gestaltet werden.* Bei der ersteren werden die Darmlumina direkt miteinander verbunden, bei der letzteren die Öffnungen verschlossen, die Darmstümpfe nebeneinander gelegt und anastomosiert. Die Ausdehnung dieser Anastomose entspricht dem doppelten Lumendurchmesser. Wir bevorzugen die End-zu-End-Anastomose und behalten uns Seit-zu-Seit-Verbindungen für palliative Umgehungsoperationen vor. Die Darmwände können in mehrreihiger oder einreihiger Technik als fortlaufende oder Einzelknopfnähte anastomosiert werden. Bei dem zweireihigen Verfahren werden zunächst die Hinterwände durch Serosanähte miteinander vereinigt. Die nächste Nahtreihe erfaßt alle drei Schichten der jeweiligen Hinterwand, also Schleimhaut, Muskularis, Serosa der einen und Serosa, Muskularis, Schleimhaut

der anderen Wand. Die Vorderwände werden in umgekehrter Reihenfolge analog vernäht.
Die geschilderte Technik wurde in den letzten Jahren von vielen Chirurgen zugunsten von einreihigen, extramukös gestochenen Einzelknopf-Allschichtnähten aufgegeben. Wir möchten als eine weitere Vereinfachung des Operationsablaufes die *fortlaufende, einreihige, extramukös gestochene Naht bei End-zu-End-Anastomose an beweglichen Darmabschnitten* vorstellen, die mit einem resorbierbaren, monofilen, doppelarmierten Faden ausgeführt wird. Vorteile dieses Verfahrens sind: weniger Kontakt mit dem kontaminierten Darmlumen als bei Einzelknopfnähten und bessere Abdichtung der Anastomose bei zunehmendem Druck im Darmlumen (Abb. 1.**4**).
Ausführung der fortlaufenden extramukösen Allschichtnaht: An der Seite des Mesenterialansatzes eines Darmendes Einstich des doppelarmierten Fadens von seromuskulär her durch die Submukosa mit Ausstich an der Schleimhautkante ins Lumen, Einstich am anderen Darmende von der Schleimhautkante her durch die Submukosa, Muskularis und Serosa nach außen (Abb. 1.**5**). Doppelter Knoten in der Mitte des Fadens. Ein Fadenende wird hinter dem Darm durchgezogen (gestrichelte Linie, Abb. 1.**6**) und mit einer Klemme versehen. An der dem Mesenterium gegenüberliegenden Seite (antimesenterial) wird durch beide Darmenden ein Haltefaden gelegt. Die Vorderwand der Anastomose wird nun fortlaufend in der oben beschriebenen Technik bis zum Haltefaden so vernäht, daß die Adaption der Darmenden seroserös, locker und ohne Einschnürung erfolgt (Abb. 1.**7**). Nach Entfernung des Haltefadens wird die Nadel des eben verwendeten monofilen Fadens mit einer Klemme versehen und der Darm um die Achse des Mesenterialansatzes um 180 Grad gedreht, daß die bisherige Hinter- zur Vorderwand wird (Abb. 1.**8**). Diese verschließt der Operateur in analoger Weise, wobei er von sich weg, vom Mesenterialansatz nach antimesenterial näht. Er benutzt dazu die bisher noch nicht genutzte Hälfte des doppelarmierten Fadens (Abb. 1.**9**). An der antimesenterialen Ecke angelangt, werden die beiden monofilen Fadenenden miteinander verknüpft. Wegen der geringeren Knotensicherheit des monofilen Nahtmaterials sollte 6 bis 8 mal gekreuzt geknotet und die Fadenenden nach dem letzten Knoten mit einem Clip gesichert werden (Abb. 1.**10**). Der um 180 Grad rotierte Darm wird zurückgedreht und der Mesenterialschlitz verschlossen (Abb. 1.**11**).

A
B
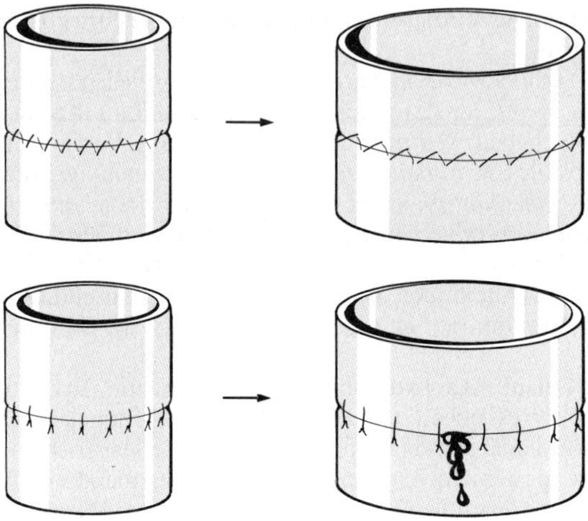

Abb. 1.**4**
A Dehnung einer in fortlaufender Nahttechnik genähten Anastomose: Tendenz zur Abdichtung
B Dehnung einer in Einzelknopfnaht genähten Anastomose: Möglichkeit des Auseinanderweichens der Darmenden, Leck

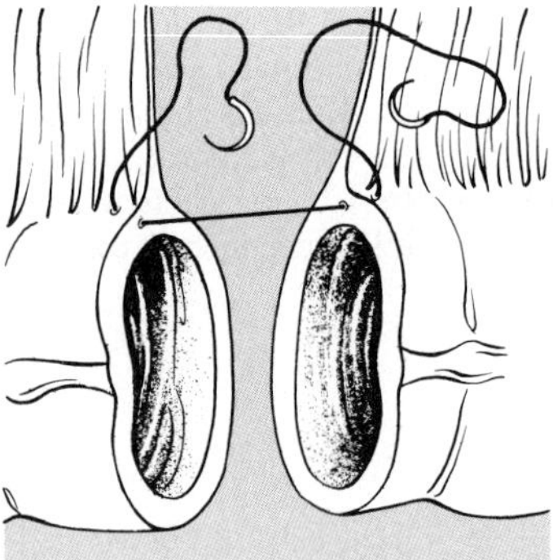

Abb. 1.**5**

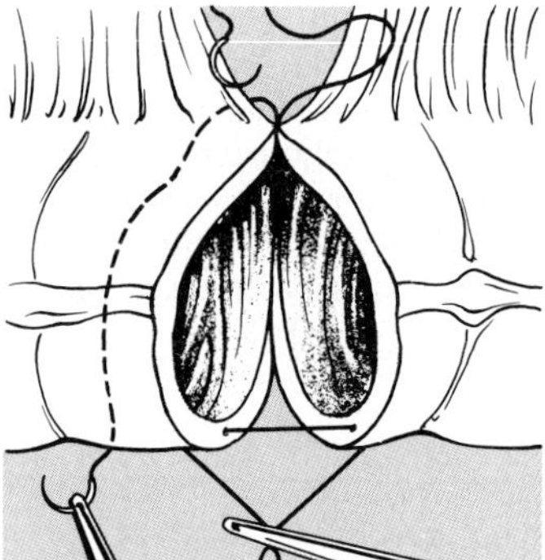

Abb. 1.**6**

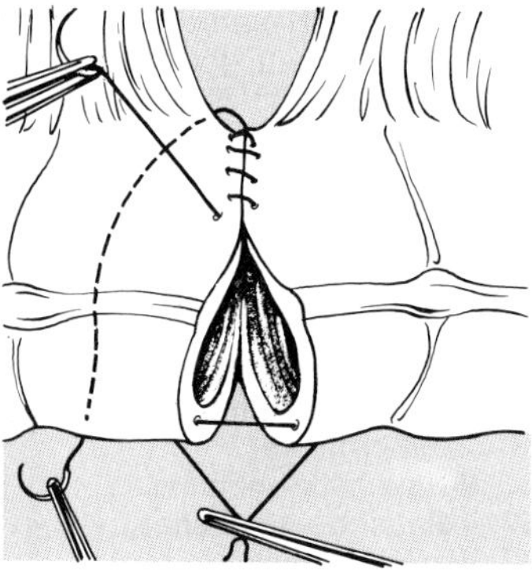

Abb. 1.**7**

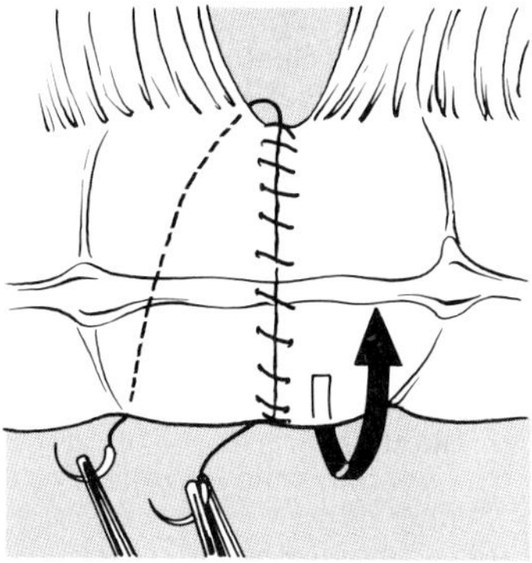

Abb. 1. **8.**

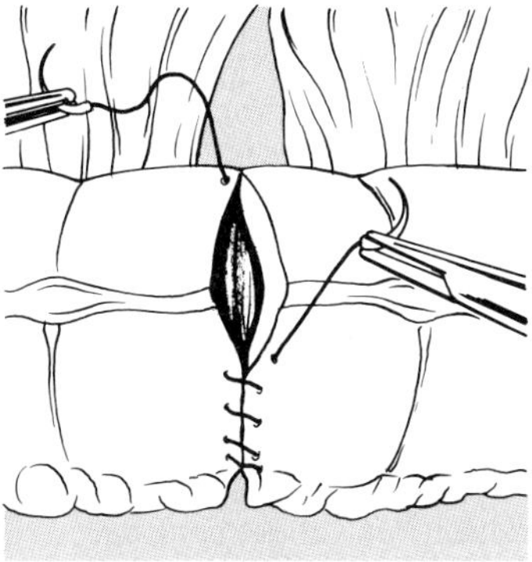

Abb. 1.**9**

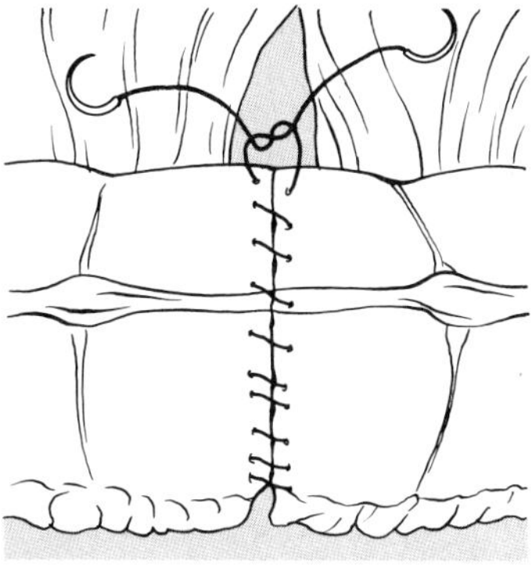

Abb. 1.**10**

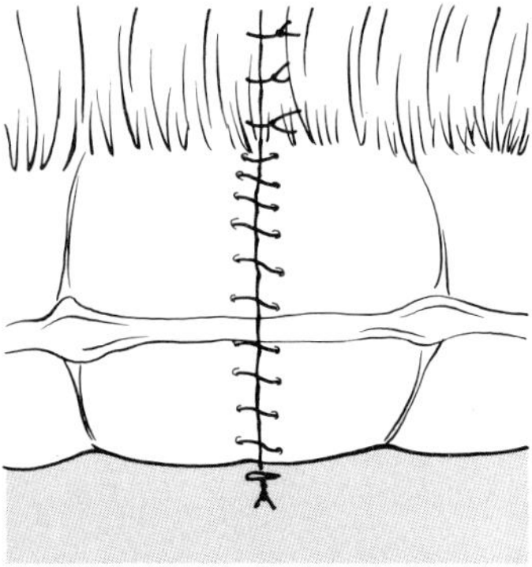

Abb. 1.**11**

(Abb. 1.**5–1.11** nach Harder)

1. 1 großes Skalpell
2. 1 kleines Skalpell
3. 2 chirurgische Pinzetten, Standard
4. 2 chirurgische Pinzetten, fein
5. 2 chirurgische Pinzetten, lang
6. 2 chirurgische Pinzetten, lang, fein
7. 2 anatomische Pinzetten, Standard
8. 2 anatomische Pinzetten, lang
9. 2 anatomische Pinzetten, lang, fein
10. 1 anatomische Pinzette, lang, gebogen
11. 2 Scheren, stumpf-stumpf, Standard, gebogen
12. 2 Scheren, stumpf-stumpf, lang, gebogen
13. 10 Pean-Klemmen, gebogen
14. 6 Pean-Klemmen,gebogen, lang
15. 4 Kocher-Klemmen
16. 4 Mikulicz-Klemmen
17. 10 Overholt-Klemmen
18. 4 Allis-Klemmen, lang
19. 4 Moskito-Klemmen, gebogen
20. 2 Kornzangen, gebogen
21. 2 Präpariertupferklemmen
22. 1 Kocher-Rinne
23. 2 Deschamps
24. 1 Kocher-Rinne, lang
25. 2 Deschamps, lang
26. 2 scharfe Haken
27. 2 Roux-Haken
28. 2 Langenbeck-Haken
29. 2 Bauchdeckenhaken
30. 2 Leberhaken
31. 2 Haken, tief, schmal
32. 1 Bauchdeckenhalter
33. 4 atraumatische Darmklemmen
34. 2 Nadelhalter
35. 1 Nadelhalter, lang
36. 1 Nadelhalter, fein
37. 2 Gefäße mit Tupfern und Bauchrollen
38. 1 Dose mit Nadeln und Nahtmaterial
39. 6 Tuchklemmen
40. 1 Elektrokauter
41. 2 Siliconzügel
42. 1 Sauger
43. 1 Inzisionsfolie
44 1 Clip (ohne Abb.)

Unter diesen Instrumenten liegen, durch ein Tuch abgetrennt, die Instrumente für den Bauchdeckenverschluß:

1. 2 chirurgische Pinzetten, Standard
2. 2 Scheren, stumpf-stumpf, Standard
3. 2 Roux-Haken
4. 4 Mikulicz-Klemmen
5. 2 Nadelhalter
6. 1 Dose mit Nadeln und Nahtmaterial

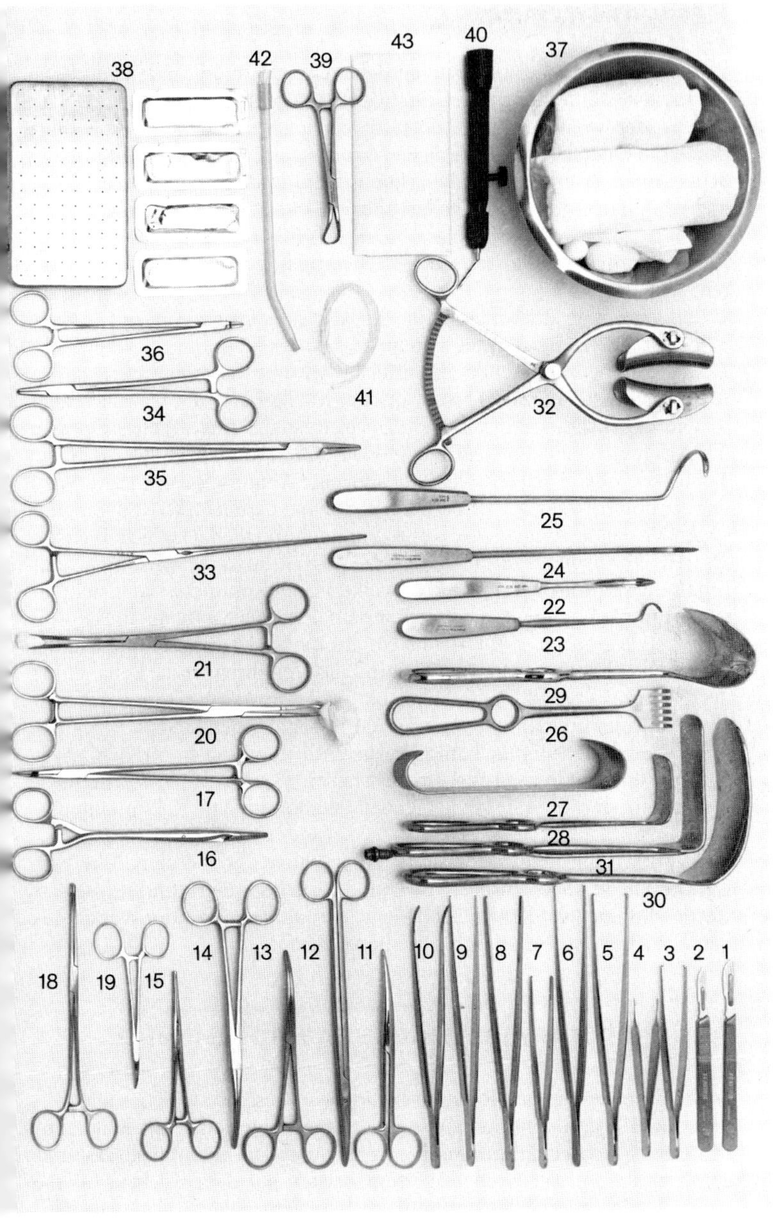
38
42
39
43
40
37
36
34
41
32
35
25
33
24
22
21
23
29
20
26
17
27
28
16
31
30
18
19
15
14
13
12
11
10
9
8
7
6
5
4
3
2
1

Rektumkarzinom

Das wichtigste Ziel der operativen Behandlung des Rektumkarzinoms ist die radikale Entfernung der Geschwulst mit dem Ziel, die Krankheit zu heilen oder wenigsten das Leben zu verlängern. Wenn möglich sollte durch die Operation der natürliche Darmausgang mit voller Funktion des Schließmuskels erhalten bleiben. Die Erhaltung der Kontinenz darf aber nicht durch mangelnde Radikalität oder erhöhtes Operationsrisiko erkauft werden.

Als Standardeingriffe gelten u.a. gegenwärtig folgende Operationsverfahren:

1. die einzeitige abdominoperineale Rektumsexstirpation mit Anlage eines endständigen Anus praeter,
2. die kontinenzerhaltende abdominale Rektumresektion.

Ausbreitungsstadium und histologischer Malignitätsgrad, vor allem aber die Höhenlokalisation des Tumors, spielen bei der Auswahl des Operationsverfahrens eine entscheidende Rolle. Als Faustregel gilt, daß ein Tumor, der rektal palpiert werden kann, eine Amputation erfordert. Wird nur der untere Rand des Tumors mit dem Finger erreicht, so ist unter günstigen Voraussetzungen eine Resektion noch möglich. Die Sicherheitsresektionsgrenze nach distal beträgt beim Rektumkarzinom 5 cm. Zur Erhaltung der willkürlichen und unwillkürlichen Kontinenz ist ein anorektaler Stumpf von 5–6 cm Länge vonnöten. Tumorsicherheits- und Kontinenzgrenze ergeben somit 10–12 cm am mobilisierten, nicht gedehnten Darm. Die Rektumamputation ist somit das Verfahren für die Behandlung des Rektumkarzinoms unterhalb von 10–12 cm Höhe, ferner für sehr große und infiltrierende Tumoren, die höher gelegen sind.

Als nicht operabel gelten Tumoren, die das kleine Becken mit den Nachbarorganen und Gefäßen ausgemauert haben. Das Vorliegen von Lungen- und Lebermetastasen ist keine Gegenindikation für eine Rektumamputation.

Da bei der tiefen Rektumresektion die operative Technik durch die Verwendung von mechanischen Nähapparaten erleichtert und verbessert werden konnte, werden wir bei der Schilderung des Operationsverfahrens den Einsatz von „Nähmaschinen“ beschreiben.

Abdominoperineale Rektumamputation

Die abdominoperineale Rektumsexstirpation besteht aus einer abdominellen und einer perinealen Phase, die nacheinander oder mit 2 Operationsteams gleichzeitig durchgeführt werden. Für den abdominellen Eingriff liegt der Patient mit hochgelagertem Becken auf dem Rücken, für die perineale Operation in Steinschnittlage. Bei gleichzeitigem Vorgehen wird die letztere mit der Trendelenburgschen Lage kombiniert (Zeichnungen S. 66 u. 67).

Das Abdomen wird durch einen linksseitigen Paramedianschnitt oder durch eine untere mediane Inzision eröffnet, die nach Austasten der Bauchhöhle bei gegebener Operationsindikation um den Nabel herumgeführt und nach kranial fortgesetzt wird.

In der Regel ist das Sigma durch fetale Verklebungen an die seitliche Bauchwand fixiert. Werden diese gelöst, so hängt das Sigma frei an seinem Mesenterium und läßt sich unbehindert nach rechts schlagen. Die hämatogene Verschleppung von Tumorzellen soll mit Unterbindung des Gefäßstiels an Rektum und Sigma blockiert werden. Das radikalste Vorgehen ist die Unterbindung und Durchtrennung der A. mesenterica inferior an ihrem Abgang von der Aorta mit Ausräumung der sich hier befindlichen Lymphknoten sowie Ligatur und Durchschneidung der V. mesenterica inferior unmittelbar am unteren Rand des Duodenums. Nach diesem Schritt ist die Blutversorgung des absteigenden Kolons nur noch über die Randarkaden der A. colica media (Ast der mesenterica superior) gewährleistet, die deshalb sorgfältig zu schonen ist.

Die Ligatur und Durchtrennung der A. und V. mesenterica inferior unterhalb des Abgangs der A. colica sinistra oder die Unterbindung der A. und V. rectalis superior gefährden weniger als das obengenannte Verfahren die Durchblutung der absteigenden Kolonpartien, schränken dagegen die Radikalität der Exstirpation ein. Im übrigen wird sich der Operateur nach dem vorliegenden Befund richten.

Sind die Gefäße ligiert, so wird der Operateur den Darm oral vom Tumor unterbinden, um eine Verbreitung von Krebszellen innerhalb des Darmlumens zu verhindern. Mit dieser Maßnahme soll der Entstehung von örtlichen Rezidiven am Anus praeter vorgebeugt werden. Als nächsten Schritt eröffnet der Operateur das Retroperitoneum längs der äußeren Umschlagsfalte links, also zwischen Sigma und hinterer seitlicher Bauchwand bis an die Douglas-Falte und schiebt es von der Unterlage ab, wobei der Verlauf des linken Ureters zu beachten ist. Hat er diesen Schnitt auch oralwärts bis an die vorgesehene Resektionsstelle verlängert, indiziert er medial am Mesosigma das Peritoneum nahe der Aorta und verlängert den Schnitt bis an die vordere peritoneale Umschlagsfalte, die eröffnet wird. Dadurch wird die laterale Peritonealinzision mit der medialen vereinigt. Dabei sollte auch der rechte Ureter sichtbar gemacht werden. Das Mesosigma wird von der Stelle der primären Gefäßunterbindung an bis zur Resektionsstelle am oralen Sigmaanteil unter Beachtung der Blutversorgung skelettiert. Zwischen viszeraler und parietaler Rektumfaszie wird das Rektum aus der Kreuzbeinhöhle bis zur Steißbeinspitze manuell ausgelöst, dann auch seitlich und vorn mobilisiert. Die straffen Bindegewebszüge zwischen Rektumwand, Blase und Prostata bzw. Scheidengewölbe müssen dabei nach Ligaturen scharf durchtrennt werden. Schließlich werden auch die Paraproktien (Bindegewebszüge vom Rektum zur Beckenwand) mit der A. rectalis media nach Unterbindung durchtrennt. Ist das Rektum mobilisiert, wird der Darm an der vorgesehenen Resektionsstelle vorzugsweise mit einem Klammer-Schneide-Gerät durchtrennt, das distale Sigma und Rektum in die Kreuzbeinhöhle verlagert und das Beckenbodenperitoneum durch Naht verschlossen.

Mit dem oralen Sigmaende wird ein endständiger Anus praeter an der seitlichen Bauchwand nach exakter präoperativer Lokalisation an der Bauchhaut durch eine zusätzliche kleine Inzision angelegt und die abdominale Inzisionswunde schichtweise verschlossen. Es folgt die *perineale Phase* der Operation, wozu der Patient in Steinschnittlage gebracht wird. Zunächst wird der Anus durch eine kräftige Tabaksbeutelnaht verschlossen und danach wetzsteinförmig umschnitten. Die Analpartie wird mitsamt der Sphinktermuskulatur aus dem ischiorektalen Fettgewebe ausgelöst und schließlich noch das Lig. anococcygeum durchtrennt. Dieses Band befestigt den hinteren Abschnitt des M. sphincter externus an die Steißbeinspitze. Nun gelangt der Operateur in die Kreuzbeinhöhle, faßt den oralen Rektumsigmastumpf und zieht ihn nach außen vor. Jetzt können die Levatorschenkel durchtrennt, das Rektum nach unten schrittweise von der Prostata bzw. Vaginalwand scharf abgelöst und das Präparat entfernt werden. Nach Blutstillung wird die Kreuzbeinhöhle ausreichend drainiert und die perineale Hautwunde vernäht (Instrumentarium S. 62f).

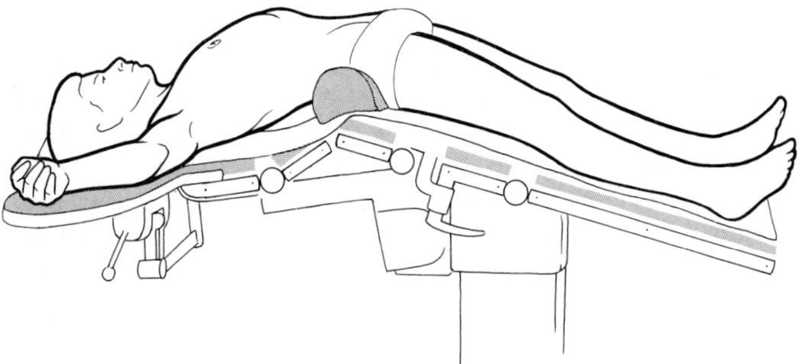

Rückenlage bei erhöhtem Becken mit kopfwärts gesenktem Operationstisch (Trendelenburg)

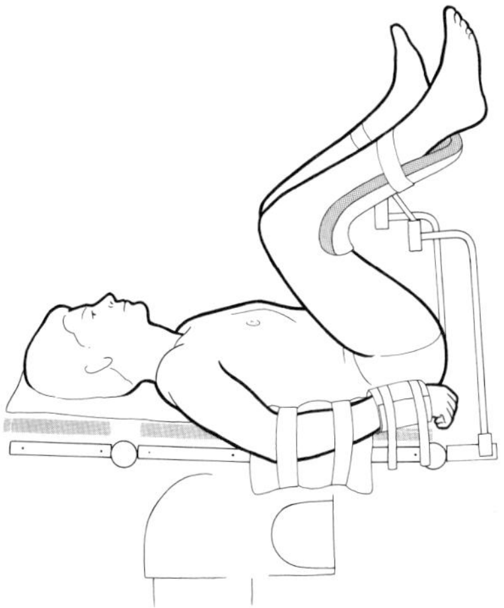

Steinschnittlage

Kombinierte Trendelenburg-Steinschnittlage

Tiefe anteriore Rektumresektion mit End-zu-End-Anastomose

Lagerung: Rückenlage und Hochlagerung des Beckens nach Trendelenburg (S. 66).

Eröffnung des Abdomens durch Paramedianschnitt links oder durch unteren Medianschnitt, der unter Umschneidung des Nabels beliebig nach kranial verlängert werden kann. Nach Austasten der Bauchhöhle kann oft noch nicht entschieden werden, ob die Teilresektion des Rektums möglich oder eine Exstirpation nötig sein wird. Der Operateur beginnt deshalb den Eingriff, wie bei der abdominoperinealen Rektumexstirpation beschrieben (S. 65), mit der Mobilisation des Rektumsigmoids. Nach Durchschneiden des Douglas-Peritoneums löst er das Rektum dorsal aus der Kreuzbeinhöhle, worauf es sich dann in der Regel noch etwa 5–8 cm aus der Sakralhöhle vorziehen läßt. Erst jetzt kann entschieden werden, ob der Tumor unter Beachtung der Sicherheits- und Kontinenzgrenze (S. 64) radikal durch Resektion entfernt werden kann. Die proximale Resektionsgrenze des Sigmas richtet sich nach seiner unterschiedlichen Länge, vor allem aber nach einer evtl. Lymphknotenmetastasierung im Mesosigma. Wurde die A. mesenterica inferior direkt am Abgang aus der Aorta unterbunden, muß entsprechend viel Darm reseziert werden. Die Anastomose ist dann nur nach Mobilisation der linken, ggf. auch der rechten Kolonflexur, spannungsfrei herzustellen. Günstiger ist es, das Gefäß unterhalb des Abgangs der A. colica sinistra zu ligieren und zu durchtrennen.

Bei der Mobilisation des Rektums sind die tiefen Paraproktien mit den Aa. rectales mediae zu schonen, da von ihnen die gute Blutversorgung des Rektumstumpfes abhängt.

Nach der entsprechenden Präparation erfolgt jetzt die Resektion und Wiederherstellung der Darmpassage durch End-zu-End-Anastomose. Diese kann durch „herkömmliche“ Handnaht oder aber mit Hilfe eines Staplers erfolgen, was vom lokalen Status, dem jeweiligen Operateur und seiner Erfahrung abhängig ist.

Im folgenden sollen die einzelnen Schritte bei Verwendung mechanischer Nähapparate beschrieben werden:

1. Abtragung des Präparates an der proximalen Resektionsgrenze mit einem Klammer-Schneide-Gerät (Abb. 1.**12**).
2. Anlegen einer Tabaksbeutelklemme an der distalen Resektionsgrenze. Setzen der Tabaksbeutelnaht, die manchmal auch ohne die erwähnte Klemme gelegt werden muß. Absetzen des Präparates an den Backenkanten des Instrumentes (Abb. 1.**13**).
3. Einführen des geschlossenen intraluminalen Klammer-Schneide-Gerätes durch den Anus in den anorektalen Stumpf, Abnehmen der Tabaksbeutelklemme, Vorschieben des Gerätes bis die Spitze der Gegendruckplatte hervortritt (Abb. 1.**14**).

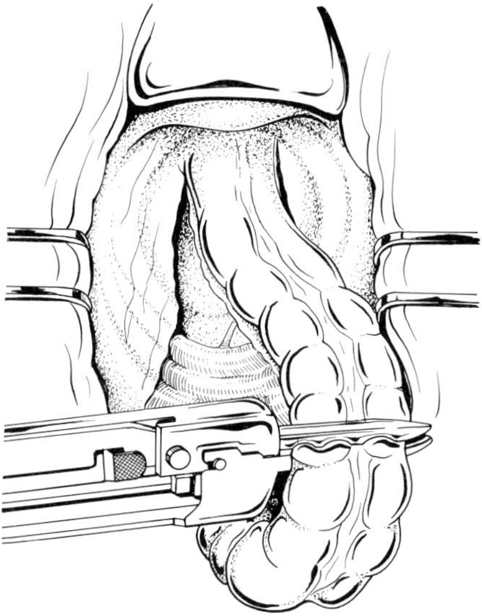

Abb. 1.**12**

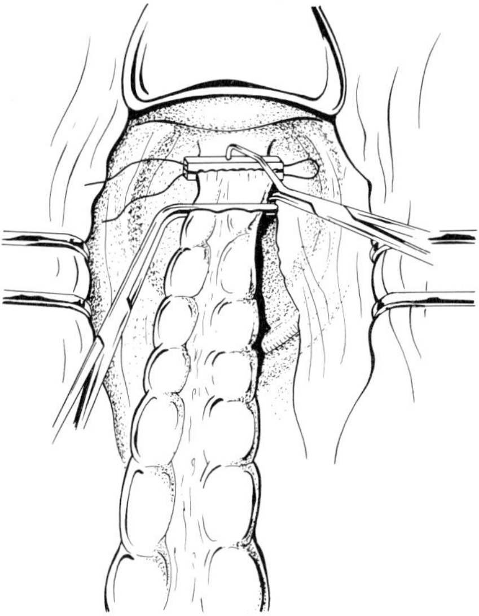

Abb. 1.**13**

(Abb. 1.**12**–1.**21** aus: Handbuch für das Auto-Suture-System, Stapling Techniques, General Surgery, 1980)

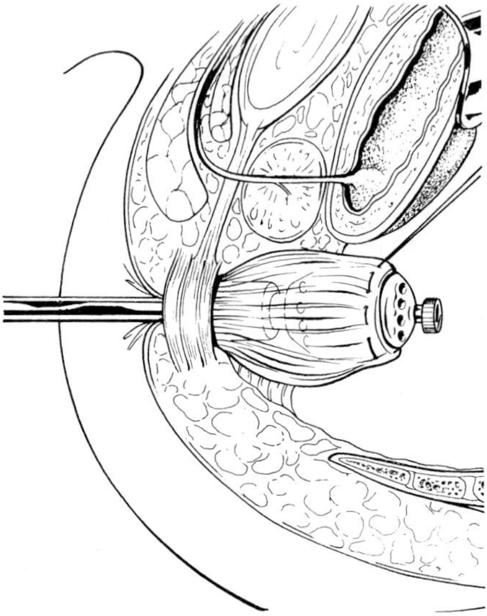

Abb. 1.**14**

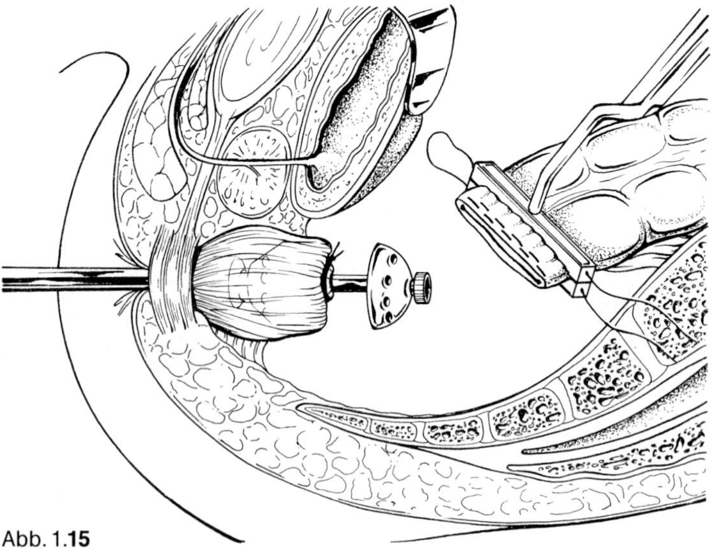

Abb. 1.**15**

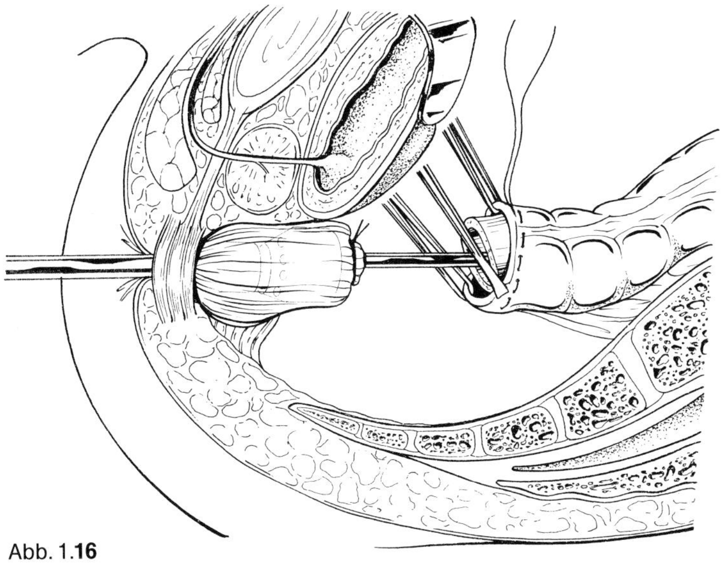

Abb. 1.**16**

4. Durch Drehen an der Flügelschraube wird das Instrument so weit geöffnet, bis zwischen Magazin und Gegendruckplatte genügend Raum für die zu anastomisierenden Strukturen entstanden ist. Knoten der distalen Tabaksbeutelnaht um den Zentraldorn über dem Magazin. Falls nicht schon früher ausgeführt, wird jetzt eine Tabaksbeutelklemme am proximalen Darmabschnitt angelegt, die Tabaksbeutelnaht gesetzt und das überstehende Gewebe direkt an den Bakkenkanten der Klemme exzidiert (Abb. 1.**15**).
5. Nach Abnehmen der Tabaksbeutelklemme wird das Ende des oralen Darmabschnittes über die Gegendruckplatte geführt (Abb. 1.**16**) und die Tabaksbeutelnaht um den Zentraldorn geknotet (Abb. 1.**17**). Es ist darauf zu achten, daß alle Gewebeschichten sicher über dem Magazinrand und über der Kante der Gegendruckplatte liegen.
6. Zur Durchführung der Anastomose wird durch Drehen der Flügelschraube der Raum zwischen Magazin und Gegendruckplatte bis zum Anschlag verschlossen. Eine exakte Klammerformung wird erreicht, wenn die auf dem Instrument angebrachten Markierungslinien zu Deckung gebracht wurden (Abb. 1.**18**).
7. Nach Lösen des Sicherungshebels werden die Haltegriffe des Instrumentes bis zum Anschlag zusammengedrückt. Der Klammer-Schneide-Vorgang ist beendet, wenn alle entsprechenden Markierungen deckungsgleich sind (Abb. 1.**19**).

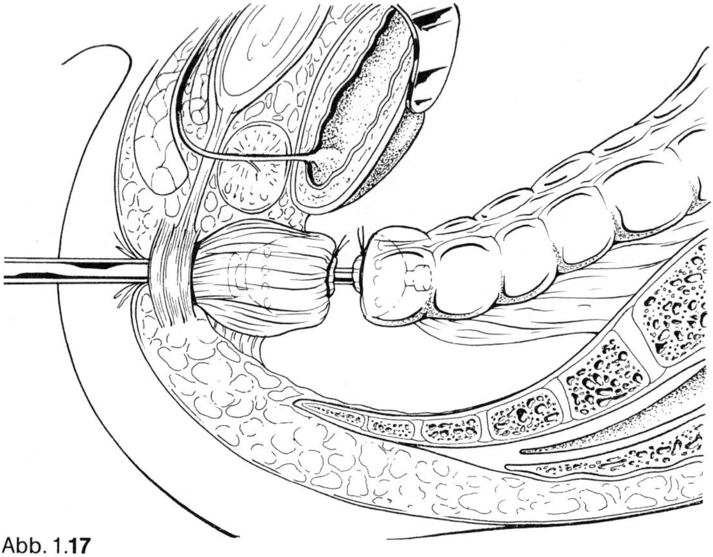

Abb. 1.**17**

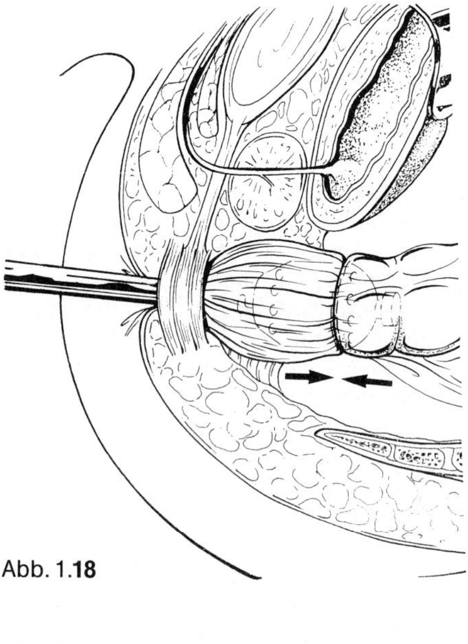

Abb. 1.**18**

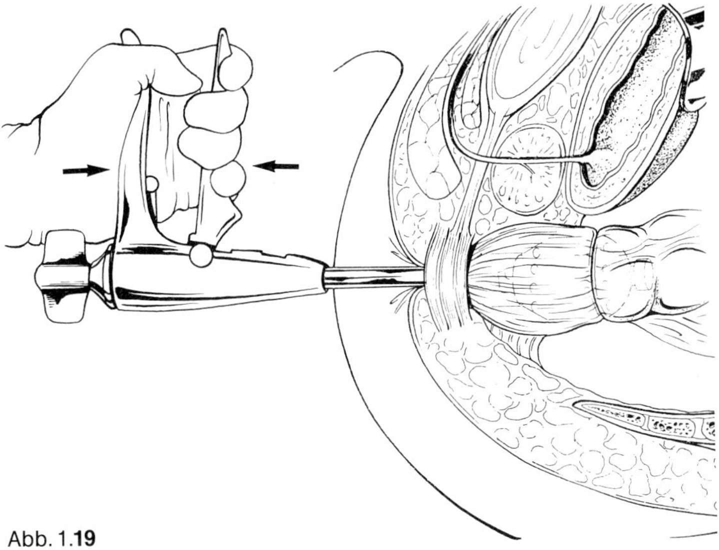

Abb. 1.**19**

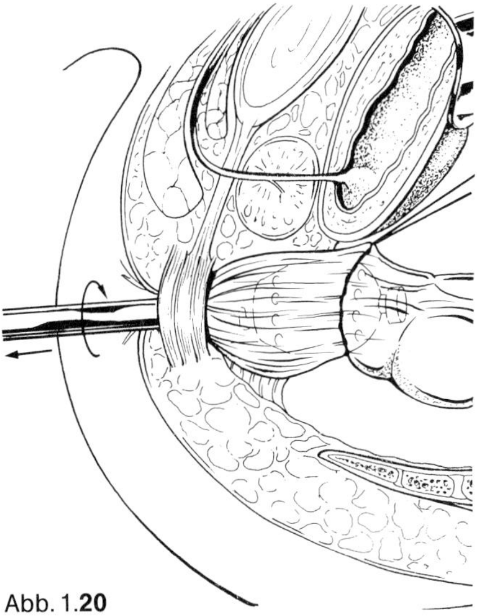

Abb. 1.**20**

8. Durch 3–4 Drehungen an der Flügelschraube werden Magazin und Gegendruckplatte voneinander gelöst. Im Anastomosenbereich wird an der Vorderseite des Darms ein Haltefaden angelegt und das Instrument unter leichten Drehbewegungen zurückgezogen und entfernt (Abb. 1.**20** u. 1.**21**).
9. Die Geweberinge im Magazin und an der Gegendruckplatte werden entfernt und auf Vollständigkeit überprüft.
10. Einlegen einer Zieldrainage in den Anastomosenbereich und schichtweiser Bauchdeckenverschluß.

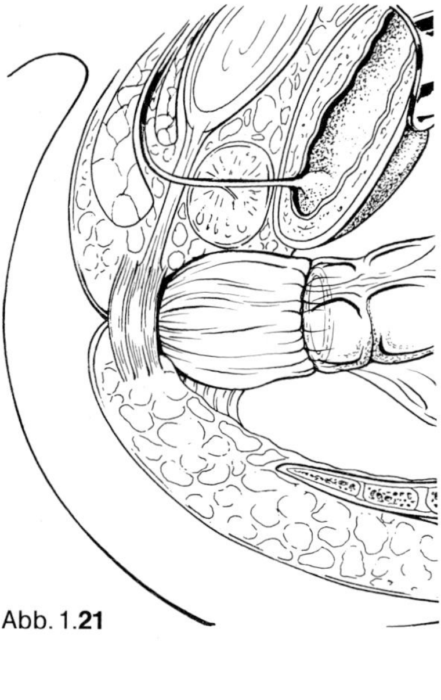

Abb. 1.**21**

Anus praeternaturalis

Der Anus praeternaturalis ist ein operativ geschaffener und somit künstlicher Darmausgang, der zur totalen Ableitung des Darminhaltes dient. Die Anlage eines künstlichen Afters kann eine palliative, d.h. die Ursache der Krankheit nicht beseitigende, aber deren Symptome lindernde Maßnahme, z.B. bei einem inoperablen Dickdarmkarzinom, sein oder die zwangsläufige Folge einer kurativen Operation, z.B. nach Rektumexstirpation. Im letzteren Falle ist der künstliche Anus eine endgültige Einrichtung. Vorübergehend, passager, kann er z.B. zur Entlastung eines überblähten Dickdarmabschnittes vor einem stenosierenden Dickdarmkarzinom als erster Akt einer zweizeitigen Operation angelegt werden. Weiterhin wird zwischen einem endständig einläufigen und doppelläufigen Anus praeter unterschieden. Ein endständiger einläufiger Anus wird z.B. nach abdominoperinealer Rektumamputation gebildet, indem der zuführende Anteil der nach der Resektion verbliebenen Sigmaschlinge in die Bauchhaut eingenäht wird. Die Indikation für einen doppelläufigen Anus und die operative Technik wird weiter unten beschrieben. Die Anlage eines künstlichen Afters kann je nach Befund im Bereich des terminalen Ileums, des Zäkums, des Colon transversum oder Sigmas erfolgen.

Die Indikation für die Bildung eines permanenten *doppelläufigen Sigma-Anus* als palliativer Eingriff ist bei einem inoperablen Rektum oder tiefsitzenden Sigmakarzinom gegeben. Am Tage vor der Operation zeichnen wir am stehenden Kranken die Lokalisation des geplanten Anus an, die sich nach dem später verwendeten Versorgungssystem (starre Pelotte oder aufklebbare Kunststoffbeutel) richtet.

Zur Operation liegt der Kranke auf dem Rücken, der Operationstisch ist leicht kopfwärts geneigt.

Meist eröffnen wir das Abdomen zunächst von einem unteren Medianschnitt aus und prüfen, ob die Notwendigkeit und Berechtigung zur Anlage eines Anus praeter gegeben ist. Ist dies der Fall, werden an vorgezeichneter Stelle Haut und Subkutis in entsprechender Größe rund exzidiert, Faszien und Peritoneum längs inzidiert. Die Sigmaschlinge wird in geeigneter Länge vor die Bauchhaut gebracht, an gefäßfreier Stelle eine Lücke in das Mesosigma präpariert und durch diese ein Kunststoffsteg geschoben. Zu- und abführende Schlinge werden durch einige seroseröse Nähte miteinander verbunden, oberhalb davon zunächst das Peritoneum mit Einzelknopfnähten an die Sigmaschenkel fixiert, dann Faszie und Haut mit einer zweiten Nahtreihe. Die Laparotomiewunde wird verschlossen. Die Vorderwand der vorgelagerten Sigmaschlinge wird 2 Tage nach der Operation eröffnet, die Durchtrennung der Hinterwand erfolgt 6–8 Tage postoperativ.

1. 1 großes Skalpell
2. 1 kleines Skalpell
3. 2 chirurgische Pinzetten, Standard
4. 2 chirurgische Pinzetten, fein
5. 2 anatomische Pinzetten, Standard
6. 2 anatomische Pinzetten, lang
7. 1 anatomische Pinzette, lang, gebogen
8. 2 Scheren, stumpf-stumpf, Standard, gebogen
9. 2 Scheren, stumpf-stumpf, lang, gebogen
10. 10 Pean-Klemmen, gebogen
11. 4 Kocher-Klemmen
12. 4 Mikulicz-Klemmen
13. 2 Overholt-Klemmen
14. 2 Kornzangen, gebogen
15. 2 Präpariertupferklemmen
16. 2 scharfe Haken
17. 2 Roux-Haken
18. 2 Langenbeck-Haken
19. 2 Bauchdeckenhaken
20. 2 Haken, tief, schmal
21. 2 Nadelhalter
22. 1 Gefäß mit Tupfern und Bauchrollen
23. 1 Dose mit Nadeln und Nahtmaterial
24. 5 Tuchklemmen
25. 1 Elektrokauter
26. 2 Siliconzügel
27. 1 dicker Siliconschlauch

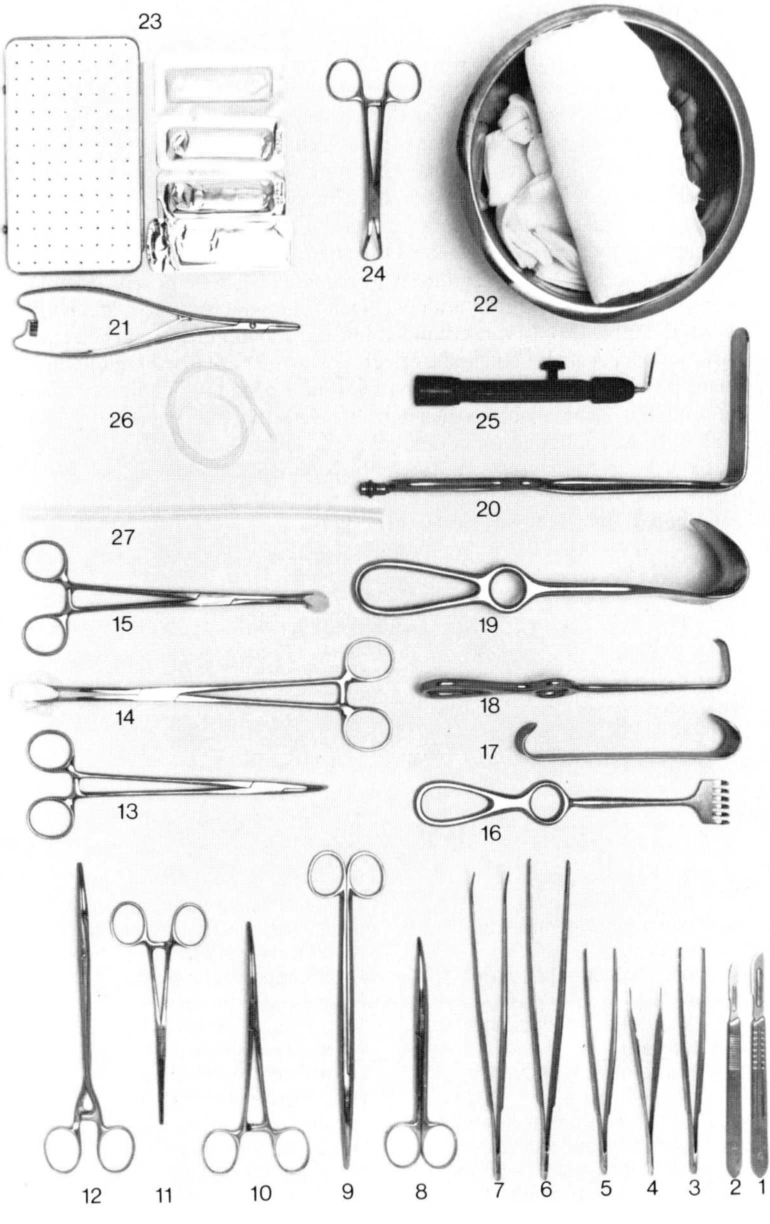
23
24
22
21
26
25
20
27
15
19
14
18
17
13
16
12
11
10
9
8
7
6
5
4
3
2
1

Appendektomie

Der Patient liegt auf dem Rücken. Die *Entfernung des Wurmfortsatzes* erfolgt von einem Pararektal- oder von einem Wechselschnitt aus. Bei letzterem wird die Haut in – Höhe des vorderen Darmbeinstachels rechts (Spina iliaca anterior superior) quer oder leicht schräg inzidiert, die Faszie des äußeren und inneren schrägen Bauchmuskels schräg bzw. quer, d.h. jeweils in Faserrichtung, gespalten, die Mm. obliquus internus und transversus stumpf auseinandergedrängt und das Bauchfell eröffnet. Der Zäkumkopf wird luxiert, wo der Operateur die Appendix an der freien Tänie findet. Das Mesenteriolum wird mit einer Klemme gefaßt, zäkumnah unterbunden und durchtrennt. Nach Quetschung der Schleimhaut wird die Appendixbasis unterbunden und am Zäkum in entsprechendem Abstand eine Tabaksbeutelnaht gelegt. Zwischen der Unterbindung und einer distal gesetzten Pean-Klemme wird die Appendix durchtrennt, der Stumpf mit einer anatomischen Pinzette versenkt und gleichzeitig die Tabaksbeutelnaht zugezogen und geknüpft. Diese Naht wird durch eine zusätzliche Z-Naht gesichert. Nach Revision des Dünndarms (Meckelsches Divertikel) und des inneren Genitales bei Frauen wird das Abdomen anatomisch gerecht schichtweise verschlossen.

1. 1 großes Skalpell
2. 1 kleines Skalpell
3. 2 chirurgische Pinzetten, Standard
4. 2 chirurgische Pinzetten, fein
5. 2 anatomische Pinzetten, Standard
6. 2 anatomische Pinzetten, lang
7. 2 Scheren, stumpf-stumpf, Standard, gebogen
8. 6 Pean-Klemmen, gebogen
9. 2 Kocher-Klemmen
10. 4 Mikulicz-Klemmen
11. 2 Kornzangen, gebogen
12. 2 Präpariertupferklemmen
13. 2 Roux-Haken
14. 2 Langenbeck-Haken
15. 2 Nadelhalter
16. 1 Kocher-Rinne
17. 1 Deschamps
18. 1 Gefäß mit Tupfern
19. 1 Dose mit Nadeln und Nahtmaterial
20. 5 Tuchklemmen
21. 1 Elektrokauter

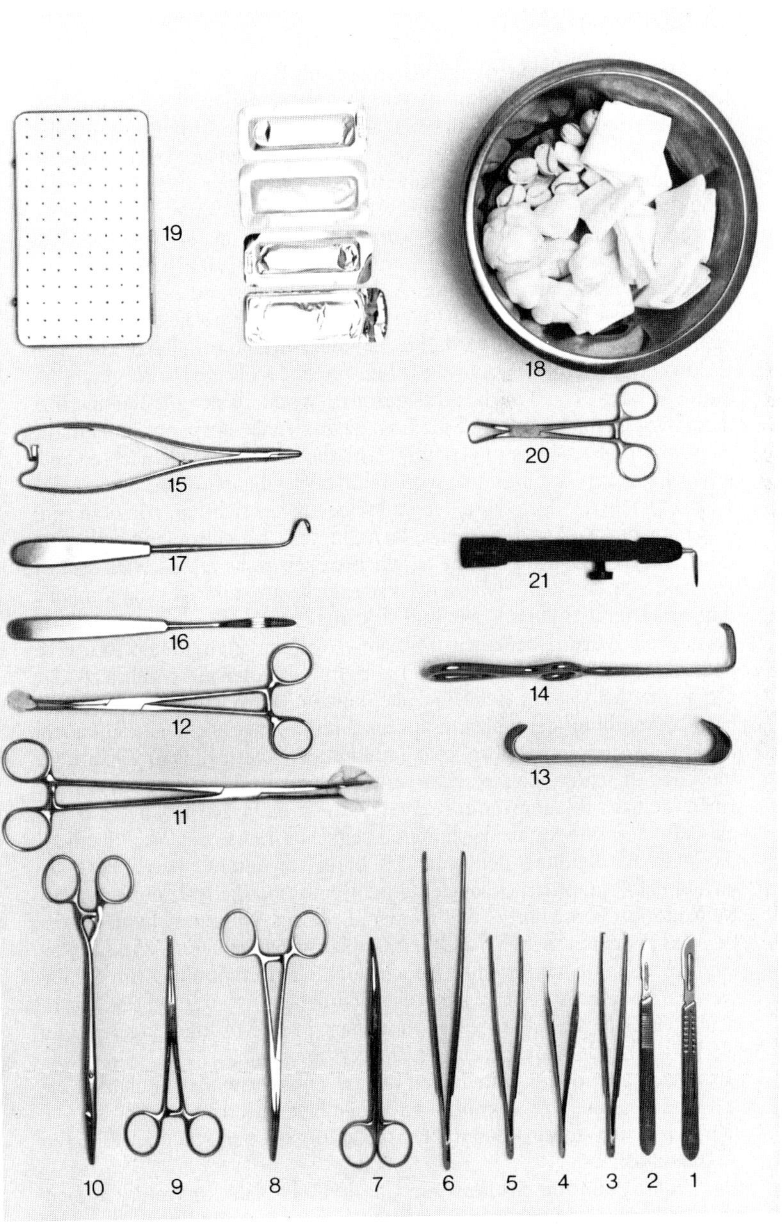
19
18
15
20
17
21
16
14
12
13
11
10
9
8
7
6
5
4
3
2
1

Milzexstirpation

Die Milzexstirpation wird in Rückenlage mit Polsterung der linken Flankenregion und leichter Rechtsseitenlage vorgenommen. Als Zugangsweg zur Milz empfiehlt sich bei sicherer Indikation zur Exstirpation der linksseitige Rippenbogenrandschnitt, ansonsten der linke Para- oder Transrektalschnitt sowie der obere Medianschnitt, der mit einer nach links gerichteten Inzision (Zweiwinkelschnitt) verlängert werden kann. Vor der Milzexstirpation müssen eventuelle Verwachsungen mit der Nachbarschaft gelöst werden, was in der Regel durch stumpfes Abschieben mit der Hand gelingt. Zunächst wird der untere Milzpol mobilisiert, indem die Bandverbindung zwischen Milz und Querkolon (Lig. gastrocolicum) beidseitig ligiert und durchtrennt wird. Das lateral benachbarte Band zwischen Kolon und seitlicher Bauchwand (Lig. phrenicocolicum) wird geschont. Nun wird der Magen nach rechts gezogen, wodurch sich die Bandverbindung zwischen Magen und Milz (Lig. gastrolienale) anspannt, in dem die A. gastroepiploica sinistra verläuft. Das Band wird zum Milzhilus hin zwischen Ligaturen durchtrennt, wodurch der Netzbeutel (Bursa omentalis) eröffnet ist. In der Tiefe wird der Pankreasschwanz sichtbar, von dem zum Milzhilus hin das Lig. lienorenale zieht, in dem die Milzgefäße verlaufen. Läßt sich die Milzarterie ohne Schwierigkeiten isolieren, so wird sie vor den anderen Gefäßen zwischen Pankreasschwanz und Milzhilus medial doppelt, lateral einfach ligiert und durchtrennt. Durch diese Maßnahme kommt die Blutung bei einem Milzriß weitgehend zum Stehen. Wird die Milz aus einer anderen Indikation entfernt, so verkleinert sich jetzt das Organ deutlich. Ist der Gefäßstiel aber kurz und fettreich, muß auf die isolierte Behandlung der Milzarterie verzichtet und alle Gefäße, von kaudal beginnend, müssen schrittweise unterbunden werden. Der Operateur muß darauf achten, daß er nicht einen Teil des Pankreasschwanzes oder einen Teil der Magenwand in die Ligaturen einbezieht. Nun wird das parietale Peritoneum an der hinteren seitlichen Kante der Milz inzidiert, die letzte Verbindung der Milz, das Band von ihrem oberen Pol zum Zwerchfell (Lig. phrenicolienale), durchtrennt und die Milz entfernt. Zur Replantation von Milzgewebe werden Teile des Milzparenchyms zerrieben und in oder zwischen die Omentumblätter gebracht. Die Wirksamkeit dieser Maßnahmen ist bisher jedoch noch nicht erwiesen. Zum Schluß werden die Ränder des Lig. gastrolienale mit dem freien Rand des Peritoneum parietale vernäht, eine Redondrainage in die Milzloge eingelegt und die Bauchwunde anatomisch gerecht verschlossen.

Als milzerhaltende Eingriffe bieten sich bei entsprechender Indikation die direkte Naht, die Polresektion oder lokale blutstillende Maßnahmen wie Fibrinklebung, Infrarot-Kontaktkoagulation, Netzplastik oder deren Kombination an.

Die direkte Naht mit chromiertem Catgut als U-Naht kommt bei isolierten Kapselrissen oder hilusfernen Parenchymeinrissen in Betracht, wobei lyophilisierte Dura oder Kollagenvlies als Widerlager der Nähte dienen kann.

Oberflächliche Kapselverletzungen der Peripherie können ggf. mit Fibrinklebern versorgt werden. Bei tiefen Einrissen am unteren Milzpol kann dieser nach Isolierung und Unterbindung der entsprechenden Gefäße reseziert werden. Die Resektionsfläche kann durch Infrarot-Kontaktkoagulation verschorft, mit Fibrinkleber bestrichen und/oder mit einem Netzzipfel abgedeckt werden.

Hygiene führe nicht zum Zwist
die unbequem doch nützlich ist.

1. 1 großes Skalpell
2. 1 kleines Skalpell
3. 2 chirurgische Pinzetten, Standard
4. 2 chirurgische Pinzetten, fein
5. 2 chirurgische Pinzetten, lang
6. 2 anatomische Pinzetten, lang
7. 2 Scheren, stumpf-stumpf, Standard, gebogen
8. 2 Scheren, stumpf-stumpf, lang, gebogen
9. 4 Pean-Klemmen, gebogen
10. 4 Kocher-Klemmen
11. 4 Mikulicz-Klemmen
12. 2 Overholt-Klemmen
13. 2 Pean-Klemmen, lang, gebogen
14. 2 Kornzangen, gebogen
15. 2 Präpariertupferklemmen
16. 2 scharfe Haken
17. 2 Roux-Haken
18. 2 Langenbeck-Haken
19. 2 Bauchdeckenhaken
20. 2 Leberhaken
21. 2 Haken, tief, schmal
22. 1 Bauchdeckenhalter
23. 1 Nadelhalter, lang
24. 2 Nadelhalter
25. 4 Stielklemmen, gebogen
26. 1 Gefäß mit Tupfern und Bauchrollen
27. 1 Dose mit Nadeln und Nahtmaterial
28. 6 Tuchklemmen
29. 1 Elektrokauter
30. 1 Sauger
31. 1 Inzisionsfolie
32. 1 feine Reibe

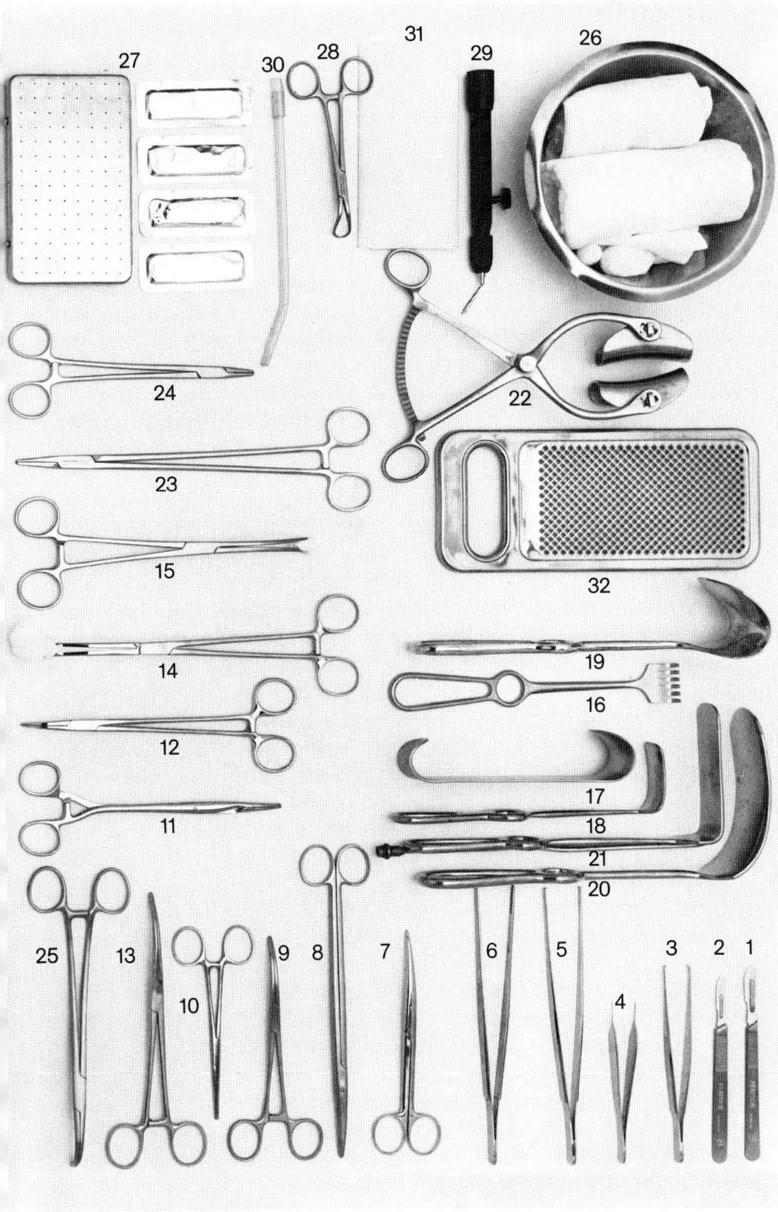
27
30
28
31
29
26
24
22
23
15
32
19
14
16
12
17
11
18
21
20
25
13
10
9
8
7
6
5
4
3
2
1

Diffuse Peritonitis

Die häufigste Form der diffusen Peritonitis ist mit etwa 80% die *sekundäre bakterielle Peritonitis,* die nach Perforation eines in der Bauchhöhle gelegenen Hohlorgans entsteht, falls der Prozeß nicht durch Abdeckung mit Netz oder durch die benachbarten Organe lokalisiert wird. Eine diffuse Peritonitis kann durch folgende Krankheiten oder Zustände verursacht werden: Appendizitis, Cholezystitis, Ulkus- oder Tumorperforation, Dickdarmdivertikulitis, Darminfarkt, Dünndarmperforation, Colitis ulcerosa, Morbus Crohn.

Die *primäre diffuse Peritonitis,* die durch hämatogene, lymphogene oder kanalikuläre (Pelveoperitonitis bei der Frau) Keimverschleppung verursacht wird, ist dagegen selten. Die *postoperative Peritonitis* ist meist durch Nahtinsuffizienz, seltener durch intraoperative Kontamination bedingt. Die Ursachen der *posttraumatischen Peritonitis* sind perforierende Bauchverletzungen und endoskopische Perforationen. Auch die Peritonitis bei Peritonealdialyse ist hier einzuordnen. Ursache der *Retroperitonitis* ist die narkotisierende Pankreatitis.

Die Behandlung der diffusen Peritonitis besteht in der operativen Ausschaltung der Infektionsquelle und in der Beseitigung ihrer Folgen.

Zur Vorbereitung des operativen Eingriffs gehören das Legen eines Magenschlauches und Blasenkatheters, das Anlegen eines sicheren Venenzugangs (Kava-Katheter), Volumenersatz und die Gabe eines Antibiotikums, das bis zum Erhalt eines bakteriologischen Befundes vor allem gramnegative Keime und Anaerobier abdecken sollte.

Die Operation erfolgt in Rückenlage. Die Schnittführung hängt von der Lage des Hohlorgans ab, das die Peritonitis verursacht hat. Ist deren Ursache unklar, so wird die Laparotomie von einem Medianschnitt aus durchgeführt. Das Ziel der Operation ist die radikale Sanierung der Infektionsquelle, z.B. durch Appendektomie, Ulkusübernähung, Darmresektion u.a. Bei lokalisierten Prozessen (perityphlitischer, subphrenischer Douglas-Abszeß) ist als abschließende Maßnahme die Drainage der Abszeßhöhle an deren tiefsten Punkt notwendig.

Bei der diffusen Peritonitis dagegen wird die *intraoperative Lavage* mit körperwarmer Kochsalzlösung (6–10 l) durchgeführt. Dadurch werden Bakterien, ihre Enzyme und Toxine, Blut, Darminhalt und Darmenzyme herausgewaschen. Die Fibrinbeläge auf Darmserosa und Peritoneum werden sorgfältig abgelöst, um die Verwachsungstendenz und die Entstehung von postoperativen Abszessen (Mikroabszesse auf dem Darm oder Zwischenschlingenabszesse) zu vermeiden.

Da bei der diffusen bakteriellen Peritonitis die alleinige Drainage der Bauchhöhle, selbst wenn sie in allen 4 Quadranten durchgeführt wird, von wenig oder keinem Nutzen ist, muß geprüft werden, ob zur Weiterbehandlung die *geschlossene kontinuierliche Peritoneallavage* oder besser die *programmierte Lavage (Etappenlavage)* eingesetzt werden soll.

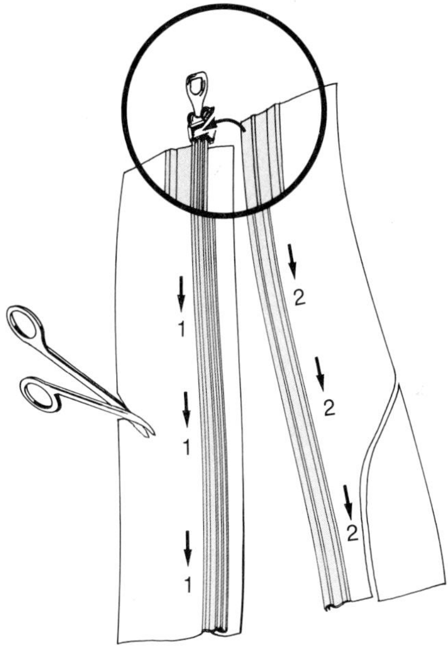

Durch die kontinuierliche Lavage werden während der Spüldauer von 3–7 Tagen Bakterien, Toxine, Blut, Fäkalpartikel und Digestionsenzyme aus der Bauchhöhle herausgewaschen, wobei noch zusätzlich ein Dialyseeffekt wirksam wird, indem Wasser und harnpflichtige Substanzen dem Organismus entzogen werden.

Als Spüllösung dient eine leicht hyperosmolare Fertiglösung mit getrenntem Ein- und Auslaufsystem. Ist dieses in der Bauchhöhle plaziert, wird das Abdomen verschlossen. Ein weiterer Eingriff ist zunächst nicht vorgesehen, sondern vom Verlauf abhängig.

Bei der programmierten Lavage dagegen wird täglich, evtl. jeden 2. Tag eine Reoperation mit transperitonealer Lavage vorgenommen. Dabei werden als erstes ein bakterieller Abstrich entnommen, dann Verklebungen sorgfältig abgelöst, Fibrinbeläge entfernt und alle Etagen der Bauchhöhle ausgiebig gespült, d.h. mit ca. 10 l Kochsalzlösung. Der Eingriff wird so lange wiederholt, bis die Entzündungszeichen weitgehend abgeklungen sind, und bei 2maliger Untersuchung in Folge keine pathologischen Keime mehr im Abdomen nachgewiesen werden können. Mit der Einführung des sog. Schienengleitverbandes hat sich die Durchführung sehr vereinfacht. Der „Reißverschluß" besteht aus einem Verschlußstreifen aus Polyethylen mit Metallschieber und beidseitig angeschweißtem Polyestergewebe, das nach Bedarf zurecht geschnitten werden kann. Eine Schutzlasche verhindert, daß Gewebe zwischen Metallschieber und Verschluß-

streifen gelangt. Sind die beiden Anteile des „Reißverschlusses“ nach gewünschter Länge und Breite zurechtgeschnitten, wird das an den Verschlußstreifen angeschweißte Polyestergewebe an seinen Rändern mit fortlaufender Naht durchgreifend an beiden Seiten der Inzision mit Peritoneum und Faszie vernäht.
Danach wird der Teil des „Reißverschlusses“, der die Schutzlasche trägt, in die untere Öffnung des Metallschiebers eingeführt, der andere Teil entsprechend in die obere Öffnung. Wird der Schieber, wie aus der Abbildung ersichtlich, in Pfeilrichtung geführt, so wird der Verband geschlossen. Subkutangewebe und Haut werden nicht vernäht. Die offene Wunde wird mit angefeuchteter steriler Gaze oder mit Jodoformstreifen ausgelegt, die mit sterilen Tüchern abgedeckt werden.

Instrumentarium S. 44f.

2 Extremitätenchirurgie

Osteosynthese mit Schrauben, Platten und Marknagel

Unter dem Begriff *Osteosynthese* wird die operative Vereinigung von Knochenfragmenten durch mechanische Hilfsmittel – Schrauben, Platten, Nägel und äußere Festhalter – verstanden. Das Ziel einer Osteosynthese ist es, die Bruchenden anatomisch korrekt so fest und funktionsstabil miteinander zu verbinden, daß die Gelenke der verletzten Extremität nach der Operation schmerzfrei bewegt werden können und die Nachteile einer Gips- oder Extensionsbehandlung vermieden werden.
Diese Stabilität kann je nach Art und Sitz der Fraktur durch interfragmentäre und axiale Kompression erreicht werden.

Die *interfragmentäre Kompression:*
1. Die Fragmente werden durch Zugschrauben miteinander vereinigt. In verkürzter Darstellung wird die gewünschte Zugrichtung durch folgendes Vorgehen erreicht: Die Kortikalis des zugewandten Fragmentes erhält ein Gleitloch, in dem sich die Schraube frei drehen kann. In die Kortikalis des Gegenfragmentes wird ein Gewinde (Gewindeloch) geschnitten. Wird die Schraube eingedreht, so faßt ihr Gewinde nur die Gegenkortikalis und zieht dieses Fragment fest an das andere heran. Der dabei entstehende Druck bewirkt die interfragmentäre Kompression. Zur Schienung der Fraktur kann noch zusätzlich eine Neutralisationsplatte angelegt werden (Abb. 2.**1**), die keine Zug- oder Druckwirkung besitzt. Eine weitere Möglichkeit ist die Kombination von Zugschrauben mit sog. gespannten Implantaten. Dieser Begriff wird sogleich erläutert werden.
2. Die Bruchstücke werden durch eine Platte überbrückt, die aber im Gegensatz zur oben erwähnten Neutralisationsplatte eine zusätzliche Spannung erhält. Dadurch wird ein Druck erzeugt, der sich in Längsrichtung auf den Knochen auswirkt. Die Fragmente erhalten eine axiale Kompression. Die Spannung der Platten wird durch ein Spanngerät (Abb. 2.**2**) oder durch besonders konstruierte Platten mit ovalären, exzentrisch gestalteten Schraubenlöchern (Druck-Kompressions-Platten [DCP] Abb. 2.**3**) erreicht.

Axiale Kompression gewährleistet auch die Verwendung des Fixateur externe. Der „äußere Halteapparat“ kann u.a. zur Behandlung offener Frakturen, Trümmerfrakturen oder Pseudarthrosen eingesetzt werden. Nach Reposition der Fraktur werden ober- und unterhalb des Frakturbereiches Schanzsche Schrauben und/oder Steinmann-Nägel eingebracht. An den freien Nagelenden wird der Festhalteapparat befestigt. Spannvorrichtungen erzeugen die erwünschte axiale Kompression, schwenkbare Backen und Scharnierstücke erlauben zwei- und dreidimensionale Korrekturen an der Stellung der Bruchstücke (Abb. 2.**4** zeigt die dreidimensionale Anlage eines Fixateur externe).

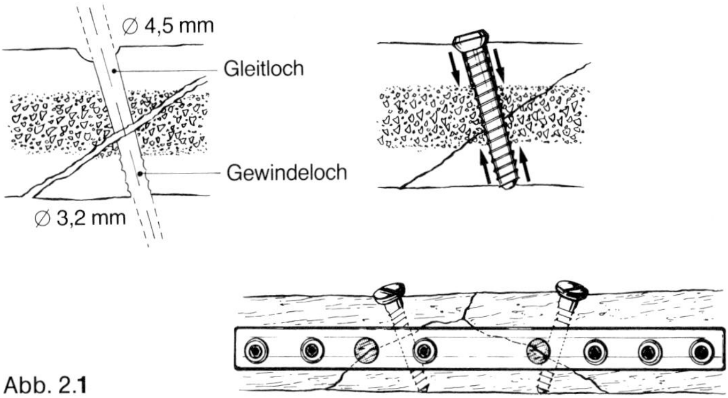

Abb. 2.**1**

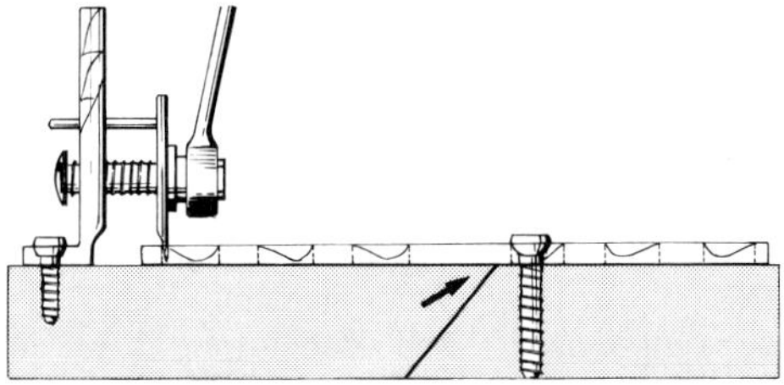

Abb. 2.**2**

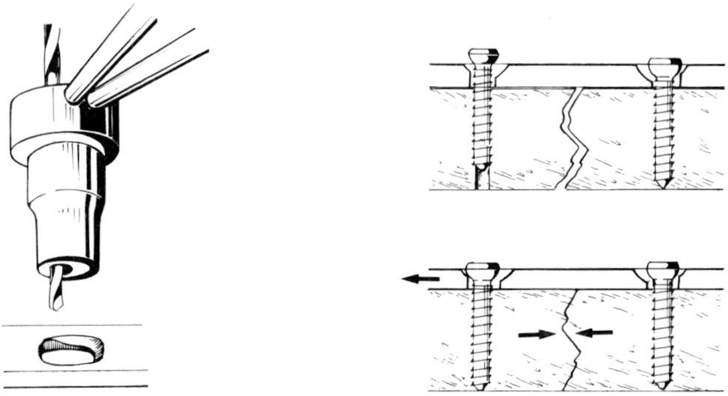

Abb. 2.**3**
(nach Müller)

Auch durch Zuggurtungen entstehen axiale Kompressionen. Dieses Prinzip wird etwas weiter unten kurz erläutert.
Sowohl die interfragmentäre als auch die axiale Kompression können durch statischen, d.h. ruhenden Druck oder durch dynamischen, d.h. bewegenden Druck wirksam sein. Bei der statischen Kompression wirken die Druckkräfte andauernd, in gleicher Stärke auf die Fragmente ein und verteilen sich gleichmäßig auf die ganze Bruchfläche. Dabei ist es gleichgültig, ob der betroffene Skelettabschnitt bewegt wird oder nicht. Statische Kompression wird durch die eben beschriebenen vorgespannten Implantate erreicht.
Bei der dynamischen Kompression werden die Bruchflächen nicht allein durch gespannte Implantate unter Druck gesetzt. Es werden vielmehr noch diejenigen Kräfte genutzt, die beim normalen Gebrauch des Skelettabschnittes im Bereich der Fraktur frei werden. Was damit gemeint ist, soll am Beispiel der queren Patellafraktur erläutert werden (Abb. 2.**5**). Ein Draht wird über die Patella durch Patellar- und Quadrizepssehnenansätze geführt und angezogen. Dabei entsteht zunächst nur ein Druck auf die drahtnahe Kortikalis, während der dem Kniegelenk nahe liegende Anteil der Patella noch klafft. Erst bei Beugung des Gelenkes und Anspannen der Quadrizepsmuskulatur kommt es zu einer interfragmentären Kompression im gesamten Frakturbereich. Diese Art der zusätzlichen Stabilisierung durch dynamische Kompression wird Zuggurtung genannt.
Das Prinzip dynamischer Kompression durch Zuggurtung kann in bestimmten Frakturbereichen auch mit Platten verwirklicht werden. Bei Belastung wirken beispielsweise an der Außenseite des Oberschenkels Zugkräfte, an seiner Innenseite Biegungskräfte. Dies führt bei einer Fraktur zum Klaffen und Abknicken der Zugseite. Werden die Zugkräfte in diesem Fall von einer Platte aufgenommen und die Druckkräfte bei Belastung von Knochen abgestützt, so ist die Tragfähigkeit des Knochens wiederhergestellt.
Osteosynthesen können schließlich auch mit sog. Kraftträgern durchgeführt werden. Dies sind Marknägel, Winkel-, Abstütz- und Neutralisationsplatten. Beispiele für ihre Verwendung finden sich in den folgenden Kapiteln. Auf eine umfassendere Darstellung der vielseitigen Verwendungsmöglichkeiten osteosynthetischer Implantate müssen wir im Rahmen dieses Buches verzichten. Dafür haben wir beispielhaft die operative Behandlung von Frakturen in verschiedenen Skelettabschnitten beschrieben. Auf den nächsten Seiten sind auf Tisch 1 allgemeine Instrumente, auf Tisch 2 spezielle Instrumente und verschiedene Implantate zur Osteosynthese ausgelegt.

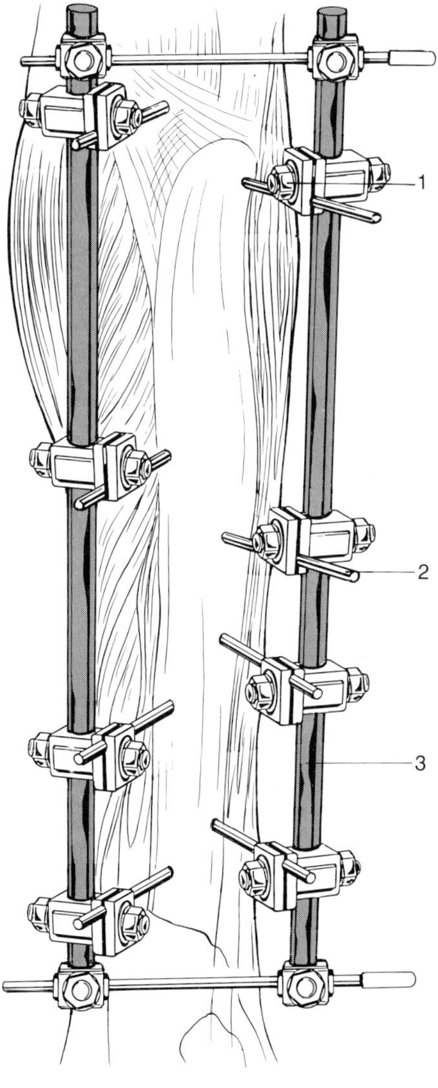

Abb. 2.**4a**

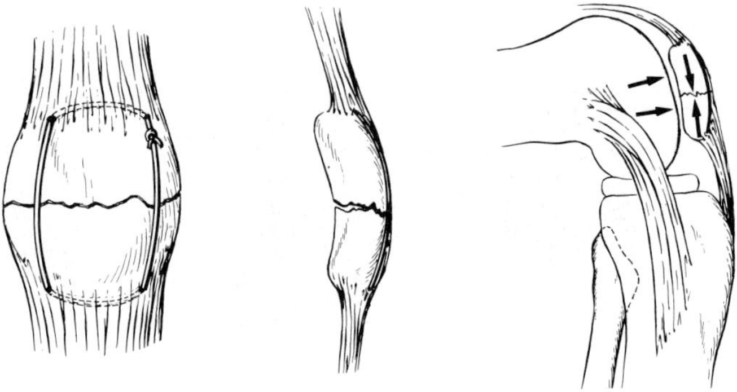

Abb. 2.**5**
(nach Müller)

Tisch 1

1. 1 großes Skalpell
2. 1 kleines Skalpell
3. 2 chirurgische Pinzetten, Standard
4. 2 chirurgische Pinzetten, fein
5. 2 Scheren, stumpf-stumpf, Standard, gebogen
6. 4 Pean-Klemmen, gebogen
7. 2 Kocher-Klemmen
8. 2 Raspatorien
9. 2 Elevatorien
10. 2 Einzinkerhaken
11. 2 Kugelspieße
12. 2 scharfe Haken
13. 2 Langenbeck-Haken
14. 2 Knochenhebel (Hohmann)
15. 1 Hohlmeißelzange
16. 2 Repositionszangen
17. 2 Knochenhaltezangen
18. 1 scharfer Haken
19. 2 Spiralbohrer
20. 2 Gewindeschneider für Kortikalisschrauben
21. 2 Gewindeschneider für Spongiosaschrauben
22. 1 Meßgerät
23. 2 Schraubenzieher
24. 3 Bohrbüchsen
25. 1 Steckbohrbüchse
26. 1 Spritze mit Kanüle und Spülflüssigkeit
27. 1 Gefäß mit Tupfern
28. 2 Nadelhalter
29. 1 Dose mit Nadeln und Nahtmaterial
30. 1 Elektrokauter
31. 1 Sauger
32. 2 Tuchklemmen
33. 1 Inzisionsfolie
34. 1 Spieß mit Redondrain

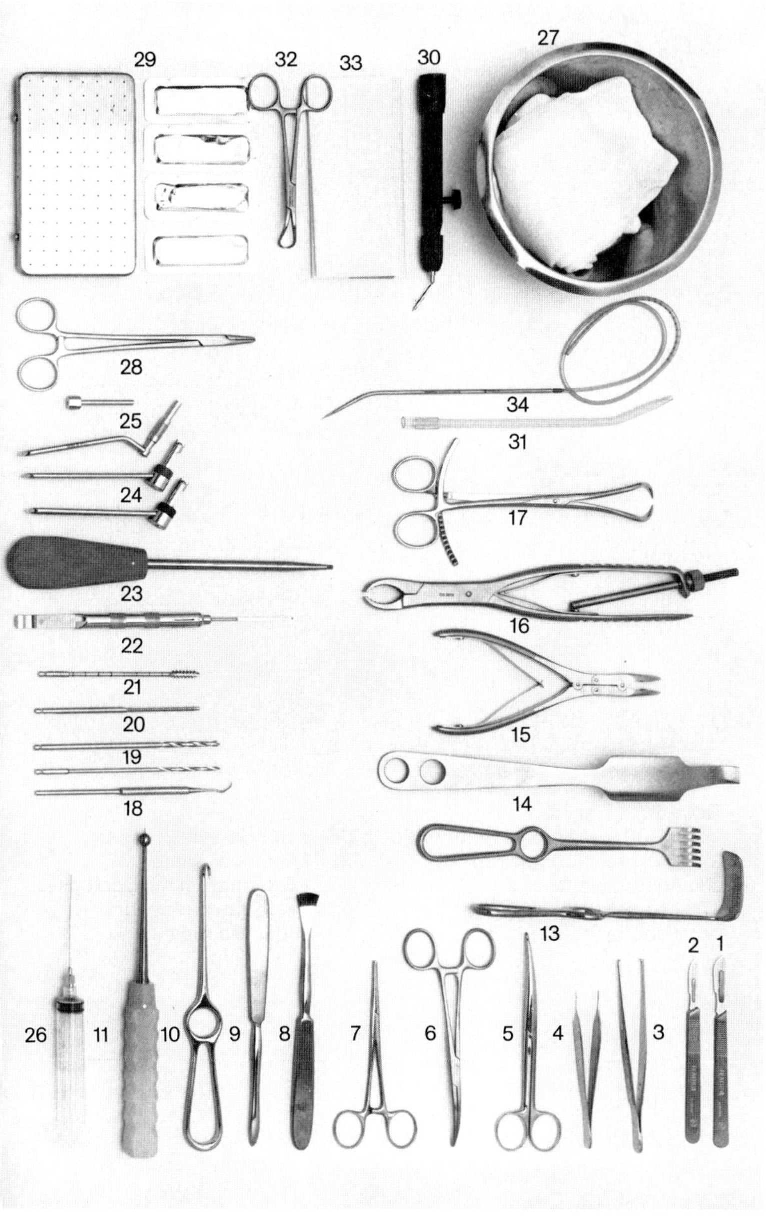
27
29
32
33
30
28
34
25
31
24
17
23
16
22
21
15
20
19
18
14
13
2
1
26
11
10
9
8
7
6
5
4
3

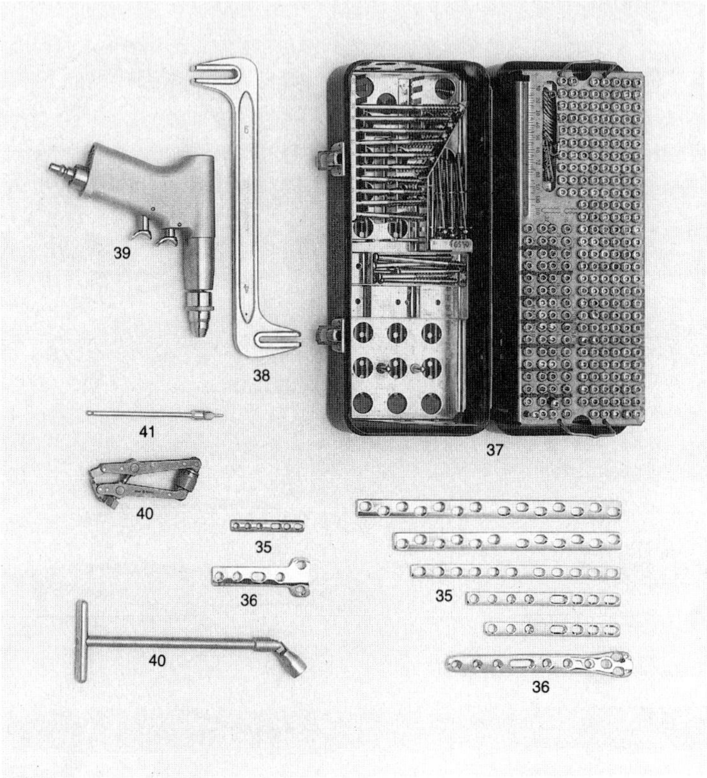

Tisch 2

35. 1 Sortiment selbstspannender Kompressionsplatten
36. Abstützplatte
37. 1 Kasten mit Knochenschrauben
38. 2 Schränkeisen
39. 1 Bohrmaschine
40. 1 Spanngerät mit Schlüssel
41. 1 Kopfraumfräse für Zugschrauben

Kahnbeinfraktur

Die Behandlung der *Kahnbeinfraktur* (Kahnbein = Os naviculare oder Os scaphoideum) ist meist konservativ. Die Indikation zur operativen Reposition und Osteosynthese stellt sich bei Frakturen mit primärer Diastase durch Trümmerzone und Bandinterposition, Brüchen mit starker Dislokation, gleichzeitiger Handwurzelluxation oder Radiusfraktur.
Operation in Rückenlage, der betroffene Arm liegt auf einem Handtisch, die Abdeckung muß eine gute Beweglichkeit des Vorderarms und der Hand zur BV-Kontrolle ermöglichen. Der Hautschnitt liegt entweder dorsal zwischen den Sehnen des langen und kurzen Daumenstreckers in der sog. Tabatière oder palmar in Form eines L-förmigen Schnittes. Dieser wird über dem distalen Radiusende zunächst in Längsrichtung geführt und biegt dann in der distalen Handgelenksfalte, hier quer nach ulnar verlaufend, um. Die Osteosynthese des Kahnbeins wird mit einer Zugschraube durchgeführt, deren Gewinde ausschließlich im proximalen Fragment zu liegen kommen muß, um die Fragmente unter Druck setzen zu können. Nach Freilegung des Os naviculare wird die Bruchspalte von Hämatomresten und Interponaten befreit, die Fraktur reponiert und vorläufig fixiert. Nach endgültiger Fixation mit einer Zugschraube kann die Zugangswunde geschlossen werden.

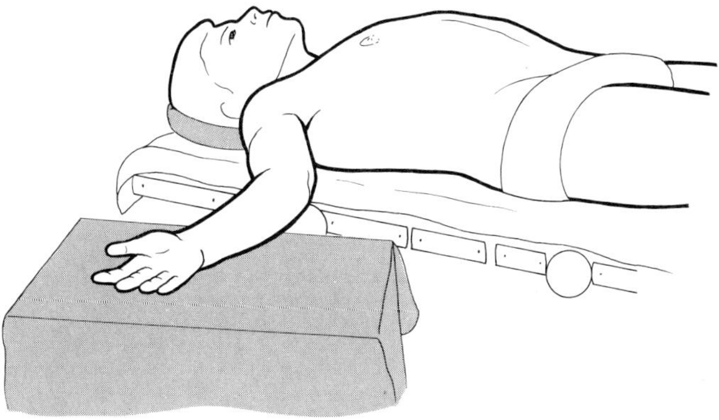

Rückenlage mit Beitisch für Armlagerung

1. 1 großes Skalpell
2. 1 kleines Skalpell
3. 2 chirurgische Pinzetten, Standard
4. 2 chirurgische Pinzetten, fein
5. 2 anatomische Pinzetten, fein
6. 2 Scheren, stumpf-stumpf, Standard, gebogen
7. 1 Schere, stumpf-stumpf, fein, gebogen
8. 2 Pean-Klemmen,gebogen
9. 2 Moskito-Klemmen, gebogen
10. 1 kleines Raspatorium
11. 2 kleine Elevatorien
12. 2 feine Knochenhebel (Hohmann)
13. 2 kleine scharfe Haken
14. 2 kleine stumpfe Haken
15. 2 kleine Einzinkerhaken
16. 2 Kugelspieße
17. 1 Knochenhaltezange
18. 1 Bohrmaschine
19. 1 Bohrbüchse
20. 1 Spiralbohrer
21. 1 Gewindeschneider
22. 1 Meßgerät
23. 1 Schraubenzieher
24. Navikulareschrauben
25. 1 Gefäß mit Tupfern
26. 2 Nadelhalter
27. 1 Dose mit Nadeln und Nahtmaterial
28. 1 Elektrokauter
29. 4 Tuchklemmen
30. 1 Flachzange

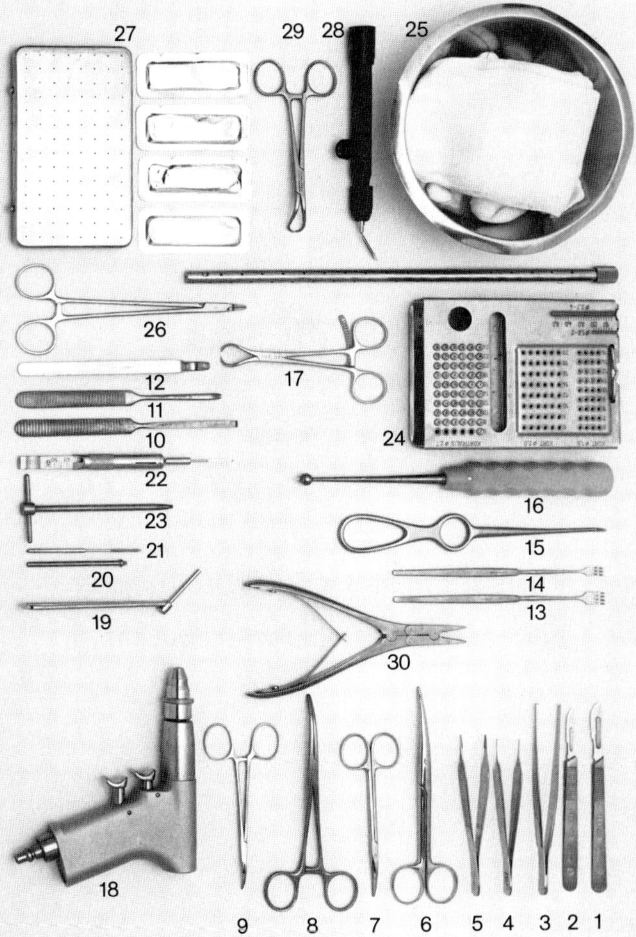
27
29
28
25
26
12
17
11
10
24
22
16
23
15
21
20
14
19
13
30
18
9
8
7
6
5
4
3
2
1

Ihn sieht man im OP mit Grausen,
Bart oder Träger bleiben draußen!

Sprengung des Akromioklavikulargelenkes

Bei der vollständigen Luxation des Akromioklavikulargelenkes ist die Gelenkkapsel gesprengt und das Lig. coracoclaviculare zerrissen. Beide müssen genäht werden. Zur Sicherung dieser Nähte wird eine Zuggurtung zwischen Akromion und Klavikula angelegt.
Bei der Operation liegt der Patient auf dem Rücken, die betroffene Schulter ist durch eine unterschobene Polsterrolle erhöht (Zeichnung). Der Hautschnitt läuft bogenförmig von vorn nach hinten über das Akromioklavikulargelenk oder beginnt parallel zum Unterrand der distalen Klavikula und wird nach lateral fortgesetzt. Alternativ dazu wird der sagittale „Säbelhiebschnitt“ empfohlen. Nach Ablösen der Haut nach medial und lateral gelangt der Operateur leicht an das betroffene Gelenk. Das Lig. coracoclaviculare wird freipräpariert, und kräftige U-Nähte werden durch die Stümpfe des Bandes gelegt, die zunächst noch nicht geknüpft werden. Das dislozierte Gelenk wird reponiert und 2 starke Spickdrähte von der Außenseite durch das Akromion in die Klavikula eingebohrt. Im Bereich des distalen Klavikuladrittels wird ein queres Bohrloch angelegt, ein Cerclagendraht hindurchgefädelt, in einer Achtertour um die Spickdrähte herumgeführt und festgezwirbelt. Die freien Enden der Drähte werden scharf abgebogen und so gekürzt, daß nur kleine Drahthäkchen stehenbleiben. Die Nähte des Lig. coracoclaviculare werden geknüpft, die Gelenkkapsel genäht und nach Einlagen einer Redondrainage die Operationswunde schichtweise geschlossen.

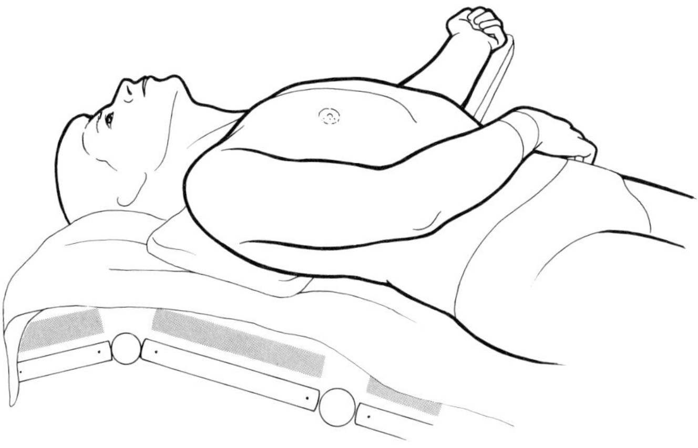

Rückenlage mit angehobenem Oberkörper und rekliniertem Kopf

1. 1 großes Skalpell
2. 1 kleines Skalpell
3. 2 chirurgische Pinzetten, Standard
4. 2 chirurgische Pinzetten, fein
5. 2 Scheren, stumpf-stumpf, Standard, gebogen
6. 4 Pean-Klemmen, gebogen
7. 4 Kocher-Klemmen
8. 1 Raspatorium
9. 1 Elevatorium
10. 2 Einzinkerhaken
11. 2 Kugelspieße
12. 2 scharfe Haken
13. 2 Langenbeck-Haken
14. 1 Gefäß mit Tupfern
15. 1 Seitenschneider
16. 1 Flachzange
17. 1 dicke Kanüle
18. 1 Drahtspanner
19. Cerclagendraht
20. 1 Bohrmaschine mit Drähten
21. 2 Nadelhalter
22. 1 Dose mit Nadeln und Nahtmaterial
23. 1 Elektrokauter
24. 1 Sauger
25. 6 Tuchklemmen
26. 1 Spieß mit Redondrain

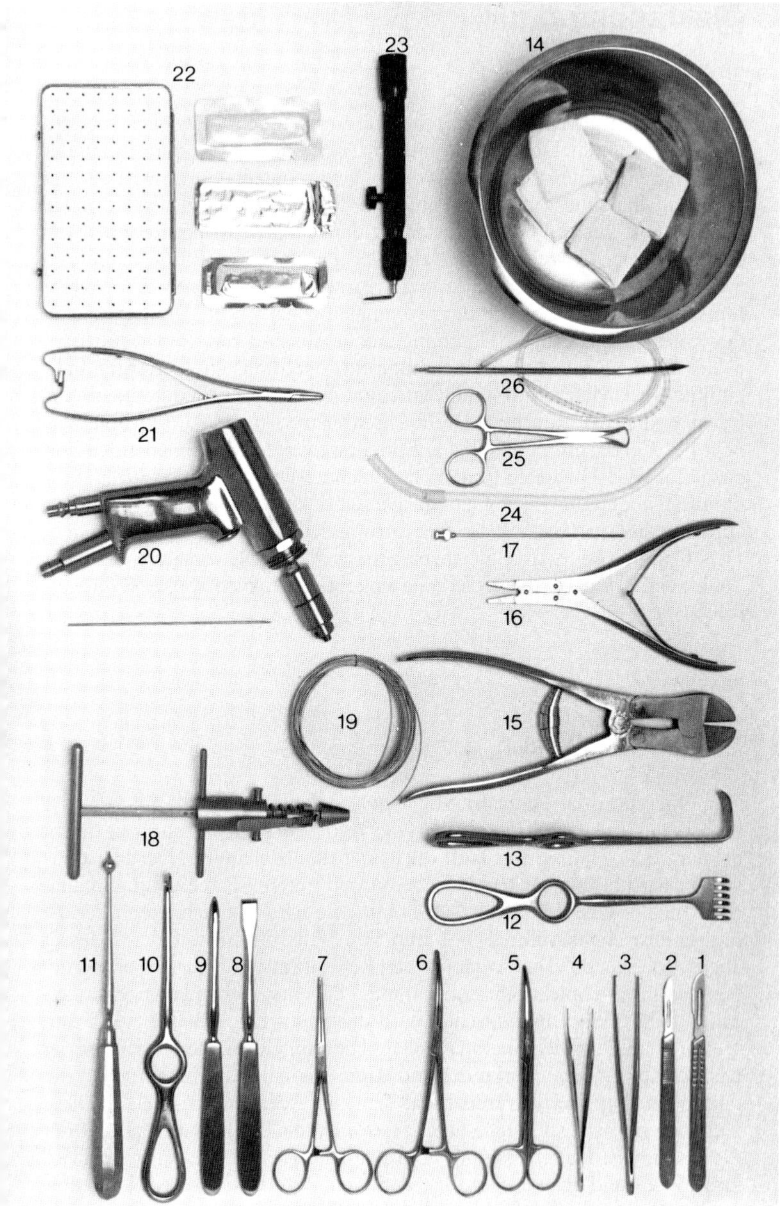
23
14
22
26
21
25
24
17
20
16
19
15
18
13
12
11
10
9
8
7
6
5
4
3
2
1

Olekranonfraktur

Instrumentarium S. 100f

Operation in Rückenlage, der betroffene Arm liegt frei beweglich auf dem Leib des Patienten. Der Hautschnitt wird in Höhe des Olekranons auf der radialen Seite geführt. Er umfährt die Olekranonspitze und wird auf der radialen Ulnakante fortgesetzt. Sind die Weichteile bis auf den Knochen durchtrennt, gilt es, die Frakturränder darzustellen, wobei Koagula und eingeschlagene Gewebeteile entfernt werden. Nach Reposition Einbohren zweier parallel verlaufender, kräftiger Kirschner-Drähte von der Olekranonspitze her in den Schaft der proximalen Ulna, wo die Drahtspitzen in der Kortikalis Halt finden. In genügendem Abstand von der Fraktur wird in der Ulna ein queres Bohrloch angelegt, durch das ein Cerclagendraht geführt wird. Mit diesem Draht wird eine Achtertour gebildet, die um die freien Enden der Kirschner-Drähte herumläuft. Anziehen und Festzwirbeln des Cerclagendrahtes, bis auf die Fragmente ein ausreichender Zug ausgeübt wird. Die freien Enden der Kirschner-Drähte werden zur Fraktur hin umgebogen und bis auf einen Überstand von 8–10 mm gekürzt, dann zurückgedreht, so daß sie die Zuggurtungsschlinge unter die Haken nehmen. Dadurch werden sie gleichzeitig in die Weichteile verlagert. Auch der Drahtzwirbel wird in die Weichteile eingebogen. Schichtweiser Wundverschluß.

Patellafraktur

Instrumentarium S. 100f

Zur Operation der Patellafraktur liegt der Patient auf dem Rücken, das betroffene Kniegelenk ist durch eine unterschobene Polsterrolle leicht gebeugt. Der Hautschnitt läuft quer über die Patellamitte. Der Hautfettlappen wird bis zum palpablen oberen und unteren Patellarand abpräpariert. Eine exakte Reposition der Fragmente wird möglich, wenn Periost und Patellasehnenstümpfe 1–2 mm vom Frakturrand mit dem Messer abgeschoben sind. Das Ergebnis der Reposition wird durch vorübergehend angelegte Spickdrähte oder durch eine entsprechende Knochenfaßzange fixiert. Hart am Knochen wird durch das Lig. patellae ein dicker, weicher Draht um den oberen Patellapol herumgeführt, die Oberfläche der Kniescheibe einfach überkreuzt und dann ebenfalls hart am Knochen der distale Patellapol so überkreuzt, daß sich eine Achterschlinge bildet. Diese Zuggurtung wird so lange stark angezogen, bis der Frakturspalt auf der Gegenseite zu klaffen beginnt. Der seitliche Reservestreckapparat wird kontrolliert und ggf. vernäht. Bei Mehrfachfrakturen der Patella kann entweder die Patella entfernt werden *(Patellektomie)*, oder die Fragmente werden durch Schrauben so vereinigt, daß aus dem Mehrfachbruch ein Zweifragmentebruch entsteht. Diese beiden Fragmente können dann wie beschrieben durch Zuggurtung vereinigt werden. Die Patellektomie wird nur in ganz aussichtslosen „Notfällen" durchgeführt.

Frakturen und Bandverletzungen des oberen Sprunggelenkes

Das obere Sprunggelenk (OSG) wird von der Malleolengabel und der Gelenkrolle des Sprungbeins (Cochlea tali) gebildet. Die Knöchelgabel besteht aus den distalen Abschnitten des Schien- und Wadenbeins. Tibia und Fibula sind im Gelenkbereich durch die vordere und hintere Syndesmose, weiter nach kranial durch die Membrana interossea bindegewebig miteinander verbunden. Die seitliche Sicherung des Gelenkes wird vom Außen- und Innenband gewährleistet. Die Bänder gehen fächerförmig von den Knöchelspitzen aus. Züge des lateralen Bandes setzen am Fersen- und Sprungbein an, die des medialen oder Deltabandes inserieren am Os naviculare, Talus und Kalkaneus (Abb. 2.**6** u. 2.**7**). Durch Röntgenbilder des OSG in zwei Ebenen ist es möglich, die Folgen einer Verletzung am Skelett und mittels gehaltener Aufnahmen auch am Bandapparat zu erkennen und den Behandlungsplan aufzustellen. Nach einer Einteilung von Willenegger und Weber werden folgende Frakturtypen unterschieden (Abb. 2.**8**):

Typ A: Knöchelfrakturen, bei denen die Fibula unterhalb der Syndesmose gebrochen ist. Die vordere und hintere Syndesmose sowie das Außenband sind intakt. Zusätzlich kann eine Querfraktur des Innenknöchels bestehen.

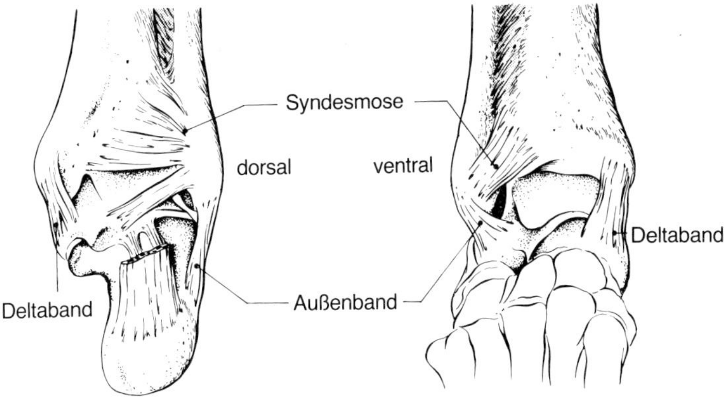

Abb. 2.**6** Abb. 2.**7**

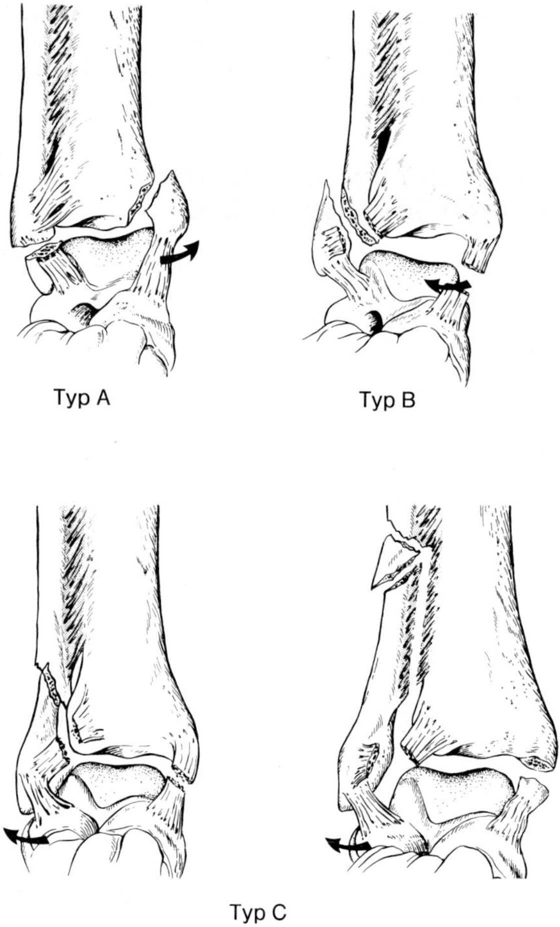

Abb. 2.**8**

(Abb. 2.**6**–2.**9** aus Baumgartl u. a.: Spezielle Chirurgie für die Praxis. Thieme, Stuttgart 1972)

Typ B: Malleolarfrakturen, bei denen die Fibula in Höhe der Syndesmose gebrochen ist. Die Syndesmose kann zerrissen sein, das Außenband ist meist intakt. Das Deltaband ist oft zerrissen, oder es liegt eine Innenknöchelfraktur mit intaktem Innenband vor.

Typ C: Knöchelfrakturen, bei denen die Fibula oberhalb der Syndesmose gebrochen ist. Die Syndesmose ist immer zerrissen, je nach Höhe der Fraktur auch die Membrana interossea. Der Wadenbeinbruch kann mit einer Fraktur des Innenknöchels oder mit Ruptur des Deltabandes kombiniert sein. Außerdem kann ein Abbruch der hinteren Tibiakante, des sog. Volkmannschen Dreiecks, vorliegen.

Für die Osteosynthese der Frakturen ergeben sich folgende Möglichkeiten (Abb. 2.**9**):
Versorgung der Fibulafraktur durch Knochenplatte (Abb. 2.**9** A), durch Zugschrauben (Abb. 2.**9** B), durch Zuggurtung über 2 parallelen Spickdrähten (Abb. 2.**9** C).
Versorgung der Innenknöchelfrakturen durch spezielle Malleolarschrauben (Abb. 2.**9** D) oder durch Zuggurtung über 2 parallelen Spickdrähten (Abb. 2.**9** E). Ein Abbruch der hinteren und vorderen Tibiakante wird durch Spongiosaschrauben versorgt (Abb. 2.**9** F).
Die zerrissene vordere Syndesmose wird genäht, ihre am Knochen ausgerissenen Bestandteile mit einer Schraube refixiert (Abb. 2.**9** G). Eine rupturierte hintere Syndesmose bedarf keiner Versorgung. Im Falle einer Mitverletzung der vorderen Syndesmose (Weber-C-Fraktur) wird eine Kortikalisschraube als Stellschraube durch die Fibula und die benachbarte Tibiakortikalis eingebracht, um nach Versorgung der Syndesmoseverletzung vorübergehend die Gabelstabilität zu sichern.
Zur Operation liegt der Patient auf dem Rücken, das gesunde Bein ist etwas abgesenkt. Der Hautschnitt verläuft bei Außenknöchelfrakturen leicht bogenförmig an der hinteren Fibulakante und ist auf die Außenknöchelspitze hin gerichtet. Nach Durchtrennung der Subkutis werden die Weichteile en bloc sparsam vom Knochen abgeschoben, der Frakturspalt von Koagula und Interponaten gesäubert. Es erfolgt die exakte Reposition der Fraktur. Das weitere Vorgehen richtet sich nach Wahl einer der oben angezeigten Möglichkeiten.
Zur Freilegung der Innenknöchelfrakturen wird ein Schnitt über die Mitte der seitlichen Tibia in Richtung Innenknöchelspitze geführt. Das weitere Vorgehen ist dem obigen analog. Vor dem jeweiligen Wundverschluß werden Redondrainagen in die Subkutis eingelegt.

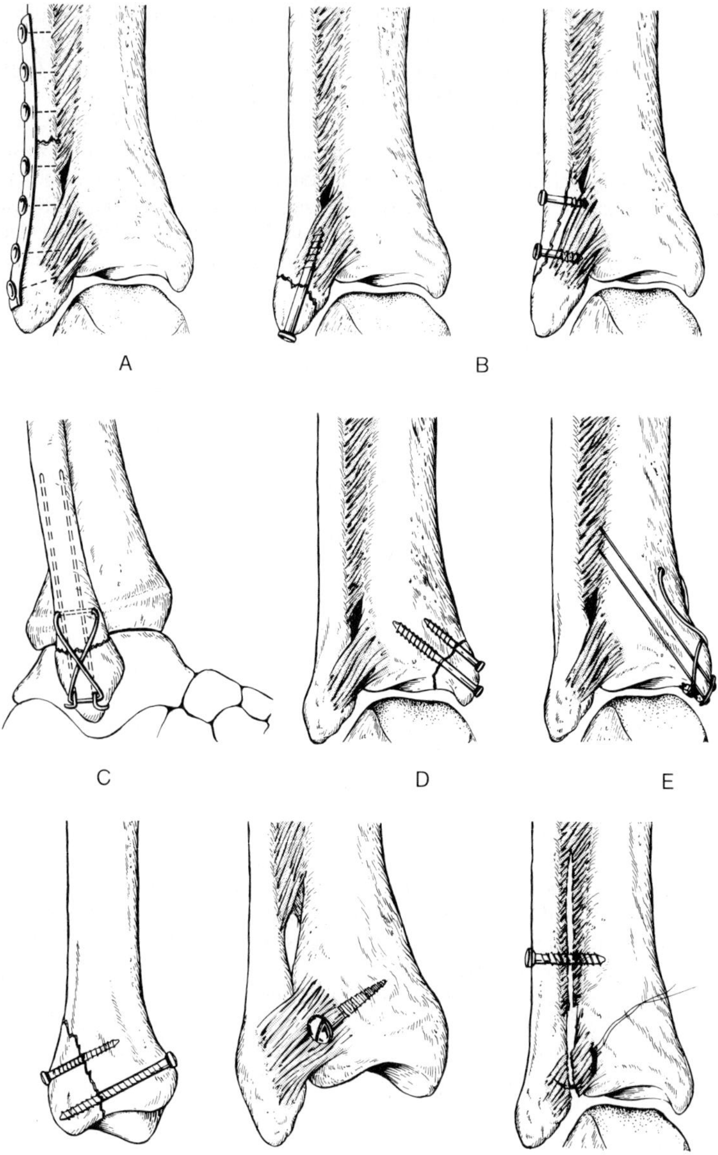

Abb. 2.**9**

Die Außenbandruptur:
Im oberen Sprunggelenk sind geschlossene Verletzungen des Bandapparates, besonders des Außenbandes, als typische Supinationstraumen sehr häufig. Je nach Intensität der einwirkenden Gewalt wird das Band gezerrt, überdehnt, oder es rupturiert. Für die Diagnose einer Außenbandruptur ist neben dem klinischen Befund (Hämatom, Druckschmerz an der Außenknöchelspitze) die gehaltene Röntgenaufnahme von entscheidender Bedeutung. Für die gehaltene Aufnahme wird der ganze Fuß in Supinationsstellung gebracht (s. Abb. unten) und der Winkel zwischen der horizontal verlaufenden Tibiagelenkfläche und der Gelenkfläche der Talusrolle gemessen. Ist der Winkel größer als 10 Grad, so liegt mit Sicherheit eine Außenbandruptur vor. Eine Vergleichsaufnahme der gesunden Seite ist selbstverständlich.
Die Operation der Bandnaht wird von einem Längsschnitt über dem Außenknöchelbereich vorgenommen. Die zerrissenen Züge des Außenbandes, meist sind das Lig. talofibulare anterius und das Lig. calcaneofibulare betroffen, werden anatomisch gerecht adaptiert.
Wurden die Bandzüge knöchern ausgerissen, so können sie mit Hilfe einer kleinen Schraube refixiert werden. Dies ist aber nur möglich, wenn ein entsprechend großes Knochenstückchen mit ausgerissen wurde. Ist dies nicht der Fall, muß das Band transossär fixiert werden.

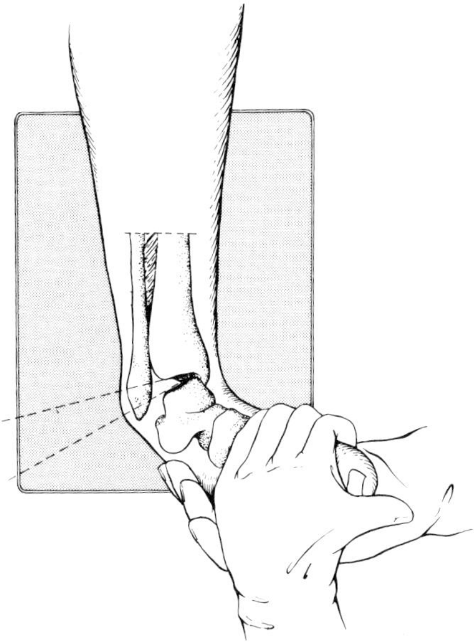

Tisch 1

1. 1 großes Skalpell
2. 1 kleines Skalpell
3. 2 chirurgische Pinzetten, Standard
4. 2 chirurgische Pinzetten, fein
5. 2 anatomische Pinzetten, Standard
6. 2 Scheren, stumpf-stumpf, Standard, gebogen
7. 4 Pean-Klemmen, gebogen
8. 2 Kocher-Klemmen
9. 4 Moskito-Klemmen
10. 2 Raspatorien
11. 2 scharfe Haken
12. 2 Langenbeck-Haken
13. 2 Knochenhebel, schmal (Hohmann)
14. 2 Einzinkerhaken
15. 2 Kugelspieße
16. 1 scharfer Haken
17. 3 Bohrbüchsen
18. 2 Spiralbohrer
19. 2 Gewindeschneider
20. 2 Schraubenzieher
21. 2 Meßgeräte
22. Kirschner-Drähte
23. 1 Flachzange
24. 1 Seitenschneider
25. 1 Deschamps
26. 1 Drahtspanner
27. Cerclagendraht
28. 2 Repositionszangen
29. 2 Knochenhaltezangen
30. 1 Gefäß mit Tupfern
31. 2 Nadelhalter
32. 1 Dose mit Nadeln und Nahtmaterial
33. 1 Elektrokauter
34. 2 Tuchklemmen
35. 1 Inzisionsfolie
36. 1 Spieß mit Redondrain
37. 1 Sauger

Tisch 2 **S. 94**

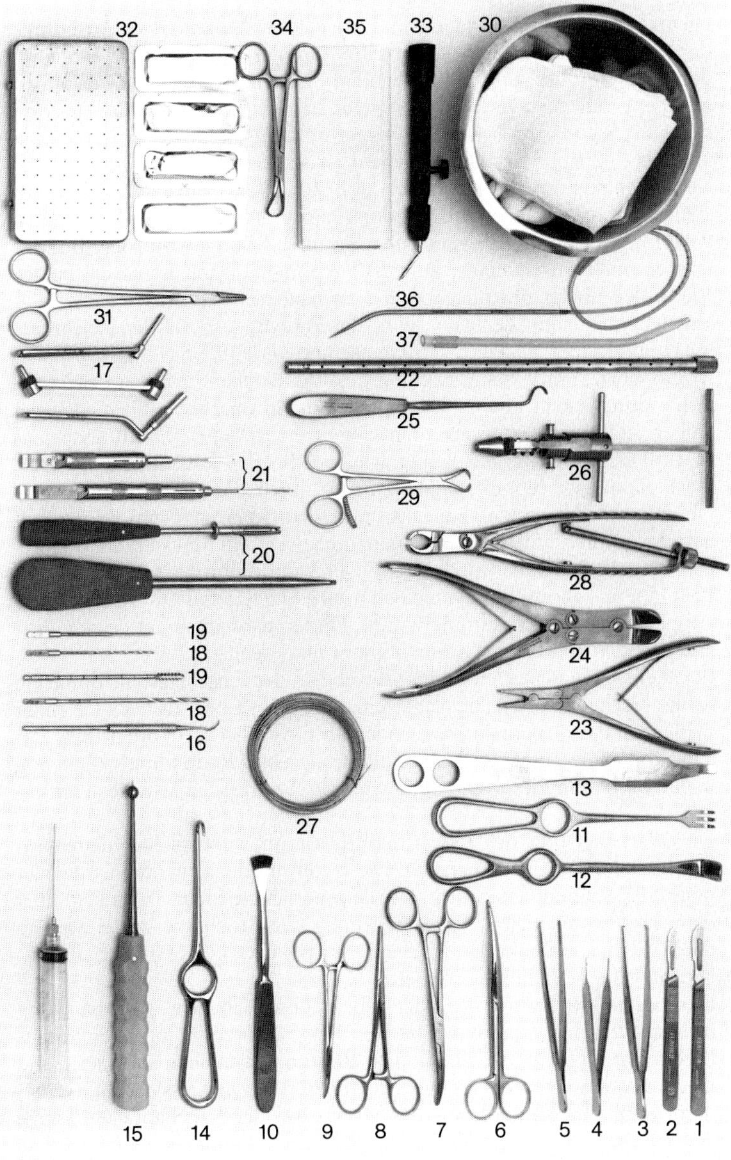
32
34
35
33
30
31
36
37
17
22
25
26
21
29
20
28
24
19
18
19
18
16
23
13
27
11
12
15
14
10
9
8
7
6
5
4
3
2
1

Marknagelung

Die Indikation zur Marknagelung (Küntscher u. Mitarb.) nach Ausbohren der Markhöhle ist bei Oberschenkelfrakturen im mittleren Drittel und bei den meisten Quer- und kurzen Schrägfrakturen im mittleren Tibiadrittel gegeben. Eine relative Indikation stellt sich bei metaphysären Tibiabrüchen. Bei Pseudarthrosen und verzögerter Kallusbildung ergibt die Marknagelung günstige Resultate. Es wird zwischen *offener* und *geschlossener* Marknagelung unterschieden. Bei der ersteren wird zunächst die Frakturstelle operativ freigelegt und anatomisch exakt reponiert, bei der letzteren wird ohne Eröffnung der Frakturstelle unter Röntgenkontrolle (Bildverstärker mit Fernsehanlage, kurz BV) reponiert. Dann ist es bei beiden Methoden üblich, aufzubohren und zu nageln.
Zur Marknagelung der Tibia wird der Patient, wie aus der Zeichnung S. 111 hervorgeht, gelagert. Der Hautschnitt verläuft längs über die Tuberositas tibiae. Nach Längsspaltung des Lig. patellae Eröffnen der Markhöhle durch einen Pfriem. Dieser wird knapp oberhalb und medial der Tuberositas tibiae angesetzt. Einbringen eines langen Führungsspießes (3 mm) in die Markhöhle, wobei, wie auch bei den folgenden Manövern, die Stellung der reponierten Fragmente durch BV zu kontrollieren ist. Über diese Führung wird zunächst mit einem scharfen 9-mm-Bohrer aufgebohrt, dann schrittweise mit einem um jeweils 0,5 mm stärkeren Bohrer bis zum erforderlichen Durchmesser. Der 3-mm-Führungsspieß wird dann über einem Teflonrohr gegen einen 4-mm-Spieß getauscht, nachdem die Länge des Nagels bestimmt wurde. Dieser wird dann mit einem entsprechenden Einschlaginstrumentarium eingeschlagen.
Bei allen Manipulationen ist das Gewebe an der Einschlagstelle durch ein Schutzblech geschützt. Die Nagelspitze soll dicht an der distalen Gelenklinie liegen, das proximale Nagelende darf nicht über die Vorderfläche des Tibiakopfes herausragen. Nach Einführung eines Redondrains ohne Sog in den Hohlraum des Marknagels wird die Wunde schichtweise geschlossen.
Die Marknagelung des Oberschenkels ist im wesentlichen dem eben beschriebenen Verfahren analog. Die Lagerung des Patienten ist aus der unteren Zeichnung ersichtlich. Der längsgerichtete Hautschnitt liegt über dem Trochanter major. Nach Freilegung der Trochanterspitze wird an deren höchstem Punkt das Trochantermassiv mit einem Pfriem durchstoßen und die Markhöhle eröffnet.
Die ideale Indikation zu der eben beschriebenen Marknagelung beschränkt sich auf quere und kurze Schrägfrakturen im mittleren Schaftbereich von Femur und Tibia. Die Rotationsinstabilität einerseits und Übereinandergleiten der Fragmente andererseits lassen sich nur verhindern, wenn nach Aufbohrung des Markraums der Nagel auf einer Länge von mindestens 3 cm jeweils im Hauptfragment bündig in der Markhöhle sitzt. Frakturen, die sich unter diesen Bedingungen versorgen lassen, sind

relativ selten. Häufig liegen kompliziertere Brüche vor, z.B. solche mit einem dritten Fragment, Trümmerbrüche oder Frakturen mit knöchernem Substanzverlust. Mit der konventionellen Marknagelung können diese Brüche nicht stabilisiert werden. Unter solchen Umständen kann eine Plattenosteosynthese durchgeführt werden. Als Alternative bietet sich ein weniger traumatisierendes Verfahren, die Stabilisierung der Fraktur mit einem *Verriegelungsnagel,* an. Dieser ist an beiden Enden durchbohrt. Durch die Öffnungen können selbstschneidende Schrauben eingebracht und im Knochen fixiert werden, wodurch die Verriegelung des Nagels erreicht wird. Die Grundprinzipien der Verriegelungsnagelung sind ähnlich wie bei der konventionellen Marknagelung. Durch die statische oder dynamische Verriegelung kann jedoch Rotationsstabilität erreicht werden. Um die Schrauben durch Knochen und Nagel an der richtigen Stelle plazieren zu können, werden Zielgeräte verwendet.

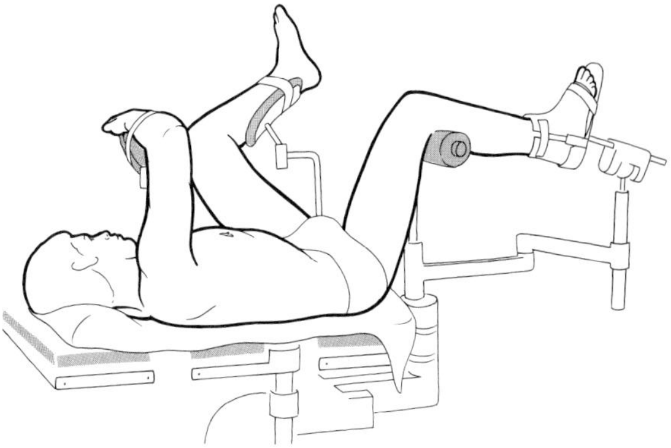

Lagerung zur Marknagelung der Tibia

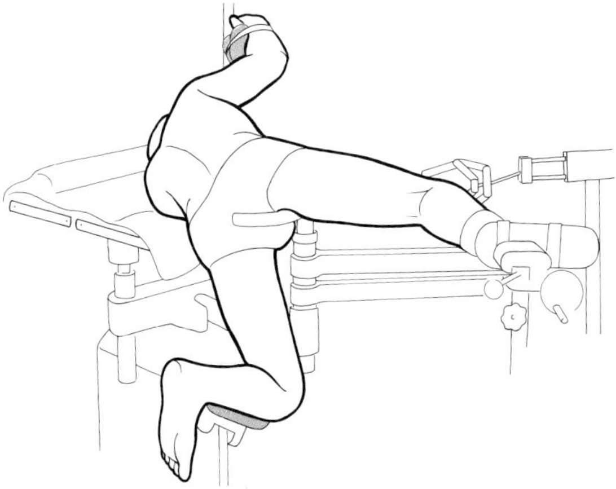

Tisch 1

1. 1 großes Skalpell
2. 1 kleines Skalpell
3. 2 chirurgische Pinzetten, Standard
4. 2 chirurgische Pinzetten, fein
5. 2 Scheren, stumpf-stumpf, Standard, gebogen
6. 2 Moskito-Klemmen
7. 2 scharfe Haken
8. 2 Langenbeck-Haken
9. 1 Pfriem
10. 1 Hautschutz
11. 1 Führungsspieß mit Handgriff (Knopf)
12. 1 Raspatorium
13. 1 Elevatorium
14. 1 Einschlaginstrument
15. 1 Siliconrohr
16. 1 Führungsspieß
17. 1 Schlitzhammer
18. 1 Hammer
19. 1 Gefäß mit Tupfern
20. 2 Nadelhalter
21. 1 Dose mit Nadeln und Nahtmaterial
22. 8 Tuchklemmen
23. 1 Spieß mit Redondrain
24. 1 Elektrokauter

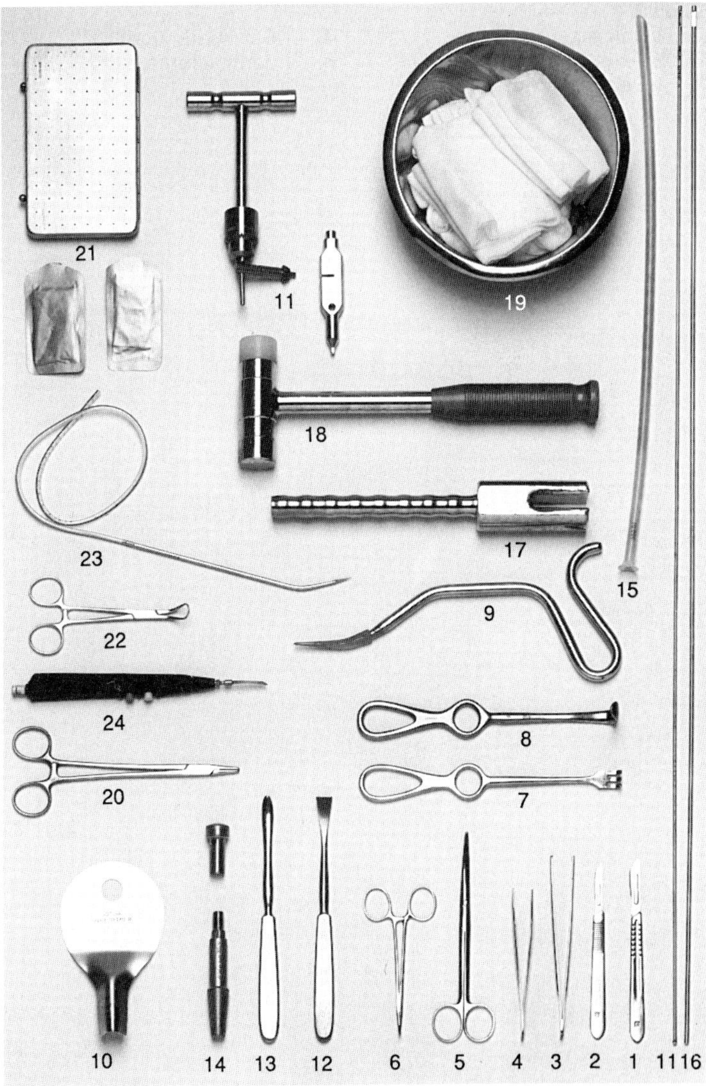
21
11
19
18
17
23
15
9
22
24
8
20
7
10
14
13
12
6
5
4
3
2
1
11
16

Tisch 2

1. 1 Bohrmaschine
2. 2 flexible Bohrwellen
3. 1 Satz Bohrköpfe
4. 1 Satz Marknägel
5. 1 Zentimetermaß

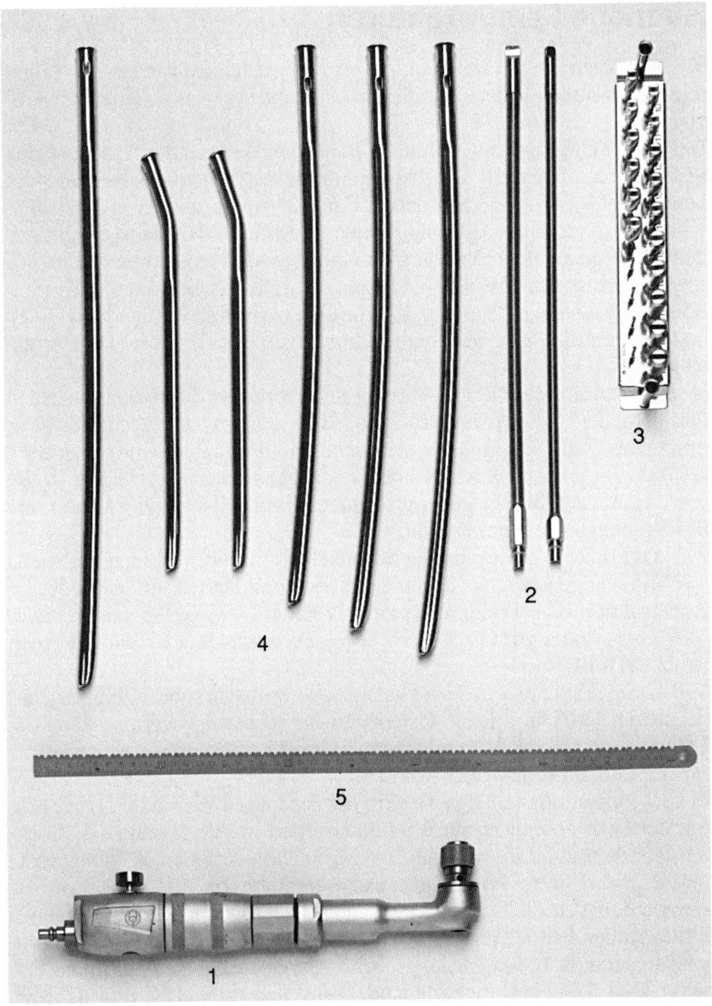
4
2
3
5
1

Hüftnahe Femurfrakturen

Schenkelhalsfrakturen sind häufig Knochenbrüche, die Patienten in höherem Lebensalter erleiden. Aus diesem Umstand ergeben sich folgende Probleme:
Der den Femurkopf miternährende R. acetabularis aus der A. obturatoria ist im Alter obliteriert. Die Durchblutung des Schenkelhalses und des Femurkopfes ist je nach Sitz der Fraktur mehr oder minder in Mitleidenschaft gezogen. Beide Faktoren können bewirken, daß selbst noch nach Jahren die Mangeldurchblutung zu einer Pseudarthrose oder zur aseptischen Nekrose des Oberschenkelkopfes führt. Kopfnekrosen und Perforationen von Metallimplantaten, die zur Osteosynthese verwendet werden, begünstigen die meist ohnehin schon vorhandene Arthrose des Hüftgelenkes.
Je nach anatomischer Lokalisation der Frakturen wird zwischen medialen und lateralen Schenkelhalsbrüchen (Abb. 2.**10** A) unterschieden. Die durch das Trochantermassiv verlaufenden (pertrochanteren) Frakturen gehören anatomisch gesehen zum Femurschaft. Da sie in gleicher Weise wie die lateralen Brüche versorgt werden können, haben wir sie in unsere Beschreibungen miteinbezogen.
Zur operariven Versorgung der Schenkelhalsfrakturen werden zahlreiche Verfahren angegeben, bei denen Schrauben und Platten unterschiedlicher Konstruktion oder Endoprothesen verwendet werden. Bei den *medialen Frakturen* können zur Osteosynthese folgende Implantate benutzt werden (Abb. 2.**10** B):
130-Grad-Winkelplatte oder Dynamische Hüftschraube (DHS). Ist aus gegebener Indikation keine Osteosynthese wünschenswert, so kann der Einbau einer Femurschaftendoprothese (FEP S. 128f) oder die Totalendoprothese (S. 134f) erwogen werden.
Bei der Indikationsstellung zu einem der genannten Verfahren berücksichtigt der Operateur nicht nur Alter und körperliche Verfassung des Patienten, sondern auch die verschiedenartigen Dislokationen der Fragmente und den Verlauf der Frakturlinie. Diese kann durch einen Winkel gemessen werden, den die Bruchlinie mit einer über den Femurkopf gezogenen Horizontalen bildet (Abb. 2.**10** C). Ein Winkel bis zu 30 Grad (Typ Pauwels I) bietet die besten Heilungschancen, weil die auf die Frakturlinie einwirkenden Schubkräfte gering sind. Beim Typ Pauwels II und III (Abb. 2.**10** C) vergrößern sich mit ansteigendem Winkel die Schubspannungen, die Heilung ist zunehmend gefährdet. Es wird sich der Operateur bei einer Fraktur vom Typ Pauwels II oder III unter Berücksichtigung des Lebensalters eher zum Einbau einer FEP oder TEP entschließen, als sich der anderen, oben genannten Verfahren zu bedienen.

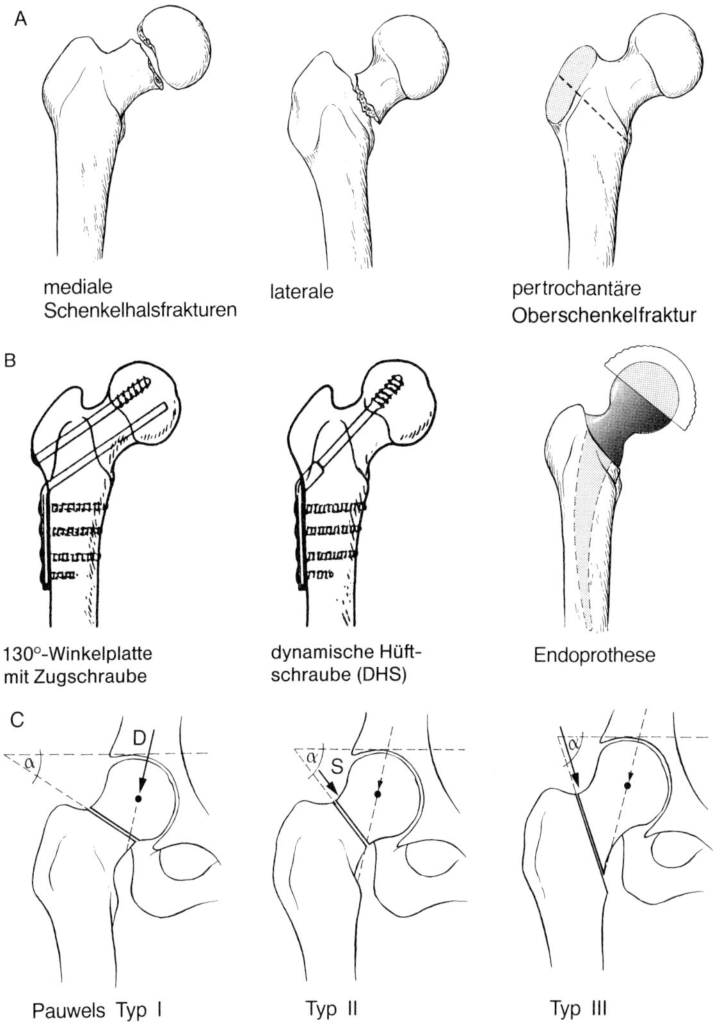
A
mediale
Schenkelhalsfrakturen
laterale
pertrochantäre
Oberschenkelfraktur
B
130°-Winkelplatte
mit Zugschraube
dynamische Hüft-
schraube (DHS)
Endoprothese
C
D
α
S
Pauwels Typ I
Typ II
Typ III

Abb. 2.**10** (A–D)

D

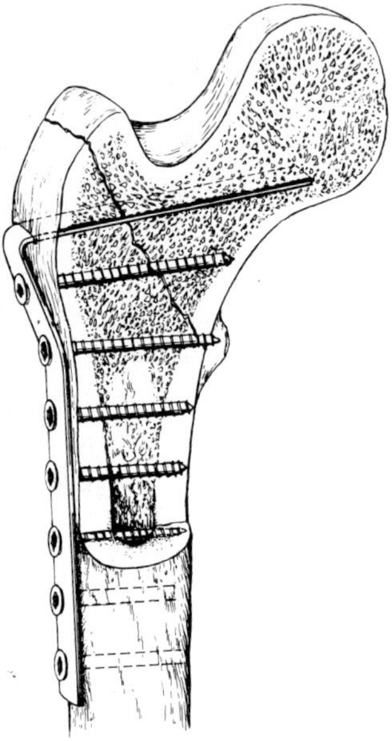

Kondylenplatte

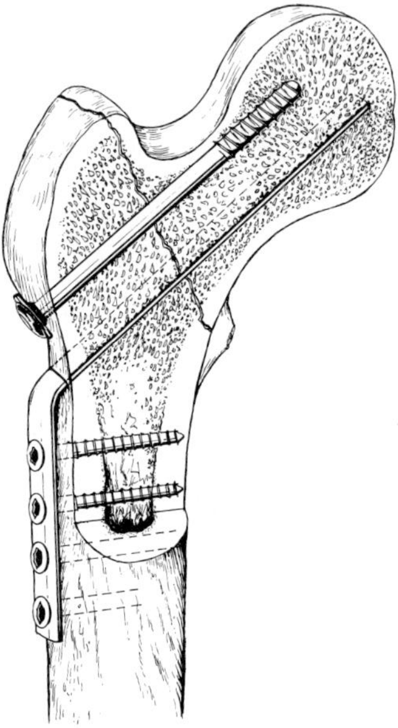

130°-Winkelplatte

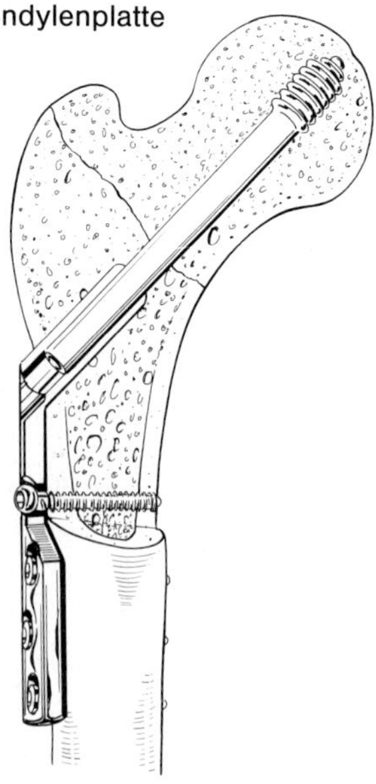

dynamische Hüftschraube

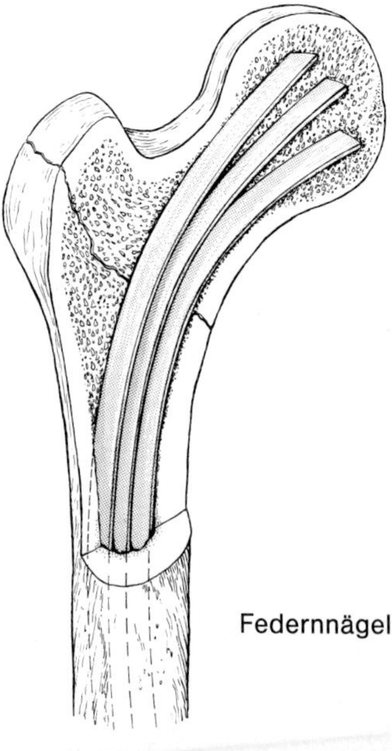

Federnnägel

Laterale Schenkelhalsfrakturen können durch folgende Verfahren operativ versorgt werden (Abb. 2.**10** D): Kondylen- oder Winkelplatte, dynamische Hüftschraube und Federnägel.
Die genannten Operationen werden in Rückenlage oder auf dem Extensionstisch (S. 125) vorgenommen. Unter BV-Kontrolle wird die Fraktur reponiert. Zur operativen Versorgung hüftnaher Femurfrakturen bietet sich der anterolaterale Zugang (Watson-Jones) an.
Die Schnittführung für die Applikation von Federnägeln (S. 124) und Endoprothesen (S. 128f u. 134) ist in den jeweiligen Kapiteln beschrieben.

Winkelplattenosteosynthese

Die Schnittführung für den anterolateralen Zugang beginnt an der Spitze des großen Rollhügels und zielt auf den äußeren Oberschenkelknorren (Condylus lateralis femoris). Die Ausdehnung des Schnittes wird von der Art des Eingriffes und vom Ausmaß der Fettpolster bestimmt. Nach Durchtrennung der Haut, des Subkutangewebes und der darunter gelegenen Fascia lata wird der M. vastus lateralis sichtbar. Er wird im Bereich seines Ansatzes am Femur quer eingekerbt. Der dorsale Ansatz des Muskels am Knochen wird mit einem Raspatorium nach ventral hin abgeschoben und weggehalten. Damit ist die Trochantergegend und der Femurschaft weiteren Manipulationen gut zugänglich. Die Winkelplatte muß, wie auch die übrigen Implantate, so in den Schenkelhals und Femurkopf eingebracht werden, daß sie nahe am Adamschen Bogen (Linea intertrochanterica=untere, kaudale Krümmung des Schenkelhalses) und dorsal zu liegen kommen. Die Gründe dafür sind folgende: Von kranial und ventral her erfolgt hauptsächlich die Blutversorgung des Kopfes. Sie darf nicht gefährdet werden. Kranial und ventral ist die Spongiosa besonders weich. In ihr finden die Implantate also wenig Halt. Bei der Reposition wurde der Schenkelhals so eingestellt, daß er steil steht. Durch diese Valgisierung ist die Verteilung der auf den Femurkopf einwirkenden Druckkräfte günstiger, als dies bei einer flachen Einstellung der Fall wäre.
Doch zurück zur Winkelplatte. Nach Reposition wird die Stellung der Fragmente durch das Einführen eines Drahtes vorläufig fixiert. Die Einschlagstelle für die Winkelplatte (130 Grad) liegt etwa 3 cm unterhalb der Basis des Trochantermassivs. Hier wird die Kortikalis durch 3 Bohrlöcher (4,5 mm) eröffnet. Die Bohrung geschieht mit Hilfe einer 130-Grad-Bohrlehre. Die Löcher müssen senkrecht zur Schaftachse des Oberschenkels angelegt werden.
Mit Hilfe einer Zapfenfräse werden die Bohrungen miteinander verbunden. Durch dieses Kortikalisfenster wird das Plattensetzinstrument unter BV-Kontrolle bis in den Femurkopf eingeschlagen. Nach seiner Entfernung wird mit Hilfe des Einschlaginstrumentes die Winkelplatte eingeführt. Anschließend wird die Platte mit Schrauben am Femurschaft fixiert.

Nach Entfernung des Führungsdrahtes, Reinsertion des M. vastus lateralis und Einlegen von Redondrainagen wird die Operationswunde schichtweise verschlossen.

Tisch 1

1. 1 großes Skalpell
2. 1 kleines Skalpell
3. 2 chirurgische Pinzetten, Standard
4. 2 chirurgische Pinzetten, fein
5. 2 chirurgische Pinzetten, lang, fein
6. 2 Scheren, stumpf-stumpf, Standard, gebogen
7. 4 Pean-Klemmen,gebogen
8. 2 Raspatorien
9. 2 Elevatorien
10. 2 Einzinkerhaken
11. 2 Kugelspieße
12. 2 Israel-Haken
13. 2 Langenbeck-Haken
14. 4 Knochenhebel (Hohmann)
15. 4 Knochenhaltezangen
16. 1 scharfer Haken
17. 2 Spiralbohrer
18. 2 Gewindeschneider für Kortikalisschrauben
19. 2 Gewindeschneider für Spongiosaschrauben
20. 1 Meßgerät
21. 2 Schraubenzieher
22. 3 Bohrbüchsen
23. 1 Steckbohrbüchse
24. 1 Spritze mit Kanüle und Spülflüssigkeit
25. 1 Gefäß mit Tupfern
26. 2 Nadelhalter
27. 1 Dose mit Nadeln und Nahtmaterial
28. 1 Elektrokauter
29. 1 Sauger
30. 6 Tuchklemmen
31. 1 Inzisionsfolie
32. 1 Spieß mit Redondrain

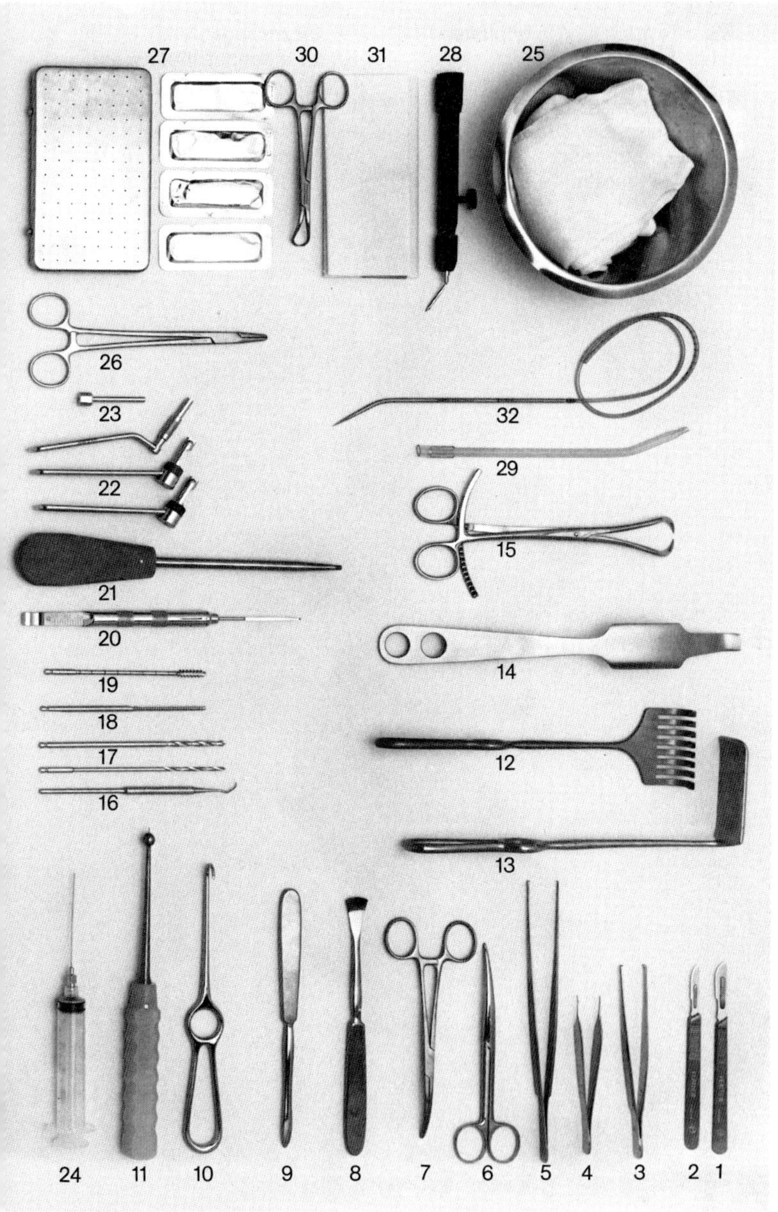
27
30
31
28
25
26
23
32
29
22
15
21
20
14
19
18
12
17
16
13
24
11
10
9
8
7
6
5
4
3
2
1

Tisch 2

33. 1 Sortiment Winkelplatten
34. 1 Kasten mit Knochenschrauben
35. 1 Bohrmaschine
36. 3 Kirschner-Drähte
37. 1 Zapfenfräse
38. 1 Zielgerät mit Aufsatz
39. 1 Führungsplatte
40. 1 Plattensetzinstrument
41. Dreieck-Zielplatten
42. 1 Hammer
43. 1 Schlitzhammer
44. 1 Nachschlagbolzen
45. 1 Einschlaginstrument

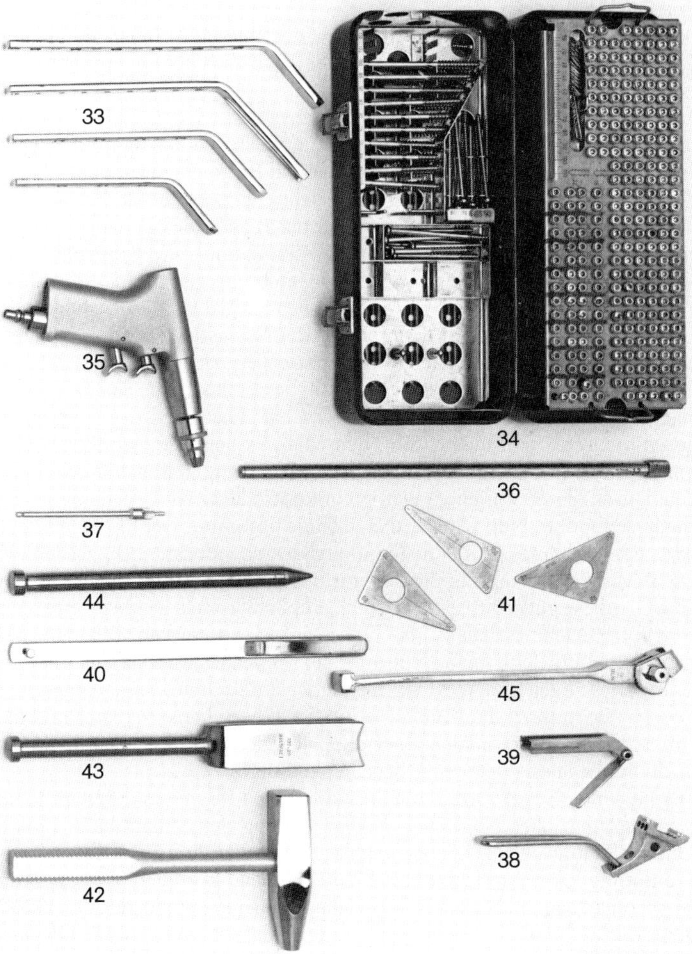
33
34
35
36
37
38
39
40
41
42
43
44
45

Federnagelung nach Ender

Indikation: Laterale Schenkelhalsfrakturen, pertrochantere Femurfrakturen bei älteren Patienten.

Vorzüge des Verfahrens:
Die Belastung des Organismus ist gering, der Blutverlust minimal, und der Betroffene kann in der Regel schon einige Tage nach der Operation mobilisiert werden.
Auf das Anlegen einer präoperativen Extension durch den Tibiakopf kann verzichtet werden, wenn die Operation innerhalb der ersten Stunden nach dem Unfall möglich ist. Der Verletzte wird in Rückenlage auf dem Extensionstisch so gelagert, wie es aus der Zeichnung S. 125 ersichtlich ist. Der Operateur steht zwischen den abduzierten Beinen des Patienten. Nach geschlossener, exakter Reposition der Fraktur unter BV-Kontrolle wird ein etwa 7 cm langer Hautschnitt in Längsrichtung geführt, der über dem medialen Femurkondylus beginnt und nach kranial fortgesetzt wird. Die Oberschenkelfaszie wird am Hinterrand des M. vastus medialis gespalten und der dorsale Rand des Muskels vom Knochen nach vorn abgeschoben. Dadurch stellt sich am Knochen oberhalb des Epikondylus eine fast plane Fläche dar, die die Form eines Dreiecks hat. Hier wird der Markraum durch mehrere, in Längsrichtung übereinander liegende Bohrlöcher (4,5 mm) eröffnet und diese mit einer Fräse erweitert und miteinander verbunden. Durch dieses Vorgehen werden unkontrollierte Ausbrüche des Knochens verhindert. Nun wird die Nagellänge bestimmt. Der Operateur legt dazu ein biegsames Metallmeßband auf den abgedeckten Oberschenkel. Die 0-Markierung des Bandes kommt in Höhe der Einschlagstelle zu liegen. Um diese gut sichtbar zu machen, empfiehlt es sich, eine Pinzette quer zum Oberschenkelschaft in das Einschlagloch zu stecken. Mit dem BV wird das Hüftgelenk eingestellt und das Meßband in Höhe des Hüftgelenkspaltes abgelesen. Wird ein Nagel der ermittelten Länge eingeschlagen, so reicht durch die Antekurvation des Oberschenkelschaftes und die Antetorsion des proximalen Oberschenkelendes seine Spitze nur mehr bis in die harte Spongiosa des Oberschenkelkopfes.
Der passende Nagel wird durch die längsovale Öffnung in die Markhöhle eingeschlagen. Der Nagel soll medial, entlang dem Adamschen Bogen (untere Krümmung des Schenkelhalses) zu liegen kommen. Die Nagelkrümmung kann mit Schränkeisen entsprechend korrigiert werden. Nun werden nacheinander weitere Nägel eingeschlagen, wobei der Operateur darauf achtet, daß die Nägel im Femurkopf fächerförmig auseinanderlaufen. Um dies zu erreichen, muß je nach Durchleuchtungsbefund den Nägeln eine vermehrte oder verminderte Biegung gegeben werden. Die Form des Nagelendes und des Nageleinschlaggerätes gestattet ein genaues Dirigieren der Nagelspitze durch entsprechendes Drehen. Um ein späteres Herausgleiten der Nägel zu verhindern, sollten so viele Nägel wie

möglich in die Markhöhle eingebracht werden. Um die angestrebte Verkeilung zu erreichen, müssen der oder die letzten Nägel nicht mehr unbedingt den Frakturspalt überqueren. Nach Einlegen einer Redondrainage wird die Operationswunde schichtweise verschlossen.

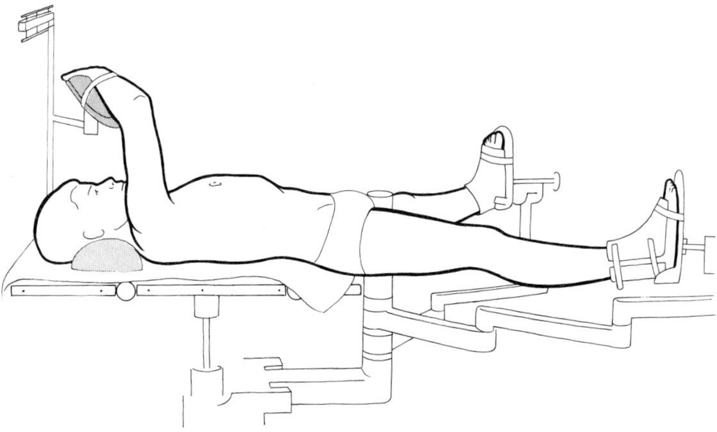

Lagerung zur operativen Versorgung der Ender-Nagelung im Extensionstisch

1. 1 großes Skalpell
2. 1 kleines Skalpell
3. 2 chirurgische Pinzetten, Standard
4. 2 chirurgische Pinzetten, fein
5. 2 Scheren, stumpf-stumpf, Standard, gebogen
6. 2 scharfe Haken
7. 2 Langenbeck-Haken
8. 1 Pfriem
9. 1 Meißel
10. 1 Hautschutz
11. 1 Knochenhebel (Hohmann)
12. 1 Bohrmaschine
13. 1 Bohrbüchse
14. 1 Spiralbohrer
15. 1 Fräse
16. 1 Einschlag- und Führungsinstrument
17. 1 Ausschlaghaken
18. 1 Hammer
19. 1 Schlitzhammer
20. 1 Raspatorium
21. 1 Gefäß mit Tupfern
22. 2 Nadelhalter
23. 1 Dose mit Nadeln und Nahtmaterial
24. 4 Tuchklemmen
25. Federnägel
26. 1 Zentimetermaß
27. 1 Elektrokauter
28. 1 Inzisionsfolie
29. 1 Spieß mit Redondrain

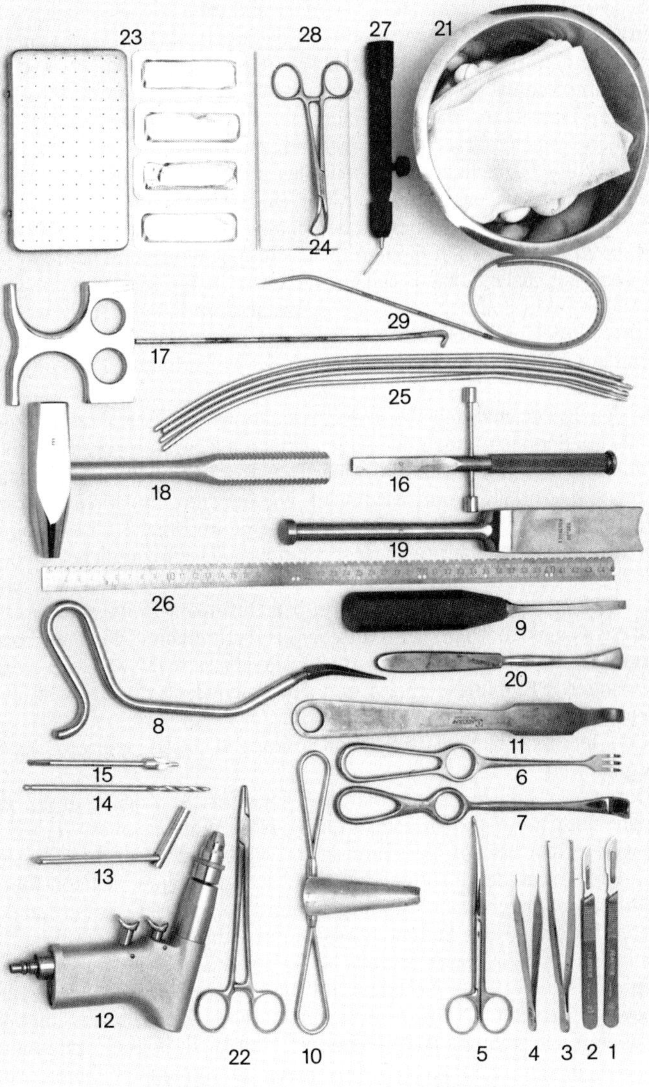
23
28
27
21
24
29
17
25
18
16
19
26
9
20
8
11
15
6
14
7
13
12
22
10
5
4
3
2
1

Endoprothese des Hüftgelenkes nach dem Duo-Kopf-Prinzip

Mediale und u.U. auch laterale Schenkelhalsfrakturen, Schenkelhalspseudarthrosen, mißlungene Osteosynthesen nach Schenkelhalsfrakturen und Femurkopfnekrosen sind bei älteren Patienten Indikationen, den Schenkelhals und Femurkopf zu resezieren und durch eine Hüftendoprothese nach dem Duo-Kopf-Prinzip zu ersetzen. Im folgenden werden wir, dem klinischen Sprachgebrauch entsprechend, diese Prothese kurz als Duo-Kopf-Prothese bezeichnen. Sie besteht aus einem Metallschaft mit Metallkopf, über dem, wie ein übergroßer Hut, ein zweiter Kopf aus Polyethylen sitzt. Nach Einbau der Prothese in den Femurschaft wird der Polyethylenkopf durch Muskelzug in die natürliche Hüftgelenkspfanne gepreßt. Die Erfahrung hat gezeigt, daß er sich nach Ablauf von 4–6 Monaten durch die Neubildung von Bindegewebe an das Azetabulum fixiert. Die Bewegungen im Hüftgelenk beschränken sich auf das Bewegungsausmaß, das zwischen dem Metallkopf und dem Inneren des Polyethylenkopfes möglich ist.

Über den Knochenabrieb des Polyethylenkopfes im Azetabulum liegen noch keine Beobachtungen über einen längeren Zeitraum vor. Wie schon erwähnt, bleibt bei Verwendung einer Duo-Kopf-Prothese die natürliche Gelenkpfanne erhalten und wird nicht, wie bei dem Einbau einer Total-Hüft-Endoprothese (TEP, S. 134f), durch eine künstliche Gelenkpfanne ersetzt. Pfannenveränderungen degenerativer oder entzündlicher Genese sind deshalb eine absolute Kontraindikation für die Verwendung einer Duo-Kopf-Prothese. Die Implantation der Duo-Kopf-Prothese ist insgesamt etwas einfacher und zeitsparender als die Implantation einer Totalendoprothese. Wegen der Protrusionsgefahr sowie vergleichsweise ungünstigeren Reibungsverhältnissen sollte sie jedoch nur bei sehr alten Patienten zur Anwendung kommen.

Bei der Operation bieten sich 2 Schnittführungen als Zugang zum Operationsgebiet an:

1. Der hintere seitliche (posterolaterale) sog. südliche Zugang und 2. der vordere seitliche (anterolaterale) Zugang nach Watson-Jones.

Wir wollen den bei der Duo-Kopf-Prothese üblichen südlichen Zugang beschreiben und den häufiger bei der TEP gewählten Watson-Jones-Schnitt im entsprechenden Kapitel schildern. Der Eingriff wird in stabiler, exakter Seitenlage des Patienten ausgeführt (Abb. 2.**11** B, S. 135). Das betroffene Bein wird nach gründlicher Desinfektion (vom Rippenbogen bis zum Fuß und über die Mittellinie bis zur Gegenseite) so abgedeckt, daß es beweglich bleibt. Die Inzision beginnt etwas unterhalb des hinteren Darmbeinstachels (Spina iliaca posterior), läuft leicht bogenförmig hinter dem Trochanter major vorbei und endet im proximalen Bereich des Femurschaftes. Nach Spaltung seiner Faszie werden die Fasern des großen Gesäßmuskels in Faserrichtung bis zum Ansatz am Femur stumpf ausein-

andergedrängt und die kleinen Außenrotatoren (Mm. piriformis, gemellus superior, obturatorius, internus, gemellus inferior und quadratus femoris) im Bereich ihres Sehnenansatzes am Femur durchtrennt. Nun liegt die Gelenkkapsel frei und wird T-förmig inzidiert. Durch Adduktion, Beugung und Innenrotation des Beines wird der Oberschenkelkopf nach hinten luxiert. Der Operateur durchtrennt sodann den Schenkelhals proximal des Trochanter major mit der oszillierenden Säge. Die Höhe dieser Osteotomie ist vom gewählten Prothesentyp abhängig. Nun wird der Femurkopf aus dem Gelenk entfernt und gemessen. Zusätzlich wird die notwendige Größe des Prothesenkopfes mit einem Probekopf bestimmt. Mittels einer Raspel bereitet dann der Operateur die Femurmarkhöhle für das Einsetzen des Protheseschaftes vor. Nachdem dieser probeweise eingeschlagen wurde, findet die Reposition und die Kontrolle auf physiologischen Stand der Prothese statt. Dabei wird eine evtl. bestehende Luxationsneigung geprüft.
Die Kopfgröße der Prothese und die Länge des Schenkelhalses sollen mit den Maßen der gesunden Seite übereinstimmen. Die Prothese muß im physiologischen Antetorsionswinkel von 15 Grad in den Schaft eingebracht werden, und das Zentrum des Kopfes muß in gleicher Höhe mit der Kuppe des großen Rollhügels liegen. Sind diese Voraussetzungen erfüllt, kann nach erneuter Luxation die Prothese endgültig in den Femurschaft einzementiert werden. Bei der Zubereitung und Verwendung des Zementes müssen die Vorschriften der Herstellerfirmen genau beachtet werden. Ist der Zement gehärtet, erfolgt die endgültige Reposition. Die anfangs eröffnete Gelenkkapsel wird nur dann vernäht, wenn dies ohne Spannung möglich ist. Die Außenrotatoren werden durch Nähte reinseriert, eine große Redondrainage in das Gelenk gelegt. Die Operationswunde wird schichtweise geschlossen, wobei noch eine dünne Redondrainage subkutan zu liegen kommt.

Tisch 1

1. 2 große Skalpelle
2. 1 kleines Skalpell
3. 2 Resektionsmesser, klein
4. 2 chirurgische Pinzetten, Standard
5. 2 chirurgische Pinzetten, fein
6. 2 chirurgische Pinzetten, lang
7. 2 chirurgische Pinzetten, lang, fein
8. 2 Scheren, stumpf-stumpf, Standard, gebogen
9. 1 Schere, stumpf-stumpf, lang, gebogen
10. 2 Kapselfaßzangen
11. 1 Kapselschere
12. 4 Pean-Klemmen, gebogen
13. 4 Overholt-Klemmen
14. 2 Haken, tief, breit
15. 2 Israel-Haken
16. 2 Langenbeck-Haken,groß
17. 2 Knochenhebel, breit (Hohmann)
18. 2 Knochenhebel, schmal (Hohmann)
19. 1 Hammer
20. 1 Meißel, schmal
21. 1 Meißel, breit
22. 1 Hohlmeißelzange
23. 1 scharfer Löffel
24. 1 Einzinkerhaken
25. 1 Kopfextraktor
26. 1 Femurraspel
27. 1 Gefäß mit Tupfern
28. 3 Nadelhalter
29. 1 Dose mit Nadeln und Nahtmaterial
30. 1 Elektrokauter
31. 1 Inzisionsfolie
32. 12 Tuchklemmen

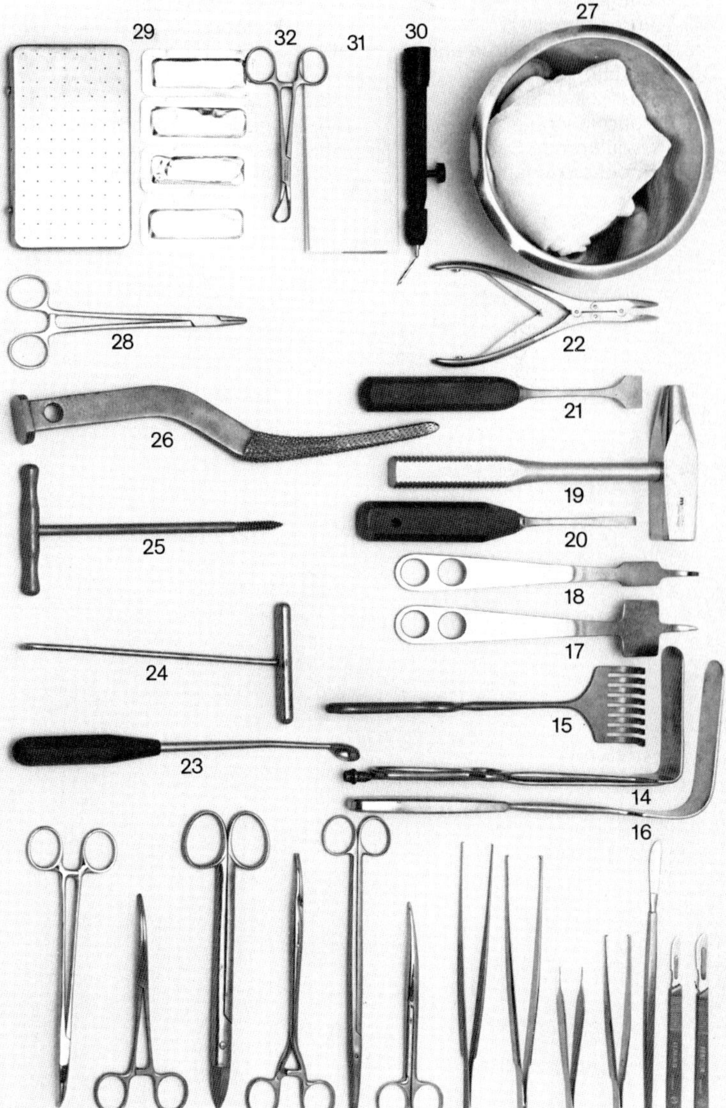
29
32
31
30
27
28
22
21
26
19
25
20
18
17
24
15
23
14
16
13
12
11
10
9
8
7
6
5
4
3
2
1

Tisch 2

33. 1 Sauger
34. 1 Vorschlag
35. 1 Repositionsinstrument
36. 1 Luxationshebel für Schenkelköpfe
37. 1 Bohrmaschine
38. 1 oszillierende Säge
39. 1 Knochenzementspritze
40. 1 Satz Probeköpfe
41. 1 Prothese
42. 1 Schälchen mit Knochenzement
43. 1 Spatel
44. 2 Spieße mit Redondrain
46. 1 Satz Kugelfräsen
46. 1 Satz Markraumbohrer

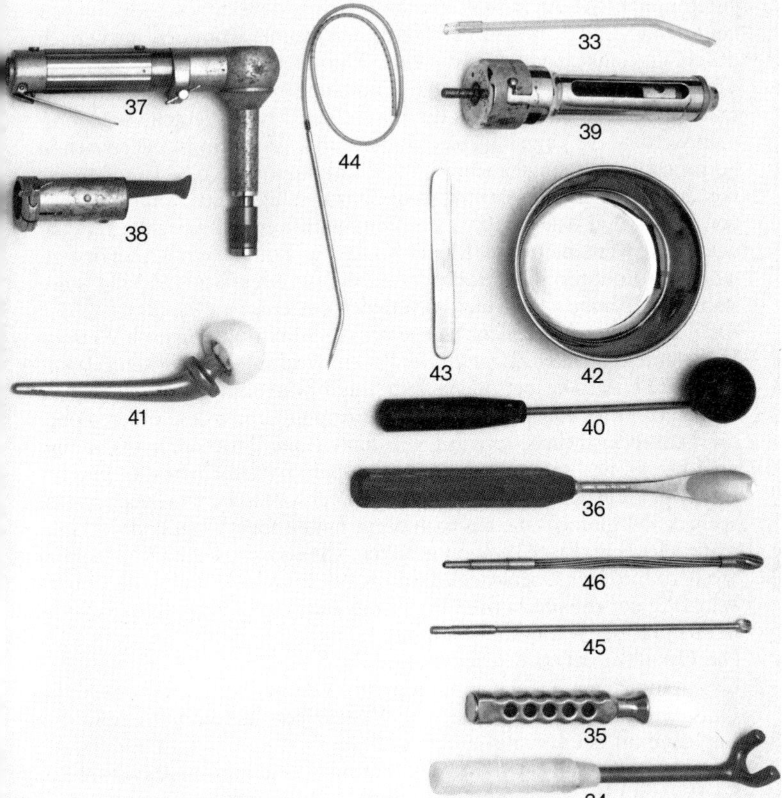
33
37
39
44
38
43
42
41
40
36
46
45
35
34

Totalendoprothese des Hüftgelenkes

Indikationen: degenerative Veränderungen des Hüftgelenkes im Sinne einer primären und sekundären Koxarthrose, mediale Schenkelhalsfrakturen bei fortgeschrittenem Alter, Zustand nach Pfannendachfrakturen, posttraumatische Arthrosen, Zustand nach Osteosynthesen des oberen Femurendes mit Läsionen der Hüftgelenkpfanne, Tumoren im Bereich des Hüftgelenkes und Umbau einer Duo-Kopf-Prothese (S. 128f) zur Totalendoprothese (TEP). Wegen Abnützungen des Implantats im Zeitraum von ca. 10 Jahren sollte der Eingriff nicht bei Patienten vorgenommen werden, die jünger als 60–65 Jahre sind. Alternativen bieten sich in Form zementfrei eingebrachter Prothesenkomponenten.
Für den Hüftgelenksersatz werden Ganzmetallgelenke, Kombinationen von Metall und Kunststoff sowie Aluminium-Keramik-Gelenke verwendet. Heute werden noch die Metall-Kunststoff-Kombinationen bevorzugt, wobei die Endoprothese für das proximale Femurende aus Metall (Titanstahl), der Pfannenersatz aus Polyethylen besteht.
Als Zugang zum Hüftgelenk eignet sich die Schnittführung nach Watson-Jones (anterolateraler Zugang). Der Patient wird auf dem Rücken gelagert (Abb. 2.**11** A). Die betroffene Extremität wird so abgedeckt, daß sie beweglich bleibt. Die Inzision beginnt knapp unterhalb des vorderen oberen Darmbeinstachels, umfährt von hinten den Trochanter major und wird bis auf das proximale Drittel des Oberschenkelschaftes fortgesetzt. Nach Spaltung der Fascia lata wird der M. tensor fasciae latae nach medial vorn, der M. glutaeus medius nach lateral hinten abgedrängt und mit Hohmann-Hebel in dieser Position gehalten. Die so freigelegte Gelenkkapsel wird eröffnet, der Oberschenkelkopf aus dem Gelenk luxiert, der Schenkelhals in der entsprechenden Ebene mit einer oszillierenden Säge durchtrennt und der Femurkopf entfernt.
Die Gelenkkapsel wird teilweise exzidiert.
Osteophyten am Pfannenrand werden entfernt. Nun entknorpelt der Operateur die Gelenkpfanne mit Kugelfräsen steigender Größe zur Implantation der künstlichen Pfanne.
Danach werden mit einem Kugelbohrer am Pfannenrand in das Darmbein, Sitzbein und in den oberen Schambeinast Haftlöcher gebohrt, mit deren Hilfe die Kunstpfanne zusätzlich verankert werden soll. In das ausgefräste Azetabulum wird der Knochenzement in teigigem Zustand eingebracht und die Pfannenprothese mit Hilfe eines speziellen Gerätes eingesetzt. Überschüssiger Zement wird mit einem scharfen Löffel entfernt.
Das Vorbereiten des proximalen Femurendes zur Aufnahme des Prothesenschaftes, Probereposition, Sitzkontrolle und Einzementieren der Prothese sind Vorgänge, die wir bei der Schilderung der Duo-Kopf-Prothese (S. 128f) beschrieben haben. Eine Redondrainage wird in den Bereich des neuen Gelenkes gelegt und die Wunde schichtweise verschlossen, wobei

auch die Subkutis mit einem „Redon" drainiert wird.
Instrumentarium Tisch 1 S. 130f.

A

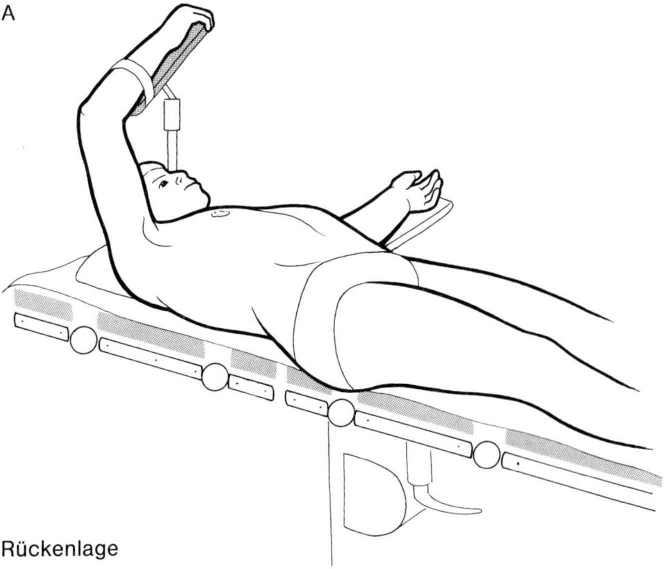

Rückenlage

B

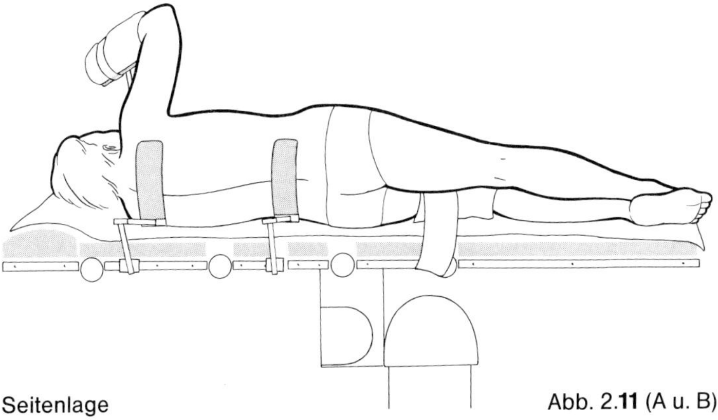

Seitenlage

Abb. 2.**11** (A u. B)

Tisch 2

33. 1 Sauger
34. 1 Repositionsinstrument
35. 1 Vorschlag
36. 1 Haftlochfräse
37. 1 Luxationshebel
38. 1 Bohrmaschine
39. 1 Zentrierfräse
40. 1 oszillierende Säge
41. 1 Knochenzementspritze
42. 1 Satz Probepfannen
43. 1 Applikator mit Pfanne
44. 1 Pfanneneinschlag-instrument
45. 1 Satz Prothesen
46. 2 Schälchen mit Knochenzement
47. 2 Spatel
48. 2 Spieße mit Redondrain
49. 1 Satz Kugelfräsen
50. 1 Satz Markraumbohrer

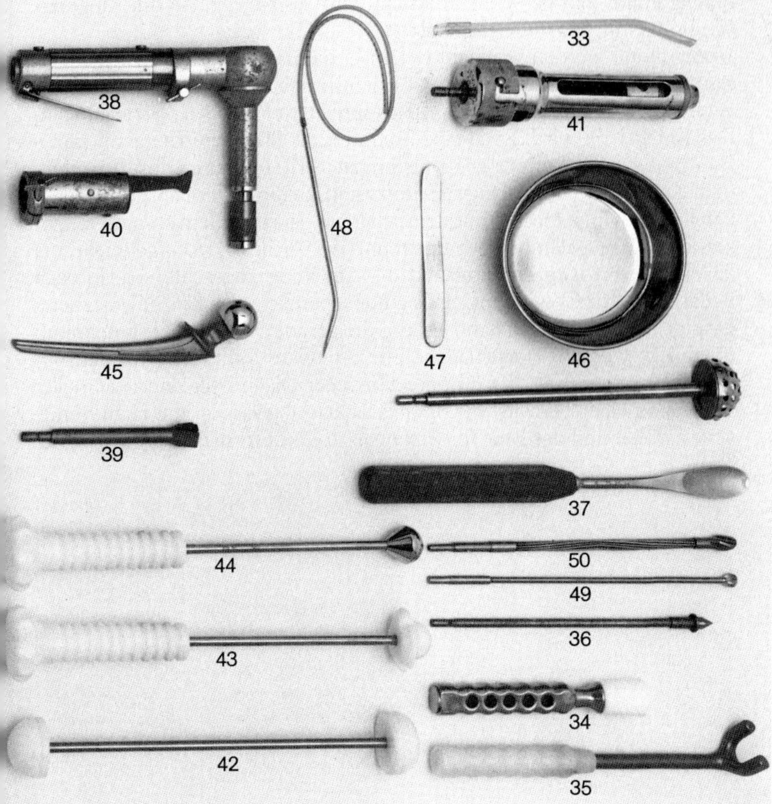
33
38
41
40
48
47
46
45
39
37
44
50
49
43
36
34
42
35

Arthroskopie

Die Arthroskopie bietet sich heute als die Methode der Wahl zur Beurteilung komplexer Schäden am Kniegelenk an. Die Ursachen fast aller akuten und chronischen Kniegelenksbeschwerden können auf schonende Weise geklärt und anschließend einer gezielten Therapie zugeführt werden.
Die Operation wird in Rückenlage bei beweglichem Bein in Blutleere durchgeführt. Zur besseren Übersicht wird das Kniegelenk mit Ringerlösung oder mit Gas (CO_2) gefüllt.
Arthroskope werden von zahlreichen Firmen angeboten. Allen gemeinsam ist ein Stablinsensystem mit Lichtzuleitung über Glasfiberkabel. Wir verwenden eine 25-Grad-Vorausblickoptik, die ein großes Blickfeld bietet. Das Kniegelenk wird durch eine Braunüle, die über eine kleine Stichinzision in den oberen Rezessus eingebracht wird, mit Ringerlösung aufgefüllt. Durch eine 1 cm lange Hautinzision knapp unterhalb des unteren Patellapols wird zunächst mit dem scharfen, dann mit dem stumpfen Trokar in das Kniegelenk eingegangen und das Arthroskop eingebracht, die Zuleitung von Ringerlösung und die Ableitung angeschlossen. Je nach Bedarf muß zur Gewinnung eines guten Überblicks das Kniegelenk zuerst gespült werden, sodann kann nahezu der gesamte Kniegelenksinnenraum überblickt werden. Verschiedene intraartikuläre Strukturen werden mit Tasthaken überprüft. Nach abgeschlossener Diagnostik und eventueller Entnahme einer PE wird die Spülflüssigkeit abgelassen, die Hautwunde verschlossen und das Knie mit einem elastokompressiven Verband versehen.

1. 1 kleines Skalpell
2. 2 chirurgische Pinzetten, fein
3. 1 Schere, stumpf-stumpf, gebogen
4. 1 Nadelhalter mit Hautfaden
5. 1 Braunüle
6. 1 Infusionsbesteck
7. 1 Gefäß mit Tupfern
8. 1 Inzisionsfolie
9. 1 Arthroskop
10. PE-Zange
11. Tasthaken
12. 6 Tuchklemmen

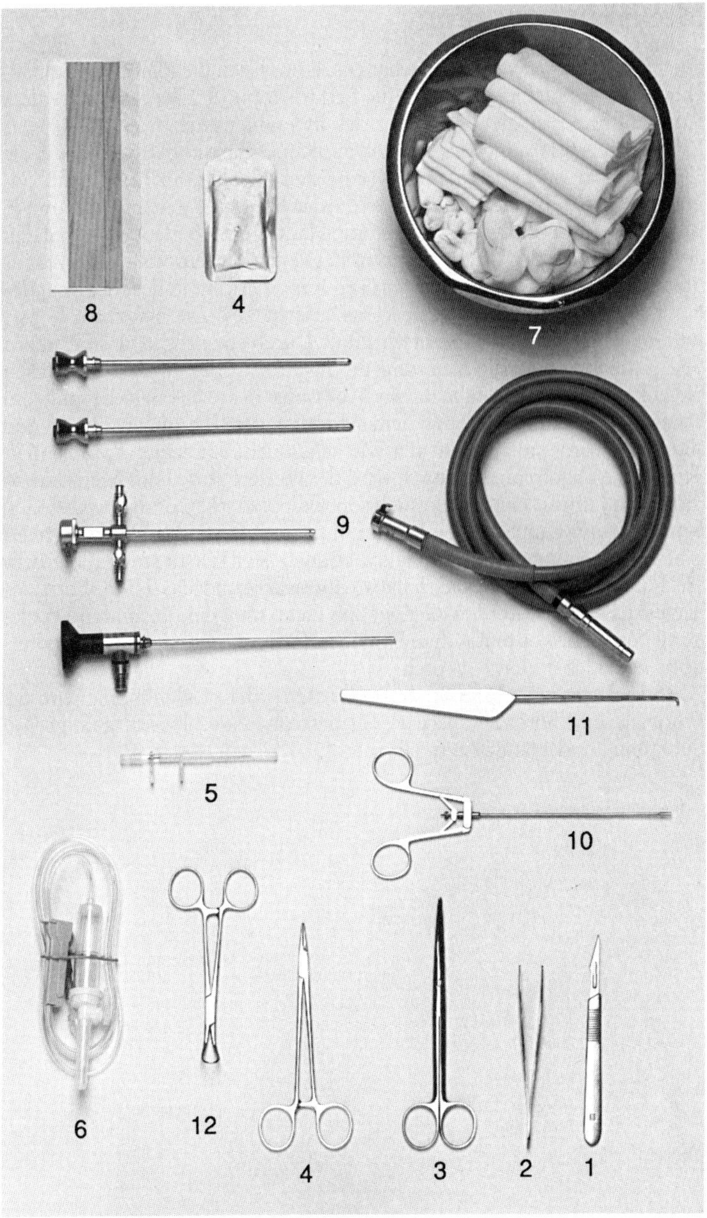
8
4
7
9
11
5
10
6
12
4
3
2
1

Meniskusoperation

Die Diagnose eines Meniskusschadens kann durch die klinische Untersuchung, am sichersten aber durch die Arthroskopie (S. 138) gestellt werden. Am häufigsten ist die Verletzung des Innenmeniskus.
Erfolgt die Entfernung des Meniskus nicht arthroskopisch, so wird die Operation in Rückenlage entweder bei rechtwinklig im Knie herabhängenden Unterschenkeln (Zeichnung) oder bei leicht gebeugtem Knie in Blutleere durchgeführt. Der schräge Hautschnitt verläuft parapatellar etwas unterhalb der Verbindungslinie Epicondylus femoris – Tuberositas tibiae. Die Durchtrennung der fibrösen Kapsel erfolgt in der Richtung des Hautschnitts bis oberhalb des Meniskusansatzes. Die synoviale Kapsel wird proximal des Gelenkspalts eröffnet. Durch entsprechendes Einsetzen von schmalen, tiefen Haken wird die Inspektion des vorderen medialen Gelenkabschnitts ermöglicht. Die Ablösung des Meniskus beginnt am Vorderhorn. Dann wird mit dem Messer parallel zum Innenband und senkrecht zum Tibiaplateau der Meniskus nahe an seiner Kapselanheftungsstelle abgetrennt. Dadurch wird der vordere Anteil des Meniskus so mobil, daß er mit einer Klemme bis in die Fossa intercondylaris gezogen werden kann. Durch Außendrehung und Abduktion des Unterschenkels und Einsetzen von schmalen Haken können bei nicht zu straffen Bändern die Hinterabschnitte des Gelenkes eingesehen und das Hinterhorn des Meniskus entfernt werden. Gelingt dies nicht, muß eine gesonderte Freilegung des Meniskus hinter dem Innenband vorgenommen und das Hinterhorn von hier entfernt werden.
Nach Einlegen einer Redondrainage in die vordere Gelenkhöhle wird die synoviale und fibröse Kapsel jeweils getrennt verschlossen, gefolgt von Subkutan- und Hautnähten.

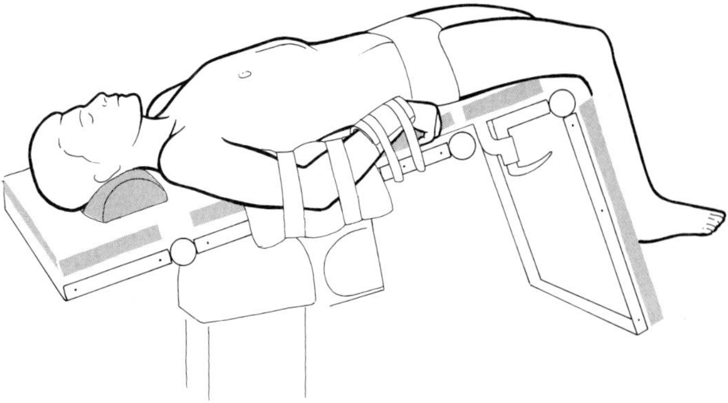

Rückenlage mit rechtwinklig im Knie gebeugten herunterhängenden Unterschenkeln

1. 1 großes Skalpell
2. 1 kleines Skalpell
3. 2 chirurgische Pinzetten, Standard
4. 2 chirurgische Pinzetten, fein
5. 2 Scheren, stumpf-stumpf, Standard, gebogen
6. 2 Pean-Klemmen, gebogen
7. 2 Kocher-Klemmen
8. 2 Moskito-Klemmen, gebogen
9. 1 Knorpelfaßzange
10. 1 Nervenhaken
11. 2 scharfe Haken
12. 2 Langenbeck-Haken, tief, schmal
13. 2 Meniskushaken
14. 1 Meniskotom
15. 1 Gefäß mit Tupfern
16. 2 Nadelhalter
17. 1 Dose mit Nadeln und Nahtmaterial
18. 1 Elektrokauter
19. 5 Tuchklemmen
20. 1 Inzisionsfolie

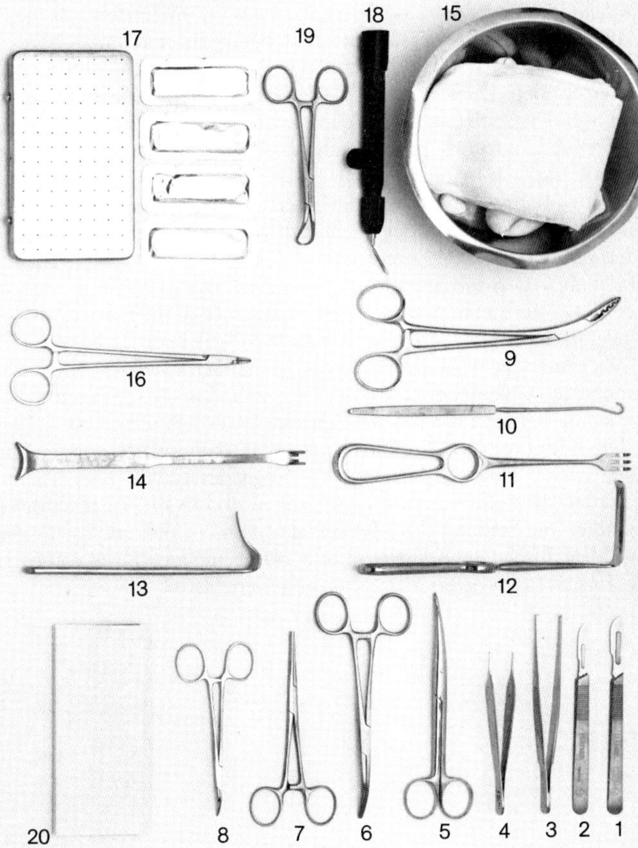
17
19
18
15
16
9
10
14
11
13
12
20
8
7
6
5
4
3
2
1

Hallux valgus

Der Hallux valgus ist durch Belastungsdeformitäten des Fußes verursacht, durch den Senk-, vor allem aber durch den Spreizfuß. Die Großzehe ist im Grundgelenk zehenwärts verzogen (Valgusstellung) und nach innen rotiert. Das Köpfchen des 1. Mittelfußknochens steht nach medial vor (Varusstellung) und bildet zusammen mit dem oft entzündeten Schleimbeutel eine Vorwölbung, die nicht korrekt, häufig als „Exostose“ bezeichnet wird. Die Sehnen der Großzehenbeuge- und -streckmuskeln sind nach lateral verschoben. Der Großzehen-Adduktormuskel mit seinem Ansatz an der Basis des Großzehengrundgliedes zieht dieses extrem stark nach lateral. Der Abduktormuskel ist nach plantar luxiert, wodurch er seine Funktion weitgehend einbüßt (Abb. 2.**12**).
Die operative Behandlung soll die knöchernen Fehlstellungen korrigieren und die normale Funktion der beteiligten Muskeln wiederherstellen. Von den zahlreichen Operationsmethoden möchten wir das modifizierte *Verfahren nach McBride* orientierend darstellen. Der Hautschnitt beginnt über dem 1. Intermetatarsalraum, zieht nach medial über das Grundgelenk, biegt nach proximal um und läuft dann entlang dem 1. Mittelfußknochen. Nacheinander wird die Sehne des M. adductor hallucis am Ansatz abgetrennt, die Gelenkkapsel reseziert, die sog. „Exostose“ in Längsrichtung abgemeiselt und die schlaffe Abduktorsehne gerafft (Abb. 2.**13** u. 2.**14**). Die Adduktorsehne wird nach proximal (körperwärts) auf den Kapselansatz an der fibularen Seite des Grundgliedes genäht oder in einen Bohrkanal im Mittelfußköpfchen eingezogen und fixiert. Ist nach diesen Maßnahmen die Stellung des Metatarsale I immer noch unbefriedigend, so kann dies durch eine Keilosteotomie an der fibularen Basis von Metatarsale I mit Osteosynthese ausgeglichen werden.

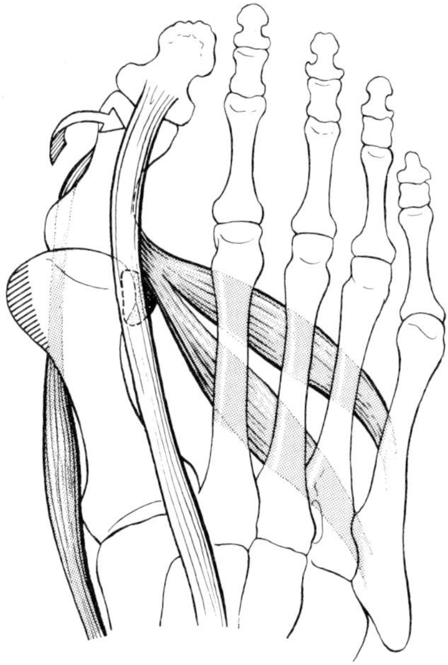

Abb. 2.**12**

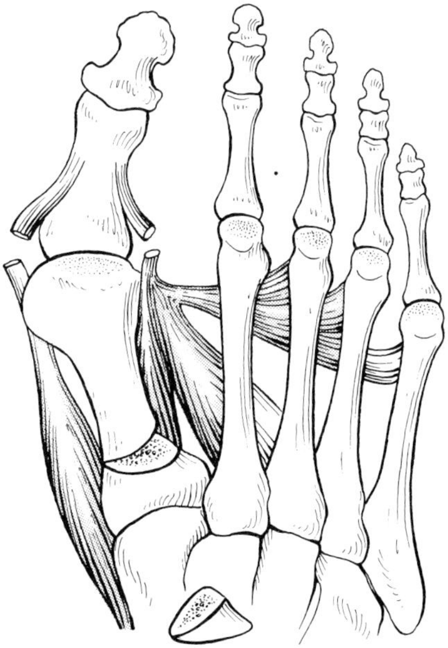

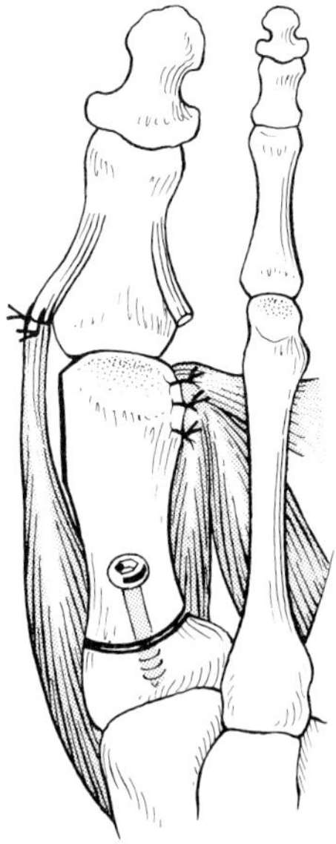

Abb. 2.**13**

Abb. 2.**14**

(aus Baumgartl u.a: Spezielle Chirurgie für die Praxis, Bd. 3, Teil 3. Thieme, Stuttgart, 1982)

1. 1 großes Skalpell
2. 1 kleines Skalpell
3. 2 chirurgische Pinzetten, Standard
4. 2 chirurgische Pinzetten, fein
5. 2 anatomische Pinzetten, Standard
6. 2 Scheren, stumpf-stumpf, Standard, gebogen
7. 1 Schere, spitz-stumpf, Standard, gerade
8. 2 Kocher-Klemmen
9. 2 Moskito-Klemmen, gebogen
10. 2 kleine Elevatorien
11. 2 feine Knochenhebel (Hohmann)
12. 1 breiter Meißel
13. 1 Hammer
14. 1 Raspatorium
15. 1 Knochenfaßzange
16. 1 kleine Hohlmeißelzange
17. 2 scharfe Haken
18. 1 Gefäß mit Tupfern
19. 2 Nadelhalter
20. 1 Dose mit Nadeln und Nahtmaterial
21. 1 Elektrokauter
22. 1 Bohrmaschine mit oszillierender Säge
23. 2 Tuchklemmen

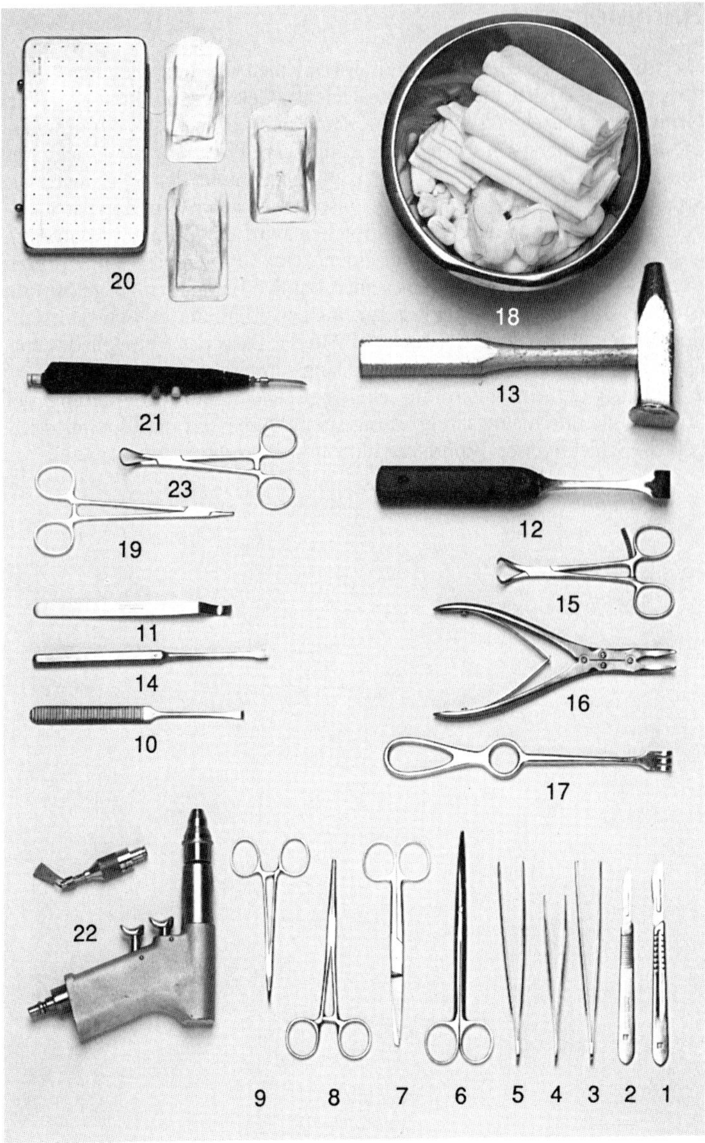
20
18
13
21
23
12
19
15
11
16
14
10
17
22
9
8
7
6
5
4
3
2
1

Hammerzehe

Die sog. Hammerzehe ist in den meisten Fällen durch eine Beugeversteifung im proximalen Interphalangealgelenk (Gelenkverbindung zwischen Grund- und Mittelglied) verursacht. Zur Operation wird in Leitungsanästhesie nach Oberst ein Quer- oder Längsschnitt über die Streckseite des betroffenen Gelenkes gelegt. Nach Durchtrennung der Haut wird die Strecksehne längsgespalten und der distale Anteil der Grundphalanx freigelegt. Dicht hinter das Gelenkköpfchen wird ein kleines Elevatorium geschoben und der Knochen mit einer kleinen Hohlmeißelzange durchtrennt, das Gelenkköpfchen aus seinen Bandverbindungen ausgelöst und entfernt. Zur Erzielung einer festen Knochenverbindung zwischen Grund- und Mittelphalanx wird der Knorpel von der Basis des Mittelgliedes entfernt. Zur temporären Fixierung wird längs durch die Zehenglieder für ca. 2 Wochen ein Kirschnerdraht eingelegt. Die zusätzliche Raffung der Strecksehne durch eine achterförmige Naht verbessert das Operationsergebnis. Schichtweiser Wundverschluß und Pflasterfixationsverband.

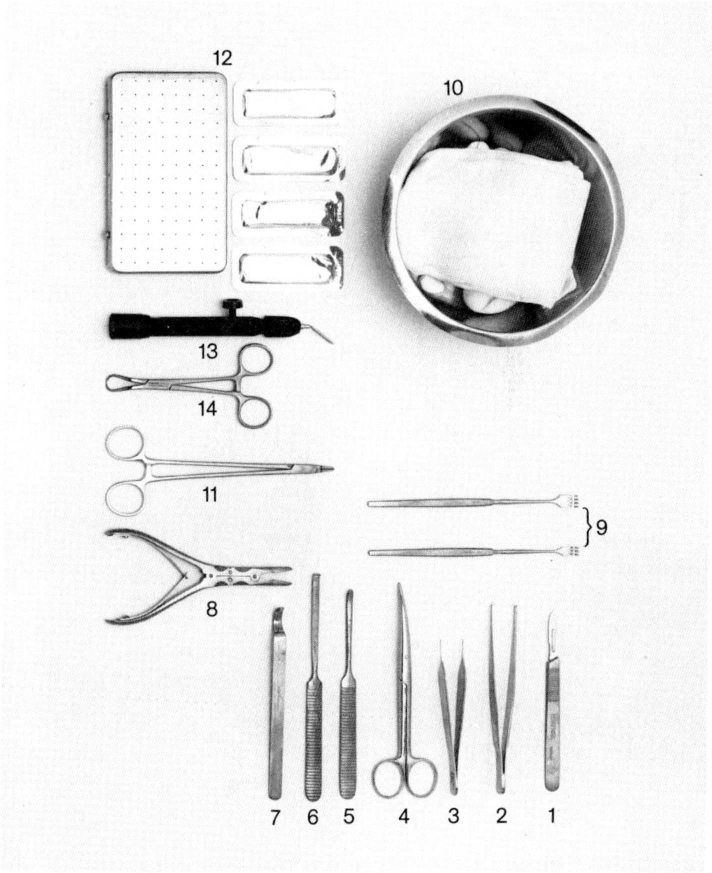

1. 1 kleines Skalpell
2. 2 chirurgische Pinzetten, Standard
3. 2 chirurgische Pinzetten, fein
4. 1 Schere, stumpf-stumpf, Standard, gebogen
5. 2 kleine Elevatorien
6. 2 kleine Raspatorien
7. 2 feine Knochenhebel (Hohmann)
8. 1 kleine Hohlmeißelzange
9. 2 kleine scharfe Haken
10. 1 Gefäß mit Tupfern
11. 1 Nadelhalter
12. 1 Dose mit Nadeln und Nahtmaterial
13. 1 Elektrokauter
14. 2 Tuchklemmen

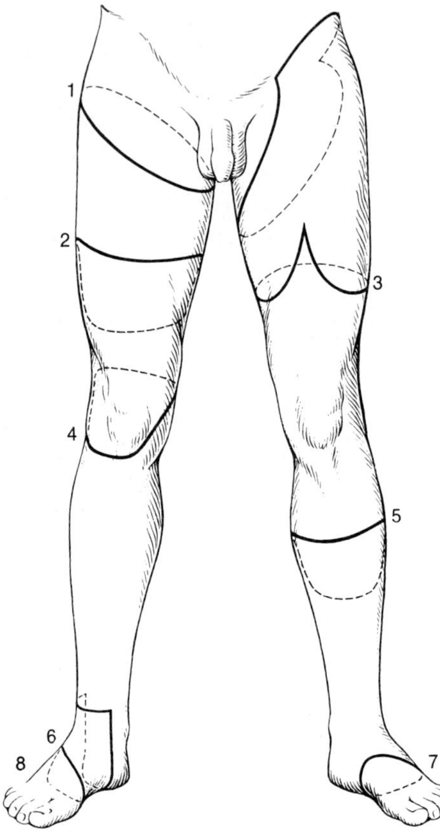

Schnittführungen für Exartikulationen und Amputationen an der unteren Extremität (nach Grewe/Kremer):

1. Exartikulation im Hüftgelenk
2. Oberschenkelamputation mit Bildung eines dorsalen Weichteilmuskellappens
3. Oberschenkelamputation mit Rakettschnitt
4. Exartikulation im Kniegelenk (Verfahren nach Gritti)
5. Unterschenkelamputation
6. Amputation nach Syme (im oberen Sprunggelenk) oder Pirogoff (Erhalt des Fersenbeines)
7. Mittelfußamputation nach Lisfranc (Amputation zwischen Metatarsalknochen und Kuboid sowie den Keilbeinen nach Grewe u. Kremer)
8. Mittelfußamputation nach Chopart (Amputation zwischen Talus, Kalkaneus, Navikulare und Kuboid)

Amputation großer Gliedmaßen

Ist bei einer notwendig gewordenen Amputation keine Infektionsgefährdung gegeben, so richtet sich die Wahl der Abtragungsstelle nach folgenden Gesichtspunkten:
Ober- und Unterarm: Der längste Stumpf ist der beste. Je sparsamer amputiert wird, um so mehr Muskelansätze werden gewonnen, um so länger wird der Hebelarm für Beuge- und Drehbewegungen. Auch gelenknahe Stümpfe sind am Arm, im Gegensatz zum Bein, wertvoll.
Oberschenkel: Kurzstümpfe unter 6 cm sind prothetisch schlecht zu versorgen. Die Abtragungsstelle der Wahl ist die Grenze zwischen mittlerem und unterem Drittel.
Für Patienten, die an arteriellen Durchblutungsstörungen leiden, ist die Exartikulation im Kniegelenk günstiger als die Absetzung des Oberschenkels im distalen Drittel. Die Exartikulation bietet folgende Vorteile: Die Wundfläche ist klein. Es werden keine Knochen durchtrennt. Von der Muskulatur werden nur die Köpfe des M. gastrocnemius an ihren Ursprüngen durchschnitten. Der Eingriff ist für den Patienten weniger belastend als eine Oberschenkelamputation. Der Stumpf ist auf der ganzen Breite der Femurkondylen belastbar. Alle Muskeln des Oberschenkels behalten entweder ihren Ansatzpunkt oder werden am Stumpfende verankert, falls sie das Kniegelenk überspringen. Infolgedessen ist die postoperative Muskelatrophie geringer, als dies bei einem Oberschenkelstumpf der Fall ist.
Entscheidet sich der Operateur zu diesem Vorgehen, so kann auf das für eine Amputation speziell benötigte Instrumentarium verzichtet werden.
Unterschenkel: Die Unterschenkelmitte ist bei der Amputation zu bevorzugen. Das Wadenbein muß um 2–3 cm höher abgesetzt werden als das Schienbein.
Die Amputation an Arm und Bein wird in Rückenlage möglichst in Blutleere vorgenommen, falls keine arterielle Verschlußkrankheit vorliegt. Haut und Muskulatur werden fischmaulförmig umschnitten, wobei die obere Lippe etwas größer zu wählen ist als die untere. Die Gefäße werden doppelt unterbunden, die Nerven weit vorgezogen und durchtrennt. Am freigelegten Knochen wird eine 0,5 cm lange Periostmanschette entfernt und der Knochen abgesägt. Die scharfen Knochenränder werden mit einer Feile geglättet. Die Streckmuskulatur wird mit den Beugern durch Naht vereinigt, die Faszie vernäht, damit sich der Weichteilzylinder nicht über den Knochen hinaus verziehen kann und nach Einlegen einer Redondrainage die Haut mit nicht zu eng liegenden Nähten vereinigt.

1. 1 großes Skalpell
2. 1 kleines Skalpell
3. 1 Amputationsmesser
4. 1 Knochenmesser
5. 2 chirurgische Pinzetten, Standard
6. 2 chirurgische Pinzetten, fein
7. 2 anatomische Pinzetten, Standard
8. 2 Scheren, stumpf-stumpf, Standard
9. 10 Pean-Klemmen
10. 6 Kocher-Klemmen
11. 2 Overholt-Klemmen
12. 2 scharfe Haken
13. 2 Israel-Haken
14. 1 Muskelretraktor
15. 1 Raspatorium
16. 1 Einzinkerhaken
17. 1 Amputationssäge (oder Gigli-Säge)
18. 1 Knochenfeile
19. 1 Hohlmeißelzange
20. 1 Gefäß mit Tupfern
21. 2 Nadelhalter
22. 1 Dose mit Nadeln und Nahtmaterial
23. 1 Elektrokauter
24. 5 Tuchklemmen
25. 1 Spieß mit Redondrain

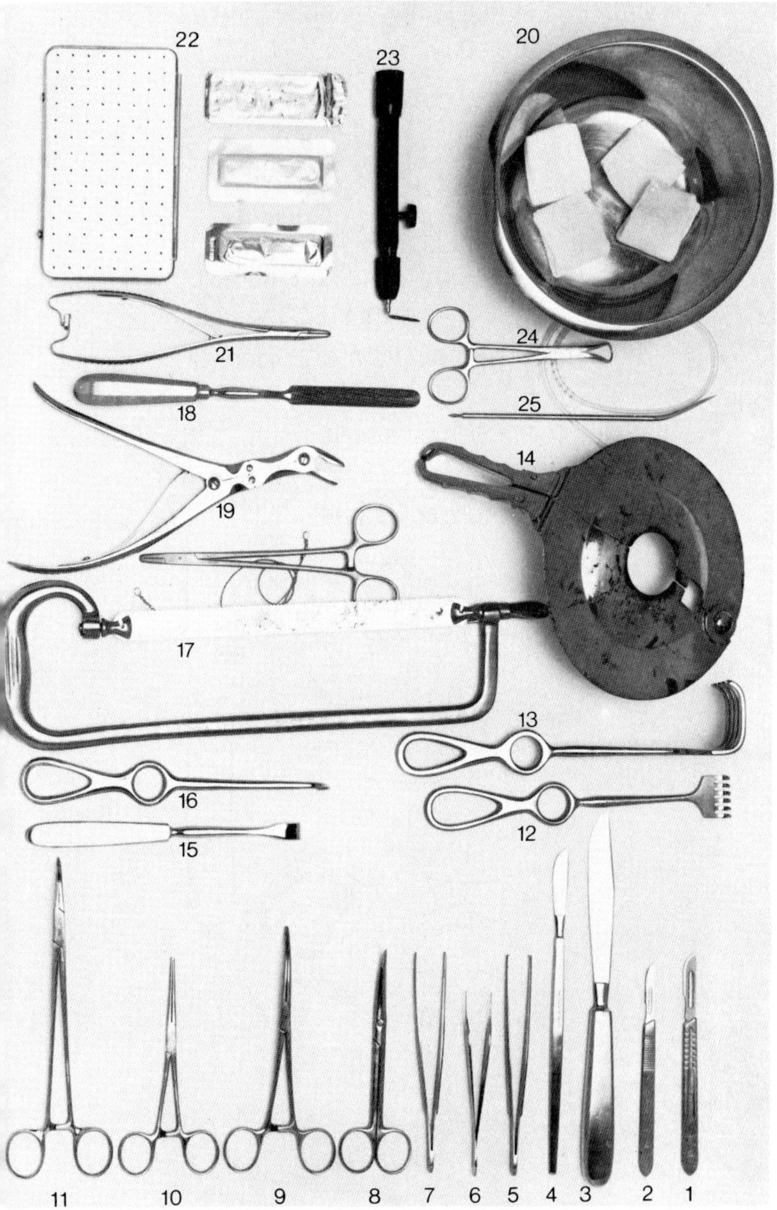
22
20
23
24
21
18
25
14
19
17
13
16
12
15
11
10
9
8
7
6
5
4
3
2
1

Wer nur an Knochen bohrt
und schraubt,
Ansonsten nichts mehr denkt
und glaubt,
Der fühle sich mit Recht
bedroht:
Ist statt Chirurg ein Osteot.

Habituelle Schulterluxation

Die ursächlichen Momente für die habituelle Schulterluxation liegen unter anderem in der flachen Ausbildung des vorderen unteren Schultergelenkrandes und in der ausgeweiteten, oft verdünnten vorderen Gelenkkapsel. Durch Eintreiben eines Knochenspans am unteren Pfannenrand wird dieser gehoben, gleichzeitig bildet der vorstehende Span einen Sperriegel gegen das Austreten des Kopfes aus der Pfanne. Durch Raffung der Sehne des M. subscapularis über der vorderen Gelenkkapsel wird diese verstärkt. Beide Maßnahmen sind geeignet, die Ursachen der habituellen Schulterluxation zu beseitigen. Ein weiteres Verfahren ist die Umstellungs-(Rotations-)Osteotomie nach Weber.

Zur Operation liegt der Patient auf dem Rücken, die betroffene Schulter ist durch eine untergelegte Polsterrolle angehoben. Der Hautschnitt verläuft im Sulcus deltoideopectoralis. Delta- und Brustmuskel werden stumpf auseinandergedrängt, und der Operateur gelangt auf den M. coracobrachialis, der nahe am Ansatz Z-förmig durchtrennt wird. Jetzt liegt der schräg verlaufende M. subscapularis frei, der bei starker Auswärtsdrehung des Armes an seinem Kapselansatz durchschnitten wird. Nun stellt sich die Gelenkkapsel und der untere Pfannenrand übersichtlich dar. Das Periost wird dicht unterhalb vom Kapselansatz quergespalten, ein 25 mm breiter Meißel 1/2 cm unterhalb des unteren Pfannenrandes eingesetzt und etwa 1 cm tief eingeschlagen. Danach biegt der Operateur mit dem Meißel den unteren Pfannenrand nach oben auf, bis ein etwa 1/2 cm breiter Spalt entsteht. In diesen wird ein dem Schienbein entnommener Knochenspan (2,5 cm/3,5 cm) mit nach vorn sich verjüngender Spitze eingeschlagen, wobei der Span den Pfannenrand um 1,5 cm überragen soll. Die Sehne des M. subscapularis wird bei einwärtsrotiertem Arm an Gelenkkapsel und Periost festgenäht, wodurch eine Raffung der Sehne und damit eine Verstärkung der Gelenkkapsel erreicht wird. Zum Schluß wird der M. coracobrachialis bei rechtwinkliger Ellenbeugung wieder vereinigt, ein Redondrain eingelegt und die Wunde schichtweise verschlossen.

1. 2 große Skalpelle
2. 1 kleines Skalpell
3. 2 chirurgische Pinzetten, Standard
4. 2 chirurgische Pinzetten, fein
5. 2 chirurgische Pinzetten, lang, fein
6. 2 anatomische Pinzetten, lang
7. 2 Scheren, stumpf-stumpf, Standard, gebogen
8. 1 Schere, stumpf-stumpf, lang, gebogen
9. 4 Pean-Klemmen, gebogen
10. 4 Kocher-Klemmen
11. 2 Overholt-Klemmen
12. 1 Raspatorium
13. 1 Knochenfaßzange
14. 2 scharfe Haken
15. 2 Langenbeck-Haken
16. 2 Langenbeck-Haken,tief
17. 2 Knochenhebel (Hohmann)
18. 2 Flachmeißel
19. 1 Hammer
20. 1 Hohlmeißelzange
21. 1 Knochenfeile
22. 1 Vorschlag
23. 1 Gefäß mit Tupfern
24. 1 Gefäß mit Kochsalzlösung
25. 2 Präpariertupferklemmen
26. 2 Kornzangen, gebogen
27. 1 oszillierende Säge
28. 1 Spritze mit Spülflüssigkeit
29. 2 Nadelhalter
30. 1 Dose mit Nadeln und Nahtmaterial
31. 1 Elektrokauter
32. 8 Tuchklemmen
33. 1 Sauger
34. 1 Spieß mit Redondrain
35. 1 Inzisionsfolie
36. 1 Kieler Span

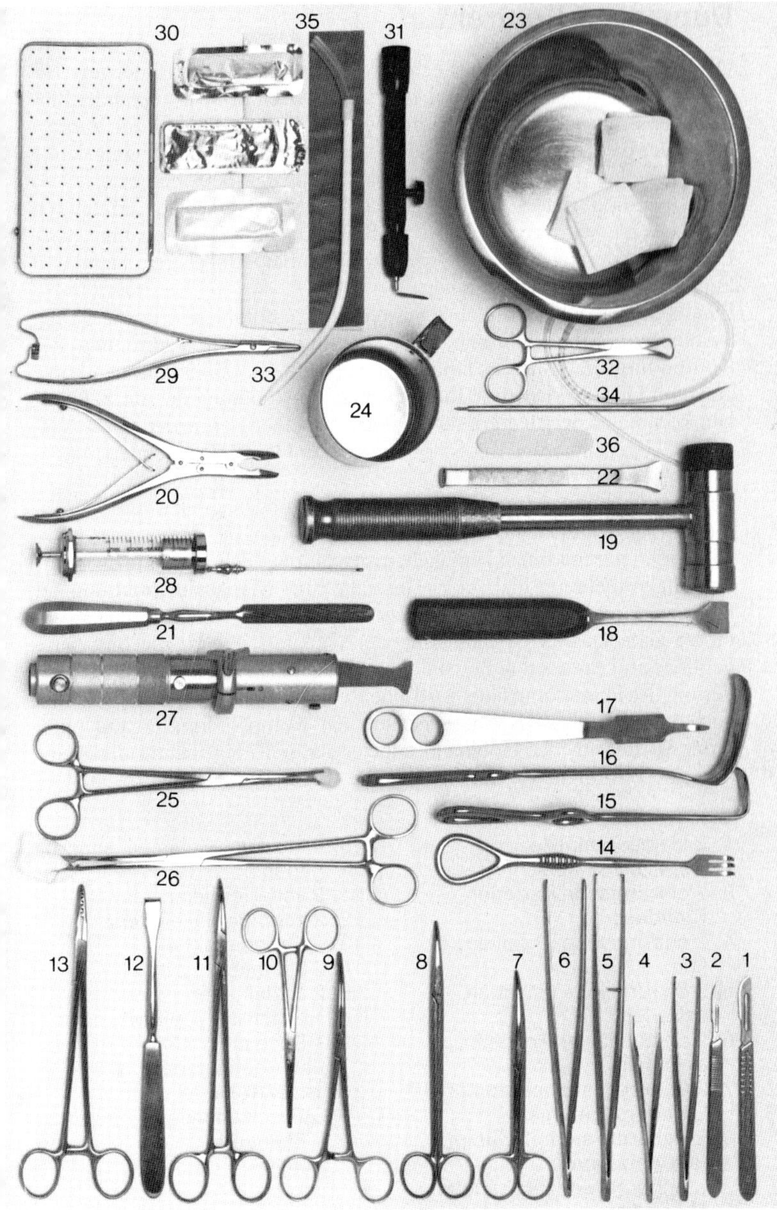
30
35
31
23
29
33
24
32
34
36
22
20
19
28
21
18
27
17
16
25
15
14
26
13
12
11
10
9
8
7
6
5
4
3
2
1

Dupuytren-Kontraktur

Die Dupuytren-Kontraktur ist eine Erkrankung der straffen Bindegewebsfasern der Palmarseite der Hand, die zur Entwicklung schrumpfender Bindegewebsstränge führt. Dies kann über verschiedene Stadien zur Verkürzung aller palmaren Weichteile mit Beugekontrakturen der Fingergelenke führen, wobei der III. bis V. Strahl am häufigsten betroffen ist.
Die Operation, deren Ziel die gründliche Exstirpation allen erkrankten Gewebes ist, wird grundsätzlich in Blutleere unter Zuhilfenahme einer Lupenbrille durchgeführt, der Arm auf einem Beitisch gelagert, Hand und Finger mit einer Bleihand fixiert.
Eine große Anzahl von Hautschnitten wird empfohlen. Günstig ist ein System von Schnittführungen, das der individuellen Verbreitung des Kontrakturgewebes in der Hohlhand angepaßt ist. Dabei kommen kurze quer- und längsverlaufende Inzisionen zur Anwendung, die mit Z-Plastiken kombiniert werden können. Dieses Vorgehen vermeidet eine ausgedehnte Unterminierung mit Schonung der zur Haut aufsteigenden Blutgefäße.
Strikte Einhaltung einer atraumatischen Operationstechnik ist die Voraussetzung für den Erfolg. Die Haut und insbesondere die Zipfel einer Z-Plastik dürfen nur mit Einzinkerhäkchen angefaßt werden. Besser noch ist das Anbringen mehrerer Haltefäden. Im Falle einer Mangeldurchblutung der Haut wird der betroffene Bezirk exzidiert und durch eine freie Transplantation gedeckt. Nach Beendigung der Präparation wird die Blutsperre geöffnet und eine exakte Blutstillung durchgeführt. Zur weiteren Verminderung des Hämatomrisikos wird eine Redon-Saugdrainage eingelegt und nach spannungsfreiem Hautverschluß ein Kompressionsverband unter guter Polsterung der Hohlhand angelegt. Zur Ruhigstellung dient eine dorsale Gipslonguette, die bis über die Fingergrundgelenke reicht.

1. 2 kleine Skalpelle
2. 1 spitzes Skalpell
3. 2 chirurgische Pinzetten, Standard
4. 2 chirurgische Pinzetten, fein
5. 2 chirurgische Pinzetten, extra fein
6. 2 anatomische Pinzetten, extra fein
7. 2 Scheren, stumpf-stumpf, Standard, gebogen
8. 2 Scheren, stumpf-stumpf, fein, gebogen
9. 2 Scheren, spitz-spitz, fein, gebogen
10. 4 Moskito-Klemmen, scharf, gebogen
11. 2 scharfe Haken, fein
12. 2 stumpfe Haken, fein
13. 2 Sehnenhaken
14. 2 Lidhaken
15. 2 Nadelhalter
16. 1 Gefäß mit Tupfern
17. 1 Dose mit Nadeln und Nahtmaterial
18. 1 Elektrokauter
19. 6 Tuchklemmen
20. 1 Bleihand

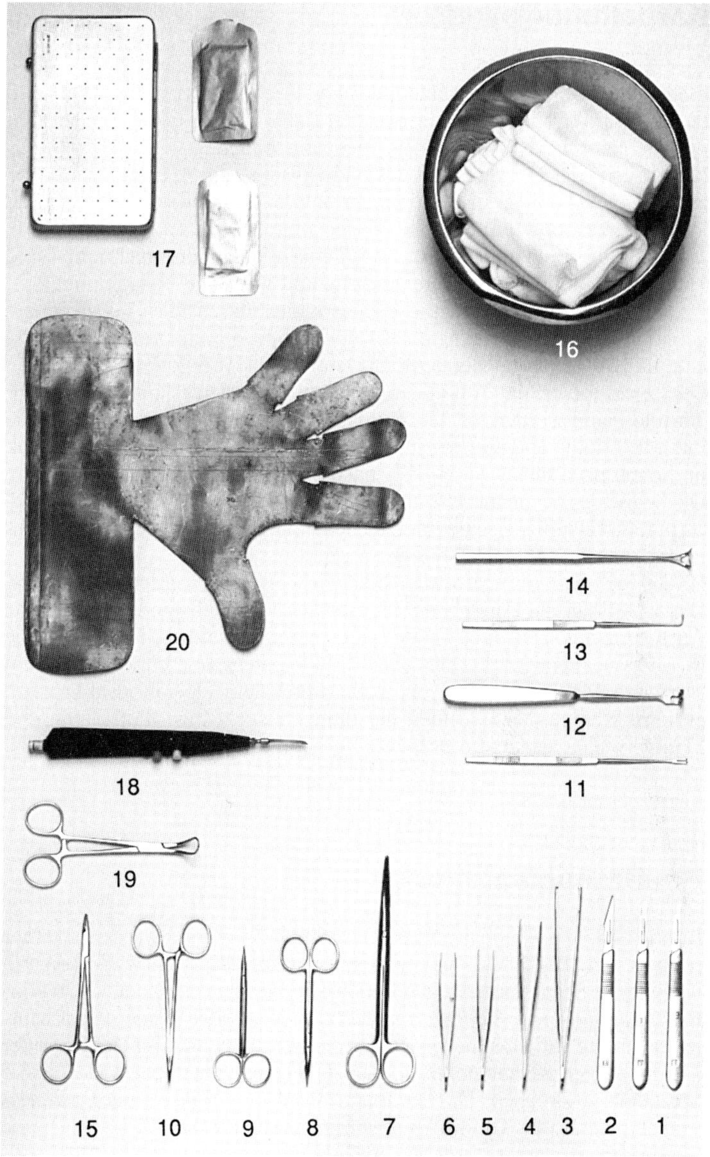
17
16
20
14
13
12
18
11
19
15
10
9
8
7
6
5
4
3
2
1

Karpaltunnelsyndrom

Das Karpaltunnelsyndrom ist eine Kompressionsneuropathie des N. medianus im Bereich des Handgelenkes. Die Handwurzelknochen und das Lig. carpi transversum formen den Karpaltunnel, dessen Inhalt Sehnen, Sehnenscheiden und der N. medianus bilden.
Die Ursache der Kompression des N. medianus liegt in einer Diskrepanz zwischen der Tunnelgröße und seinem Inhalt: Verminderung der Tunnelkapazität, z.B. posttraumatische Verdickung des Lig. carpi transversum, Vermehrung des Tunnelinhaltes bei Tendosynovitiden, Infektionen und Hämatombildungen und seltener: gut- und bösartige Neubildungen.
Das Leitsymptom sind nächtliche Parästhesien im sensiblen Versorgungsgebiet des N. medianus (Digiti I-III). Spätsymptome sind motorische Ausfälle und Atrophie im Bereich der Daumenballenmuskulatur.
Die Operation erfolgt in Blutleere, Lagerung des Armes auf Beitisch, Finger und Hand werden mit Gummibändern auf einer Bleihand fixiert. Die Inzision erfolgt entlang des Daumenballenrandes bis zum Handgelenk und dann nach ulnar, von wo sie nach proximal erweitert werden kann. Die Sehne des M. palmaris longus wird radialseitig weggehalten, das Lig. carpi transversum auf seiner ulnaren Seite mit einer geraden Schere durchtrennt und ein schmaler Streifen reseziert.
Finden sich Tumoren, Knochenstückchen usw., so werden sie entfernt. Danach erfolgt die Darstellung des motorischen Medianusastes und seine Auslösung aus dem umgebenden, u.U. narbig veränderten Bindegewebe (perinervale Neurolyse). Dazu trägt der Operateur eine Lupenbrille. Dem Nerv anhaftendes Bindegewebe sollte unter dem Operationsmikroskop entfernt werden. Nach Öffnen der Blutleere sorgfältige Blutstillung und Hautverschluß, elastokompressiver Verband ohne weitere Ruhigstellung.

Instrumentarium S. 158f

Hauttransplantationen

Können große flächenhafte Wunden nicht direkt vernäht werden, so empfiehlt es sich, den Defekt mit einem freien Hauttransplantat zu decken, um langwierige Sekundärheilungen und Infektionen zu vermeiden. Dazu können *Spalthaut-* oder *Vollhauttransplantate* verwendet werden. Spalthauttransplantate enthalten neben der Epidermis immer auch einen mehr oder minder dicken Koriumanteil. Je nachdem wird von dünner oder dicker Spalthaut gesprochen. Das Vollhauttransplantat besteht aus Epidermis und dem gesamten Korium, ist aber frei von subkutanem Gewebe. Dünne Spalthauttransplantate (sog. Thiersch-Lappen) heilen auch bei ungünstigen Zirkulationsbedingungen und auf infizierten Granulationsflächen ein, besitzen aber nur eine geringe Widerstandsfähigkeit gegenüber mechanischer Belastung und neigen zu schrumpfenden Narben mit späterer Hyper- oder Depigmentierung. Die besten funktionellen und kosmetischen Ergebnisse werden durch die Transplantation mit Vollhaut erzielt, die aber schwerer einheilt und einen optimalen „Pflanzboden" erfordert. Wegen dieser Eigenschaften werden dünne Spalthauttransplantate oft als temporärer biologischer Verband benutzt und später durch Vollhaut ersetzt.

Als Spenderegion für ein Spalthauttransplantat werden Oberschenkel-, Gesäß- oder Bauchregion bevorzugt. Die Haut wird in gewünschter Stärke mit dem Dermatom entnommen und genau der Größe des Defektes entsprechend in diesen spannungsfrei eingenäht. Auch kleinste Blutungen im Wundbereich müssen sorgfältig gestillt werden, um ein Abheben des Transplantates zu vermeiden. Für die Dauer der Einheilung muß die betreffende Körperregion z.B. auf Schienen ruhiggestellt werden, um ein Verrutschen des Transplantates zu verhindern. Dies kann ggf. auch durch Einknüpfen des Verbandes erreicht werden. Die verpflanzte Haut wird mit einer Fettgaze bedeckt, ein lockeres Mullkissen gebildet und über diesem die lang belassenen Fäden der Einnähungsstellen verknüpft.

Das Spalthauttransplantat sollte aus obengenannten Gründen an mechanisch beanspruchten Regionen (z.B. über Gelenken) oder aus kosmetischen Gründen (Gesicht) durch ein Vollhauttransplantat ersetzt werden. Für das Angehen eines solchen ist ein gutdurchbluteter „Pflanzboden" Voraussetzung. Ist ein solcher z.B. über Fettgewebe nicht vorhanden, so läßt man nach Exzision des Spalthauttransplantates die Wunde für 8–10 Tage unter Verwendung einer „Kunsthaut" granulieren. Unter den Granulationen bildet sich eine zwar dünne, aber gutdurchblutete Bindegewebsschicht, die die gewünschten Voraussetzungen bietet. Der Vollhautlappen, der der Größe des zu deckenden Defektes genau entsprechen muß, wird meist der Unterbauchregion entnommen, weil hier in der Regel die Entnahmestelle sofort wieder primär durch Naht verschlossen werden kann. Das Hauttransplantat wird peinlich genau von anhaftendem Fettgewebe befreit, die Granulationen der Defektwunde bis auf die gutdurchblutete Bindegewebsschicht abgekratzt und der Lappen unter leichter Spannung eingenäht.

Die verwendeten Fäden werden lang belassen und über einem genau angepaßten Verbandskissen so verknüpft, daß das Transplantat mit einem Druck von etwa 30 mm Hg gegen die Unterlage angedrückt wird. Dieser richtige Druck, wichtige Voraussetzung für das Einwachsen des Transplantates, kann nicht gemessen werden, er ist ein gefühlsgegebener Erfahrungswert des Operateurs.

Große Hautdefekte, wie sie beispielsweise nach Verbrennungen entstehen, können erfolgreich durch eine *Hautnetzplastik (Meshgraft)* gedeckt werden. Zur Durchführung einer solchen Plastik wird zunächst ein Hauttransplantat wie üblich mit einem Dermatom oder Thiersch-Messer entnommen. Die Umwandlung des soliden Transplantates in ein Netz geschieht mit Hilfe eines Meshgraft-Dermatoms. Schneideschablonen gestatten eine unterschiedliche Oberflächenvergrößerung des Hauttransplantates. Die Hautnetztransplantate werden auf der zu deckenden Wundfläche ausgebreitet, angepaßt und mit einigen Nähten fixiert. Danach wird ein Kompressionsverband mit Fettgaze angelegt. Der erste Verbandwechsel soll nach 6 Tagen durchgeführt werden. Die Netztransplantate wachsen mit großer Sicherheit an. Die Netzzwischenräume sind nach 10–12 Tagen epithelisiert.

1. 2 kleine Skalpelle
2. 2 chirurgische Pinzetten, Standard
3. 2 chirurgische Pinzetten, fein
4. 2 anatomische Pinzetten, fein
5. 1 Schere, stumpf-stumpf, Standard, gebogen
6. 1 Schere, stumpf-stumpf, fein, gebogen
7. 4 Moskito-Klemmen, gebogen
8. 1 Dermatom
9. 1 Holzbrett
10. 2 scharfe Löffel
11. 1 Gefäß mit Kochsalzlösung
12. 1 Gefäß mit Tupfern
13. 2 Nadelhalter
14. 1 Dose mit Nadeln und Nahtmaterial
15. 4 Tuchklemmen
16. 1 Elektrokauter
17. 1 Meshgraft-Instrument (s.u.)
18. entsprechende Schablone (ohne Abb.)

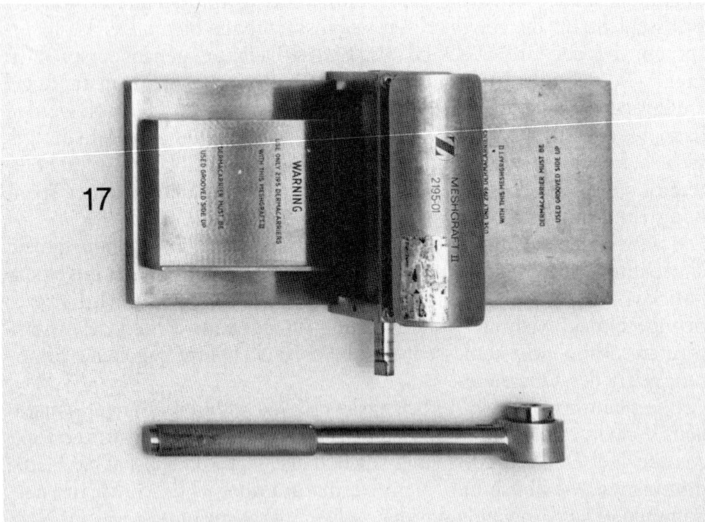

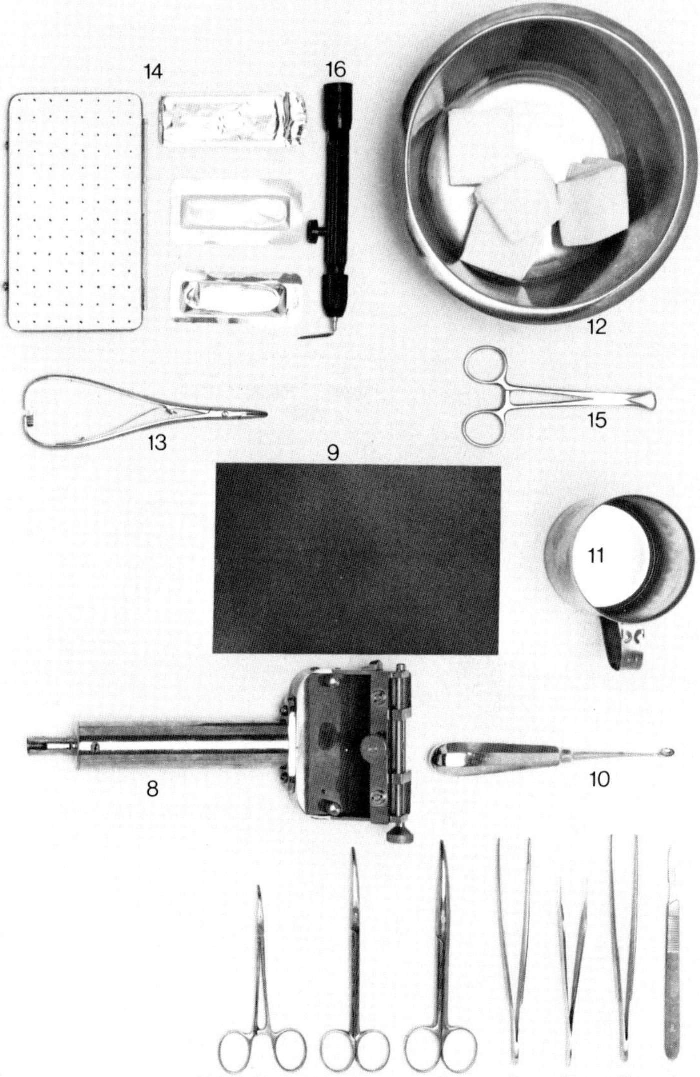
14
16
12
15
13
9
11
8
10
7
6
5
4
3
2
1

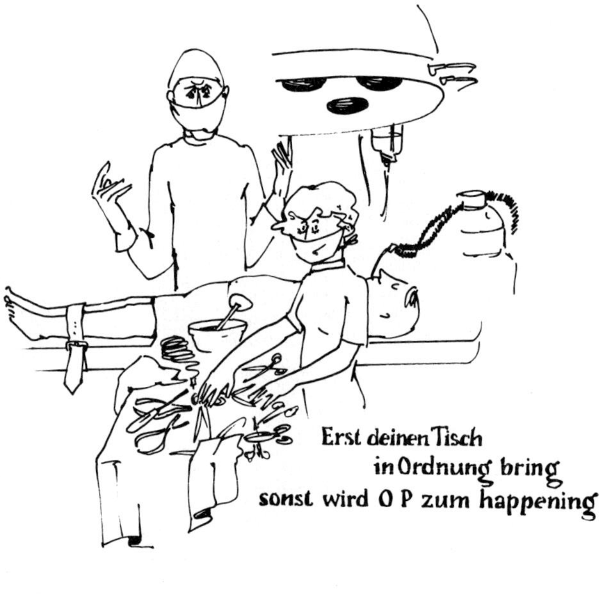
Erst deinen Tisch
in Ordnung bring
sonst wird O P zum happening

Gefäßchirurgie

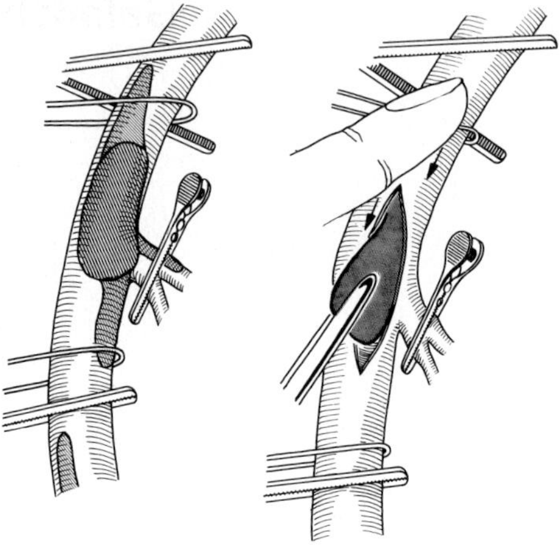

direkte Embolektomie

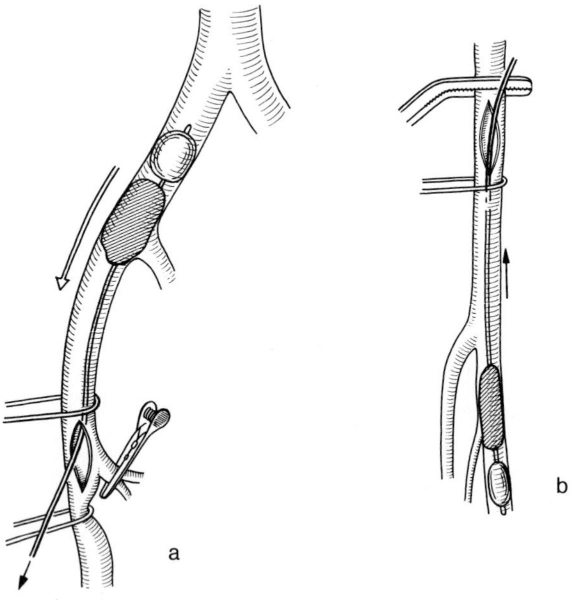

indirekte Embolektomie
a) orthograde Embolektomie
b) retrograde Embolektomie
(nach Podlaha)

Embolektomie

Die Lagerung des Patienten richtet sich nach dem Ort des Eingriffs. Ein Embolus kann durch das direkte oder indirekte Verfahren operativ entfernt werden. In der Praxis werden häufig beide Methoden kombiniert, wie es nachfolgend beschrieben wird. Bei der *direkten Embolektomie* wird die betroffene Arterie in unmittelbarem Bereich des Embolus so weit freipräpariert und mobilisiert, daß proximal der geplanten Arteriotomie ein Zügel gelegt und distal eine Gefäßklemme gesetzt werden kann. Eröffnung der Arterie über dem Embolus durch Querschnitt oder kurzen Längsschnitt, Fassen des Embolus mit einer atraumatischen Pinzette und Extraktion, wobei die Arterie mit einem Finger zur Arteriotomiewunde hin ausgestrichen wird. Häufig werden der Embolus und proximal liegende Appositionsthromben durch die Kraft der Pulswelle ausgetrieben. Die Blutung wird durch Zug am kranialen Zügel kontrolliert. Läßt sich der Embolus auf diese Weise nicht entfernen, wird ein Fogarty-Katheter in Gegenstromrichtung (orthograd) eingeführt, der Ballon gefüllt und der Katheter zurückgezogen. Dieser Vorgang wird so lange wiederholt, bis eine kräftige Pulswelle die freie Durchgängigkeit des Gefäßes anzeigt. Dann wird der kraniale Zügel durch eine Klemme ersetzt und die kaudal gelegene Klemme abgenommen, um einen Fogarty-Katheter einführen zu können. Dieser wird soweit wie möglich in die Peripherie (retrograd) vorgeschoben, der Ballon gefüllt und zurückgezogen. Sind alle Appositionsthromben durch mehrfaches Wiederholen dieses Vorganges entfernt, setzt eine retrograde Blutung ein. Die Arteriotomie wird am Ende der Operation durch fortlaufende direkte Naht quer verschlossen. Wurde die Arterie durch einen Längsschnitt eröffnet, so ist zum Verschluß meistens eine Verbreiterungsplastik mit Eigenvene erforderlich.

Bei der *indirekten oder Fernembolie* wird die Arterie an einer gut zugänglichen Stelle freipräpariert und der Embolus nach Arteriotomie mit Hilfe eines intraluminal eingeführten Ballonkatheters wie oben beschrieben ortho- oder retrograd extrahiert.

BV-Kontrollen nach Kontrastmittelgaben während und am Ende der Operation geben Aufschluß über die Durchgängigkeit der Arterie.

1. 1 großes Skalpell
2. 1 kleines Skalpell
3. 2 chirurgische Pinzetten, Standard
4. 2 chirurgische Pinzetten, fein
5. 2 anatomische Pinzetten, Standard
6. 4 atraumatische Gefäßpinzetten
7. 2 Scheren, stumpf-stumpf, Standard, gebogen
8. 2 Scheren, stumpf-stumpf, fein, gebogen
9. 1 Gefäßschere, spitz, gerade
10. 4 Pean-Klemmen,gebogen
11. 4 Kocher-Klemmen
12. 8 Moskito-Klemmen, gebogen
13. 4 Overholt-Klemmen
14. 2 atraumatische Gefäßklemmen, groß
15. 2 atraumatische Gefäßklemmen, klein
16. 1 Wundspreizer, scharf, selbsthaltend
17. 2scharfe Wundhaken
18. 2 Langenbeck-Haken
19. 2 Roux-Haken
20. 2 Präpariertupferklemmen
21. 2 Kornzangen, gebogen
22. 2 Gefäßnadelhalter
23. 2 Nadelhalter
24. 1 Gefäß mit Tupfern
25. 1 Dose mit Nadeln und Nahtmaterial
26. 1 Elektrokauter
27. 1 Sauger
28. 6 Tuchklemmen
29. 1 Inzisionsfolie
30. 1 Embolektomie- bzw. Thrombektomiekatheter
31. 1 Spritze mit Aqua destillata
32. 1 Spritze mit Kontrastmittel
33. 1 Nelatonkatheter
34. 4 Siliconzügel
35. 1 Spieß mit Redondrainage
36. 1 Gefäß mit Paraffinöl

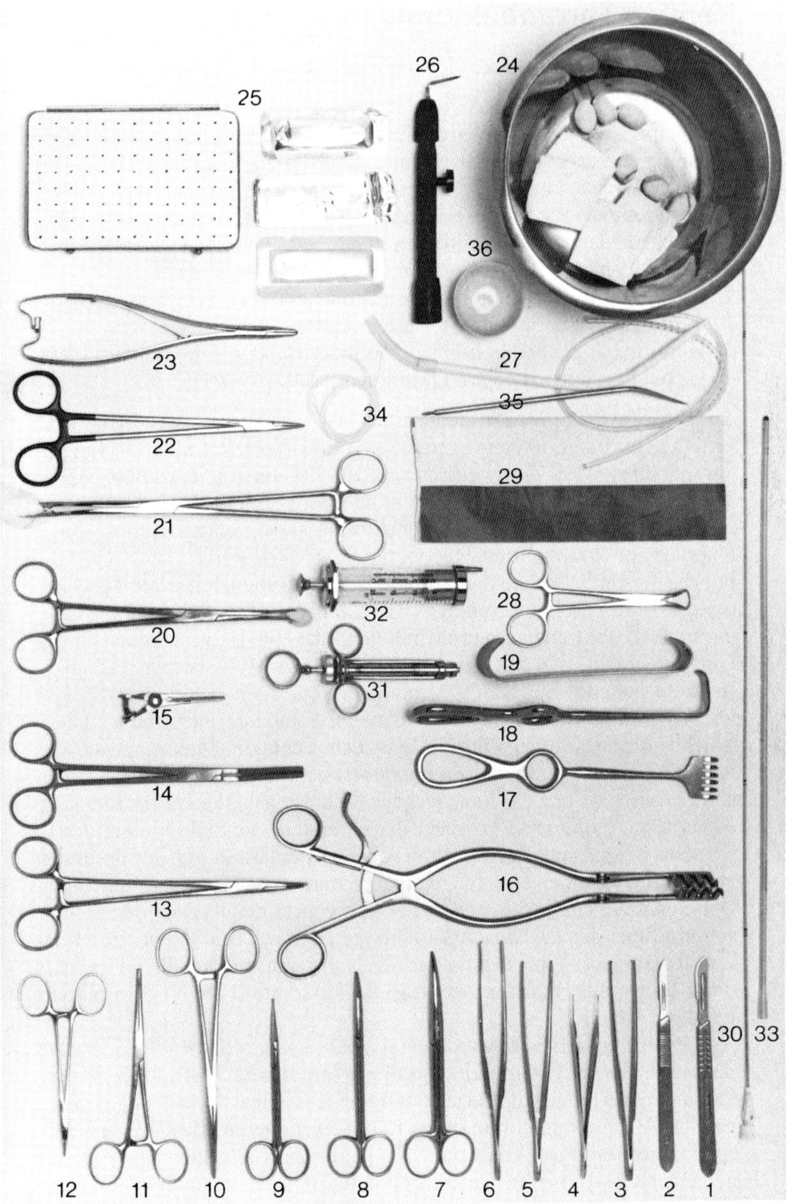
26
24
25
36
23
27
35
22
34
29
21
28
32
20
19
31
15
18
14
17
16
13
30
33
12
11
10
9
8
7
6
5
4
3
2
1

Venöse Thrombektomie

Die Indikation zur venösen Thrombektomie ist bei folgenden Krankheitszuständen gegeben:

1. Phlegmasia caerulea dolens. Dieser Krankheit liegt primär eine fulminante Thrombose aller Bein- und Beckenvenen (Oberflächliche Venen mit Seitenästen und tiefe Venen) zugrunde. Zur Blockade des venösen Gefäßschenkels kommt sekundär eine mehr oder weniger ausgeprägte Blockade der arteriellen Strombahn hinzu, so daß schließlich der Kreislauf in der betroffenen Extremität zum Erliegen kommt.
2. Ausgedehnte frische Thrombosen mit klinischer Symptomatik, vorausgesetzt, daß eine Lyse-Therapie kontraindiziert ist.
3. Unmittelbar drohende Lungenembolie, z.B. bei phlebographisch festgestelltem, flottierendem Thrombus der V. femoralis.

Zu 95% sind die operationsbedürftigen venösen Thrombosen in der Beckenetage und den unteren Extremitäten lokalisiert. Je früher der Eingriff durchgeführt wird, desto besser sind die Ergebnisse. Thrombosen, die älter als 7 Tage sind, sollten nicht mehr operiert werden. Voraussetzung für die Durchführung einer Thrombektomie ist die exakte Diagnose durch Doppler-Sonographie und Phlebographie.
Für die Thrombektomie der Becken- und Beinvenen, auf deren Beschreibung wir uns beschränken wollen, wird der Patient zur Vermeidung einer intraoperativen Lungenarterienembolie in die sog. „Anti-Trendelenburg-Lage" gebracht, d.h. mit deutlich angehobenem Oberkörper und abgesenktem Fußende auf dem Operationstisch gelagert (Zeichnung S. 172). Die Operation wird in Intubationsnarkose mit intermittierender Überdruckbeatmung durchgeführt. Als weitere Schutzmaßnahme gegen das Auftreten einer intraoperativen Lungenembolie beginnen manche Chirurgen den Eingriff mit der Einlage eines Okklusionskatheters zur Blockade der unteren Hohlvene. Dazu legt der Operateur die Einmündung der V. saphena magna mit ihren proximalen Kollateralästen auf der gesunden Seite frei, wozu er einen schrägen Hautschnitt in der Fossa ovalis benützt. Dann eröffnet er einen Seitenast der V. saphena magna oder den Hauptstamm, führt den Okklusionskatheter ein, den er bis in die untere Hohlvene vorschiebt. Wird der Ballon mit Kontrastmittel gefüllt, so kann er unter Bildwandlerkontrolle exakt in der Bifurkation der V. cava plaziert werden (Abb. 3.**1**).
Auf der erkrankten Seite werden von einem längs verlaufenden Schnitt in der Leiste aus die V. femoralis communis und superficialis und die V. profunda femoris freigelegt und jeweils mit einem Zügel doppelt angeschlungen. Die V. femoralis communis wird mit einer queren oder längsgerichteten Inzision eröffnet (Venotomie) und ein Fogarty-Katheter nach kranial in die Beckenstrombahn eingeführt. Beim Erreichen der unteren Hohlvene wird der Ballon gefüllt und zur Leiste zurückgezogen, wobei der Anästhe-

sist durch Druckbeatmung für eine Erhöhung des Venendruckes Sorge trägt. Der Vorgang, der im übrigen der retrograden arteriellen Embolektomie ähnelt (S. 167), wird so lange wiederholt, bis alle Thromben beseitigt sind und ein kräftiger Blutrückfluß einsetzt. Nach Spülung der Beckenvenen mit Heparinlösung (5000 IE/100 ml physiologische Kochsalzlösung) überzeugt sich der Operateur durch eine Kontrastmitteldarstellung unter BV-Kontrolle ggf. auch durch Angioskopie, vom Erfolg seiner Bemühungen. Sind keine Thromben mehr nachweisbar, wird das Lumen der V. femoralis communis proximal der Venotomie durch Zug an dem zu Beginn der Operation plazierten Zügel verschlossen, die Zügel an der V. femoralis superficialis und V. profunda femoris werden geöffnet und die Thromben im femoropoplitealen und immer auch kruralen Bereich durch die Anwendung externer Kompression entfernt.
Beginnend bei den Zehen bis zum proximalen Oberschenkel fortfahrend wird das Bein mit einer stramm angelegten Martin-Binde ausgewickelt und dabei Blutgerinnsel exprimiert. Dasselbe kann auch mit bimanuellem kräftigem Ausstreichen der Extremitätenweichteile versucht werden. Wir verwenden dazu ein längsgefaltetes, kreuzweise angelegtes Tuch, das vom Vorfuß beginnend zugezogen, gelockert und entsprechend vorgeschoben, dann erneut zugezogen wird, bis der Oberschenkel erreicht ist. Dieses Verfahren ist wirkungsvoll und schonend. Bei gutem Blutrückstrom wird nach Anziehen der zuvor gelockerten Zügel (s.o.) die Venotomie durch Naht geschlossen.
Zur Erhaltung der Durchgängigkeit der Beckenvenen wird bei älteren Beckenvenenthrombosen mit inkompletter Desobliteration und bei Vorliegen eines sog. Venensporns für 3 Monate eine arteriovenöse Fistel angelegt, um einen erhöhten Blutstrom durch die betroffenen Venenabschnitte zu gewährleisten.

Instrumentarium S. 168f.
(zusätzlich 1 Okklusionskatheter ohne Abb.)

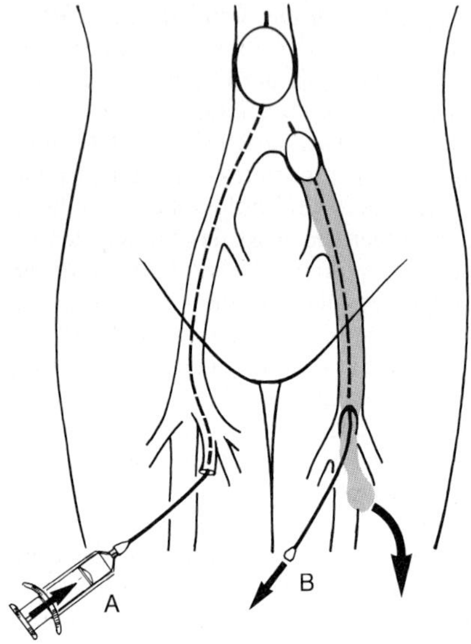

Abb. 3.**1** A: Einführen eines Okklusionskatheters zur Blockade der unteren Hohlvene von der gesunden Seite aus. Mit dieser Maßnahme soll einer intraoperativen Lungenembolie vorgebeugt werden
B: Thrombektomie der Beckenstrohmbahn mit Fogarty-Katheter (nach Müller-Wiefel)

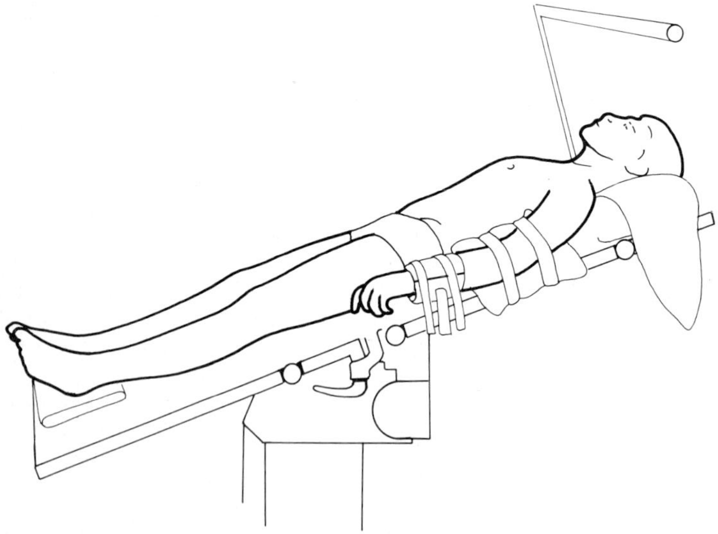

Anti-Trendelenburg-Lage

Arteriendesobliteration

Der Ausdruck Desobliteration bedeutet soviel wie „Ausräumung von Verstopfungen“ (lat. obliteratio). Durch den Eingriff, der synonym als Thrombendarteriektomie (TEA) oder als Ausschälplastik bezeichnet wird, soll das Lumen eines arteriosklerotisch verengten oder verschlossenen Arterienabschnittes durch Ausschälen der Wandveränderungen wieder durchgängig gemacht werden. Der Eingriff ist indiziert bei kurzstreckigen Verschlüssen, die in den nachgeschalteten Arterienabschnitten einen guten Abfluß zur Peripherie hin (Run off) besitzen müssen.

Als günstige Lokalisationen für die Operation gelten kurze Abschnitte der Beckenarterien (A. iliaca communis und A. iliaca externa), kurzstreckige Verschlüsse der A. femoralis superficialis und solche im Bereich der A. carotis interna.

Die Voraussetzungen zur Desobliteration beruhen auf folgenden pathologisch-anatomischen Gegebenheiten: Die Wand der erkrankten Arterie besteht aus einer gesunden, nicht veränderten Außenschicht und einer erkrankten, teils nekrotischen, teils atheromatös veränderten Innenschicht mit Verkalkungen. Eine Spaltschicht grenzt die beiden Wandabschnitte voneinander ab. Bei der Operation wird nach Eröffnung der Arterie in dieser Spaltschicht das veränderte Endarterium entfernt. Wichtig ist, daß nach dem Eingriff das Lumen des distalen Gefäßabschnittes frei durchgängig ist, daß an der Abtragungsstelle der Innenschicht weder eine Stufe entsteht, noch das Flottieren von Anteilen des Endarteriums im freien Blutstrom möglich ist. Die Desobliteration kann als offenes oder halbgeschlossenes Verfahren angewendet werden. Die *offene Desobliteration* wird bei kurzstreckigen Arterienstenosen im Bereich der Karotisgabel, der Aortenbifurkation und der A. femoralis superficialis durchgeführt. Der betroffene Arterienabschnitt wird in ganzer Länge freigelegt und in diesem Ausmaß längs inzidiert. Das veränderte Endarterium wird mit einem feinen Raspatorium bis in die gesunde Arterienwand hinein ausgeschält. Der Operateur achtet darauf, daß diese Manipulation peripheriewärts bis mindestens 6 mm unterhalb der letzten Veränderung fortgesetzt wird. Nach Abtrennung der Innenschicht wird ggf. der distale Stumpf des Endarteriums mit der Arterienwand vernäht. Die Arteriotomie wird mit einer Verbreiterungsplastik aus patienteneigener Vene verschlossen. Bei Eingriffen oberhalb des Leistenbandes wird statt Venenwand ein Patch aus expandiertem Teflon oder gestricktem Dacron verwendet.

Die *halbgeschlossene Desobliteration* ist bei längerstreckigen Verschlüssen, besonders an den Beckenarterien angezeigt. Der Eingriff sollte nur ausnahmsweise im Bereich der A. femoralis superficialis vorgenommen werden, da sich hier derzeit die Langzeitresultate noch nicht mit denen der Bypassoperationen messen können. Die betroffene Arterie wird am Beginn und am Ende des Verschlusses oder der Stenose freigelegt und jeweils an diesen Stellen durch kurze Längsinzisionen eröffnet. Das Endarterium wird freipräpariert und der Abschnitt zwischen den Arteriotomien mit Strippern nach Vollmar in der Modifikation nach Donders entfernt. Nach Spülung der Arterie und ihrer Röntgendarstellung mit Kontrastmittel werden die Arteriotomien mit Verbreiterungsplastiken verschlossen.

Instrumentarium S. 168f
(zusätzlich 1. 1 Satz Ringstripper, 2. 1 Gefäßelevatorium).

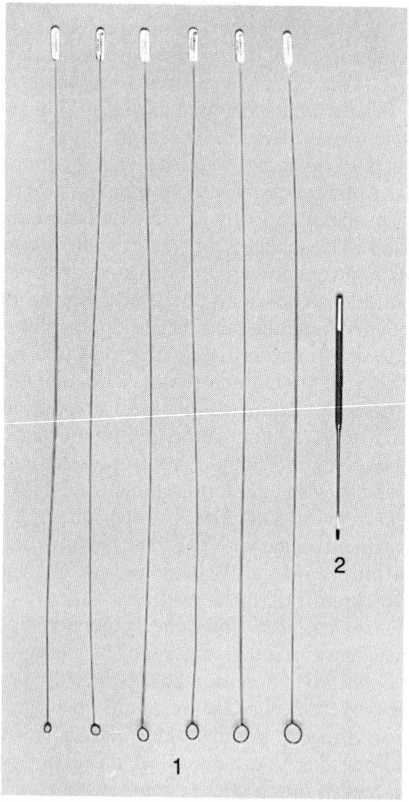

Arteriendilatation nach Dotter-Grüntzig

Indikation: Kurzstreckige Arterienstenosen oder Verschlüsse im Bereich der Becken-, Femoral-, Nieren- und Koronararterien sowie der A. carotis interna, wobei der Eingriff an diesem Gefäß wegen der Gefahr einer zerebralen Embolie umstritten ist. Die Wandveränderungen sollten keine oder nur geringfügige Kalzifikation aufweisen. Je früher der Eingriff durchgeführt wird, desto besser sind die Ergebnisse. Arterienverschlüsse sollen nicht länger als 6 Monate zurückliegen.
Der Eingriff ist schonend und die Patienten erholen sich rasch, auch Multimorbide können behandelt werden.
Verfahrensweise:

1. Perkutane Arterienpunktion oder operative Freilegung meist der A. femoralis in der Leistengegend.
2. Unter BV-Kontrolle Einführung eines Führungskatheters in Richtung der Stenose oder des Verschlusses mit oder gegen den Blutstrom bis die Wandveränderungen überwunden sind.
3. Über den Führungskatheter wird ein Katheter mit aufblasbarem Ballon nachgeschoben.
4. Durch kurze Füllung des Ballons mit Kontrastmittel werden unter BV-Kontrolle die atheromatösen Massen oder Thromben in die Wand der Arterie gepreßt und so die Durchgängigkeit des Gefäßes erzielt.
5. Ist durch eine Angiographie der Erfolg des Eingriffes erwiesen, werden Katheter und Führungskatheter entfernt.
6. Die Blutung des Gefäßes nach perkutaner Punktion wird durch Kompression gestillt. Wurde die Arterie operativ freigelegt, so sind Gefäßnaht und Wundverschluß erforderlich.

Die erweiterten Anwendungsmöglichkeiten dieses Eingriffes sind folgende:

1. Dilatation der zu- und abführenden Gefäße im Verlauf einer Gefäßrekonstruktion.
2. Intraoperative Lyse mit nicht systemwirksamen Mengen von Streptase oder Urokinase.
3. Öffnen atheromatöser Stenosen mit einem Spezialkatheter, der an der Spitze einen schalenförmigen, beweglichen Bohrer trägt.
4. Verdampfung von Gefäßverschlüssen durch Laserstrahlen.

Ergebnisse:

1. Die Arteriendilatation nach Dotter-Grüntzig ist in 5-20% nicht durchführbar:
   Entweder gelingt die Arterienpunktion nicht, oder das Ballonkathetersystem läßt sich nicht in gewünschter Lage einführen, oder die Stenosen oder Verschlüsse können nicht überwunden werden.

2. 50-70% der dilatierten Gefäße bleiben langjährig durchgängig.

Mögliche Komplikationen:

1. Große Hämatome an der Punktionsstelle, die ggf. revidiert werden müssen.
2. Arterienwanddissektionen sind meist harmlos, können aber auch zu Verschlüssen oder falschen Aneurysmen führen.
3. Periphere Embolisationen des atheromatösen Gefäßinhaltes können eine Embolektomie notwendig machen.

Instrumentarium S. 168f
(statt des Embolektomie- bzw. Thrombektomiekatheters 1 Dilatationskatheter).

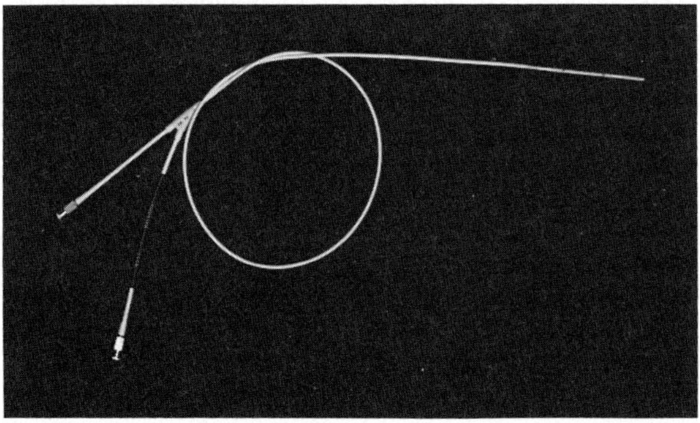

Venenbypass

Pathologisch veränderte Gefäßstrecken größerer Arterien können durch einen geeigneten Gefäßersatz umgangen werden *(Bypass)*, wozu körpereigene Venen oder Prothesen aus künstlichem Material dienen. Die Verwendung körpereigener Venen bietet u.a. folgende *Vorteile:* gutes Einheilen ohne Fremdkörperreaktion, geringere Infektionsgefährdung und Thromboseneigung. *Nachteile:* Es steht nicht immer eine autogene Vene von gewünschter Länge, Qualität und ausreichendem Kaliber zur Verfügung. Venen sind für den Ersatz großkalibriger Arterien – Aorta, Aa. iliacae – ungeeignet.

Die Lagerung des Patienten richtet sich nach dem Ort des Eingriffs. *Der femoropopliteale Bypass,* dessen Schilderung als Beispiel dienen soll, wird in Rückenlage vorgenommen. Das Kniegelenk des betroffenen Beines ist durch eine untergeschobene Polsterrolle leicht gebeugt (20 Grad), und das Bein wird nach außen rotiert gelagert.

Die erste Inzision wird unterhalb des Kniegelenkes innenseitig angelegt, um die distale A. poplitea freipräparieren zu können. Die zweite Inzision in der Leistengegend gewährt den Zugang zur gemeinsamen, oberflächlichen und tiefen Schenkelarterie. Dient die V. saphena magna der gleichen Seite als Gefäßersatz, so wird von hier aus die Einmündung in die V. femoralis freipräpariert und nach Unterbindung aller Kollateralen durchtrennt. Von zusätzlichen im Verlauf der Vene angelegten Inzisionen aus wird diese schonend freipräpariert, alle Kollateralen unterbunden und schließlich in gewünschter Länge entnommen, wobei zu bedenken ist, daß sich die Vene nach Entnahme um ein Drittel verkürzt. Der auftretende Gefäßspasmus wird durch Überdruckspülung mit heparinisiertem Eigenblut aufgehoben. Nach Markierung des proximalen und distalen Endes wird das Transplantat in heparinisiertem Eigenblut aufbewahrt. Als nächster Schritt erfolgt die Anlage eines Gewebetunnels, wobei das Gewebe von den Inzisionen her mit dem Finger gelockert und der restliche Weg mit Hilfe eines Untertunnelungsgerätes gebahnt wird. Ist der Kanal weiträumig und glatt, so wird die periphere Anastomose unterhalb der letzten Stenose der Stammarterie zwischen dieser und dem um 180 Grad gedrehten Venentransplantat End-zu-Seit hergestellt. Das Venentransplantat wird prall mit heparinisiertem Eigenblut gefüllt und so durch den Gewebetunnel geführt, daß keine Rotation entsteht. Dann wird dieses entfernt, ebenso der Führungskatheter. Es erfolgt die Anlage der zentralen Anastomose, entweder End-zu-Seit mit der A. femoralis communis oder End-zu-End mit dem Beginn der A. femoralis superficialis. Dann werden Redondrainagen in die Operationsgebiete eingelegt und die Wunden schichtweise geschlossen.

Instrumentarium wie bei der Bypassoperation mit Kunststoffprothese (S. 182f)

Instrumentarium auf einem Zusatztisch für die Vorbereitung des Transplantats:

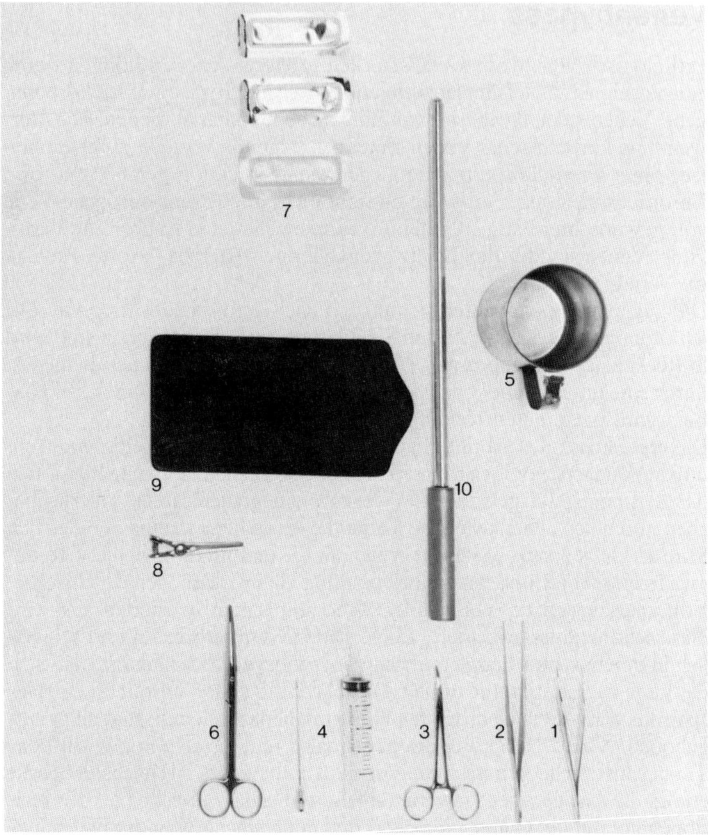

1. 2 chirurgische Pinzetten, fein
2. 2 atraumatische Gefäßpinzetten
3. 6 Moskito-Klemmen
4. 1 Spritze mit Knopfkanüle
5. 1 Gefäß mit Lösung
6. 1 Schere, stumpf-stumpf, Standard
7. Nahtmaterial
8. 1 Gefäßklemme, klein
9. 1 Holzbrett
10. 1 Untertunnelungsgerät

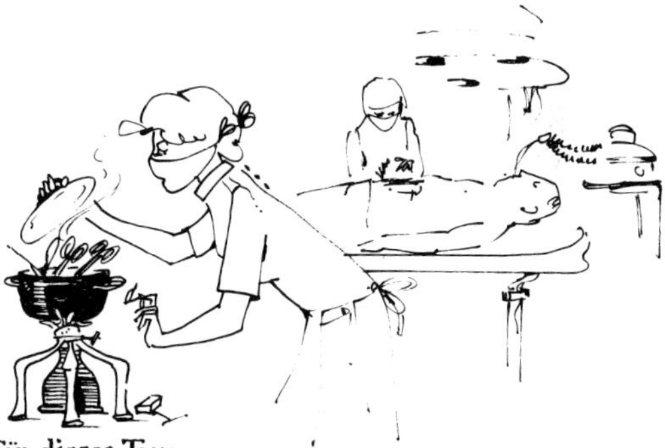

Für dieses Tun
braucht es kein Reimchen...

es freuen sich
die kleinen Keimchen.

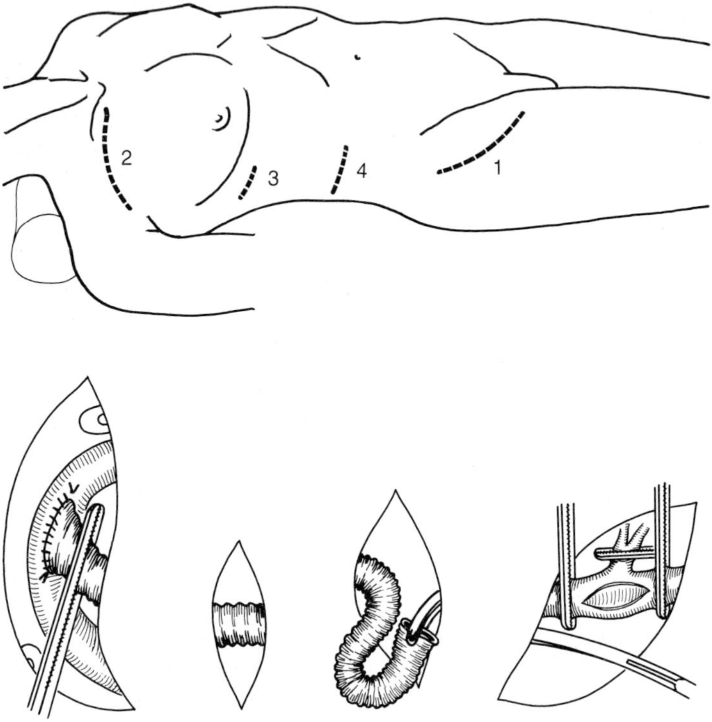

2 3 4 1

Der axillo-femorale Bypass:
1. A. femoralis im Bereich der A. profunda femoris.
2. A. subclavia mit bereits angelegter Anastomose.
3. u. 4. Inzisionen in der seitlichen Thoraxwand zur Anlage des Gewebetunnels für die Kunststoffprothese.

(nach Podlaha)

Bypass mit Kunststoffprothese

Kunststoffprothesen sind nur für die Implantation in großkalibrige Arterien bei guten Strömungsverhältnissen geeignet und sollten nur in Ausnahmefällen in der Peripherie unterhalb des Leistenbandes eingesetzt werden. *Vorteile:* Länge und Lumen der Prothese können nach Bedarf gewählt werden, ihr Gebrauch verkürzt die Operationsdauer, die Technik der Anastomosennaht ist einfacher als bei Venentransplantaten. *Nachteile:* Die Prothese darf nur in Arterien mit großem Lumen eingesetzt werden. Der Prothesendurchmesser schränkt sich später durch Bildung einer Pseudointima um 2–4 mm ein. Die anfängliche Porosität bestimmter Prothesenarten führt trotz „Preclotting" zu größeren Blutverlusten als bei Venentransplantationen, ebenso ist Thrombosetendenz und Infektionsrisiko gesteigert. (Preclotting: Behandlung der Prothese vor Implantation in Eigenblut. Fibrinablagerungen im Porenbereich soll biologische Versiegelung erzielen.) Überschreitet eine Prothese gut bewegliche Gelenke, so müssen Spezialprothesen gewählt werden (Prothesen mit Ringverstärkung oder halbbiologische Prothesen). Prothesenträger müssen eine langfristige Prophylaxe mit Antikoagulantien oder wenigstens mit Aggregationshemmern auf sich nehmen.

Als Beispiel für die Verwendung von Gefäßprothesen sei der *axillofemorale Bypass* beschrieben, eine Palliativoperation bei Kranken, die sich wegen schlechtem Allgemeinzustand keinem größeren Eingriff (z.B. Ersatz der Aortenbifurkation) unterziehen können.

Der Patient wird auf dem Rücken gelagert. Die Schultern sind durch eine Polsterrolle so weit gehoben, daß Kopf und Hals stark rekliniert werden können. Der Kopf wird zur Seite gedreht, das Gesicht ist vom Operationsfeld abgewendet. Die erste Inzision unterhalb des Leistenbandes ermöglicht die Freilegung der A. femoralis im Bereich des Abgangs der A. profunda femoris. Nach Unterbrechung des Kreislaufes durch geeignete Klemmen wird die Schenkelarterie eröffnet und die Wandverhältnisse geprüft. Je nach Befund muß desobliteriert werden. Von der zweiten unterhalb der Klavikula angelegten Inzision aus wird die A. axillaris dargestellt. Zur Anlage des Gewebetunnels, durch den die Prothese läuft, die die Axillararterie mit der Femoralarterie verbindet, werden 2–3 Inzisionen in die seitliche Thorax- und Bauchwand gelegt. Nun kann die Prothese mit der A. axillaris End-zu-Seit bei querem Prothesenlumen anastomosiert werden. Das freie Prothesenende wird stufenweise von Inzision zu Inzision durch den Gewebetunnel bis zur Leistenschnittwunde geführt und mit der A. femoralis im Bereich des Abgangs der tiefen Schenkelarterie End-zu-Seit anastomosiert. Schichtweiser Verschluß der verschiedenen Operationswunden nach Einlegen von Redondrainagen.

1. 2 große Skalpelle
2. 2 kleine Skalpelle
3. 2 chirurgische Pinzetten, Standard
4. 2 chirurgische Pinzetten, fein
5. 2 anatomische Pinzetten, Standard
6. 4 atraumatische Gefäßpinzetten
7. 2 Scheren, stumpf-stumpf, Standard, gebogen
8. 2 Scheren, stumpf-stumpf, fein, gebogen
9. 2 Gefäßscheren, gerade, spitz
10. 4 Pean-Klemmen,gebogen
11. 4 Kocher-Klemmen
12. 8 Moskito-Klemmen, gebogen
13. 4 Overholt-Klemmen
14. 2 große Wundspreizer, scharf, selbsthaltend
15. 2 scharfe Haken
16. 2 Langenbeck-Haken
17. 2 Roux-Haken
18. 1 Gefäß mit Tupfern
19. 2 Präpariertupferklemmen
20. 2 Kornzangen, gebogen
21. 2 Nadelhalter
22. 2 Gefäßnadelhalter
23. 4 atraumatische Gefäßklemmen, lang
24. 4 atraumatische Gefäßklemmen, klein
25. 1 Dose mit Nadeln und Nahtmaterial
26. 1 Gefäß mit Liqueminlösung
27. 2 Spritzen, 20 ml, mit Knopfkanülen
28. 1 Elektrokauter
29. 1 Sauger
30. 10 Tuchklemmen
31. 1 Inzisionsfolie
32. 8 Siliconzügel
33. 1 Gefäßprothese
34. 2 Spieße mit Redondrainagen

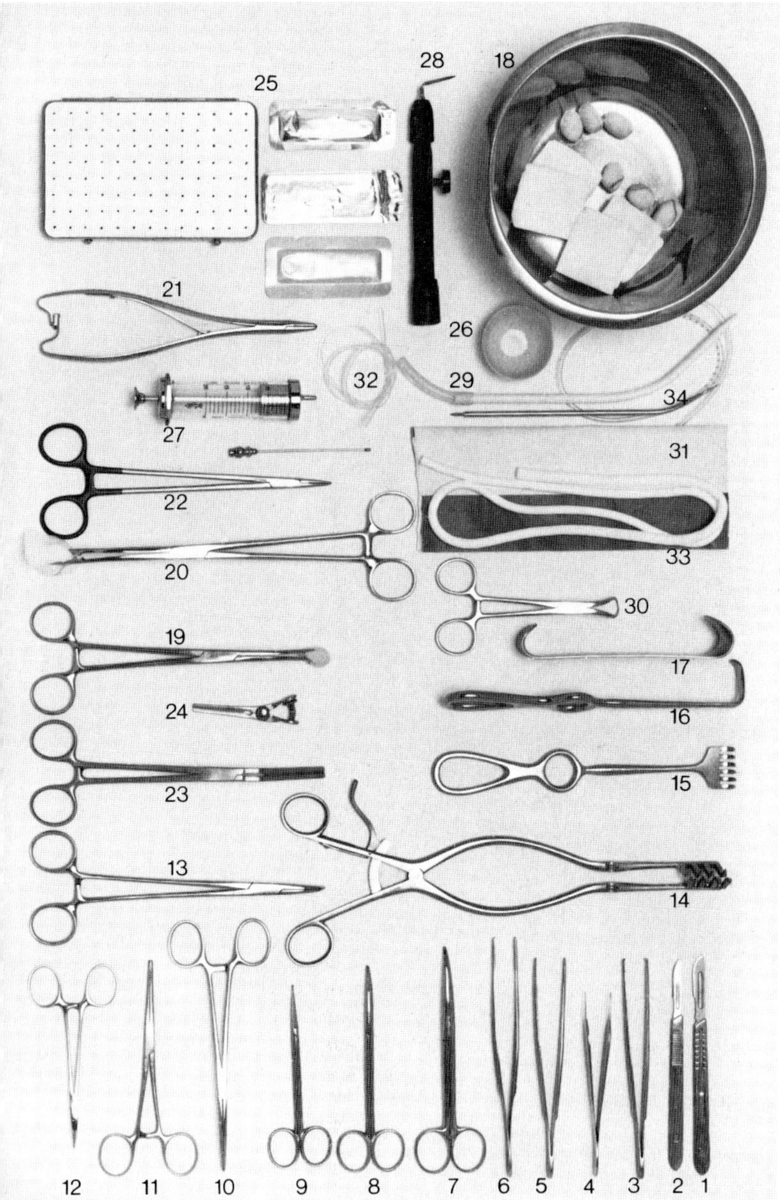
28
18
25
21
26
32
29
34
27
31
22
20
33
30
19
17
24
16
15
23
13
14
12
11
10
9
8
7
6
5
4
3
2
1

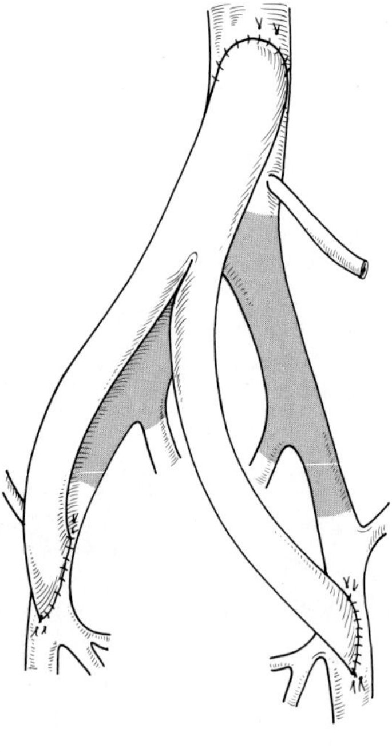

(nach Podlaha)

Bypass der Aortenbifurkation

Obliterationen im Bereich der distalen Aorta und beider Iliakalgefäße machen ihre Umgehung notwendig. *Der Bypass wird zwischen Aorta* und den Aa. iliacae bzw. den *Schenkelarterien* in den Bereich ihrer jeweiligen Aufzweigung – oberflächliche und tiefe Femoralarterie – gelegt.
Der Patient liegt auf dem Rücken, der Oberkörper ist nach hinten überstreckt. Von einer beiderseitigen, bogenförmigen, oberhalb oder unterhalb des Leistenbandes gelegten Inzision aus wird das Versorgungsgebiet der Schenkelarterien dargestellt. Ist die Beschaffenheit der Gefäße so, daß der geplante Eingriff durchführbar ist, so wird die Leibeshöhle eröffnet. Dieser Schnitt beginnt median im Oberbauch, umfährt paramedian den Nabel auf der linken Seite und wird wieder in der Mittellinie in den Unterbauch fortgesetzt. Nach Eröffnung des Abdomens wird der Dünndarm nach rechts abgedrängt und mit feuchten Kompressen in dieser Position gehalten. Das Peritoneum der hinteren Bauchwand wird über der Aorta in ganzer Länge gespalten und nach beiden Seiten abgeschoben. Bei der nun folgenden Freilegung der Aorta oberhalb des Abgangs der A. mesenterica inferior gilt es, die aus der Aorta entspringenden Arterien zu schonen und den Verlauf des Ureters zu beachten. Auch die beiden Aa. iliacae werden so weit dargestellt, daß wie an der Aorta Gefäßklemmen zur Unterbrechung der Zirkulation gelegt werden können. Um einer Stenose der Aortenanastomose vorzubeugen, wird ein Teil der starren vorderen Aortenwand exzidiert, am besten zwischen dem Abgang der Nierenarterien und der A. mesenterica inferior. Die Länge des Exzidats soll dem Längendurchmesser der seitlich angeschrägten Prothese entsprechen, die hier anastomosiert wird. Nach Anlage der Gewebetunnel zur Leistengegend wird die End-zu-Seit-Anastomose zwischen Aorta und Prothese hergestellt, nachdem die Prothese ggf. durch „Preclotting" dicht gemacht wurde. Nach Durchzug eines Prothesenastes durch den entsprechenden Gewebetunnel wird die End-zu-Seit-Anastomose zwischen Prothese und A. femoralis angelegt. Dann kann der Kreislauf auf dieser Seite freigegeben und mit dem noch nicht anastomosierten Prothesenast analog verfahren werden.

1. 3 große Skalpelle
2. 3 kleine Skalpelle
3. 2 kleine Skalpelle, lang
4. 2 chirurgische Pinzetten, Standard
5. 2 chirurgische Pinzetten, fein
6. 2 chirurgische Pinzetten, lang
7. 2 chirurgische Pinzetten, lang, fein
8. 2 anatomische Pinzetten, Standard
9. 2 anatomische Pinzetten, lang
10. 4 atraumatische Gefäßpinzetten
11. 4 atraumatische Gefäßpinzetten, lang
12. 2 Scheren, stumpf-stumpf, Standard, gebogen
13. 2 Scheren, stumpf-stumpf, lang, gebogen
14. 2 Scheren, stumpf-stumpf, fein, lang, gebogen
15. 2 Scheren, stumpf-stumpf, fein, Standard, gebogen
16. 2 Gefäßscheren, lang
17. 10 Pean-Klemmen, gebogen
18. 10 Kocher-Klemmen
19. 4 Mikulicz-Klemmen
20. 10 Moskito-Klemmen, gebogen
21. 4 Overholt-Klemmen
22. 2 Overholt-Klemmen, extra-lang
23. 2 große Wundspreizer, scharf, selbsthaltend
24. 2 scharfe Haken
25. 2 Langenbeck-Haken
26. 2 Roux-Haken
27. 2 Bauchwandhaken
28. 2 Leberhaken
29. 2 Haken, tief, schmal
30. 1 Bauchwandrahmen mit Haken, ohne Abb.
31. 2 Gefäße mit Tupfern und Bauchrollen
32. 2 Präpariertupferklemmen
33. 2 Kornzangen, gebogen
34. 2 Nadelhalter
35. 2 Gefäßnadelhalter
36. 6 atraumatische Gefäßklemmen, lang
37. 6 atraumatische Gefäßklemmen, klein
38. 1 Dose mit Nadeln und Nahtmaterial
39. 1 Gefäß mit Liqueminlösung
40. 2 Spritzen, 20 ml, mit Knopfkanülen
41. 1 Elektrokauter
42. 2 Sauger
43. 10 Tuchklemmen
44. 1 Inzisionsfolie
45. 10 Siliconzügel
46. 1 Bifurkationsprothese
47. 3 Spieße mit Redondrainagen

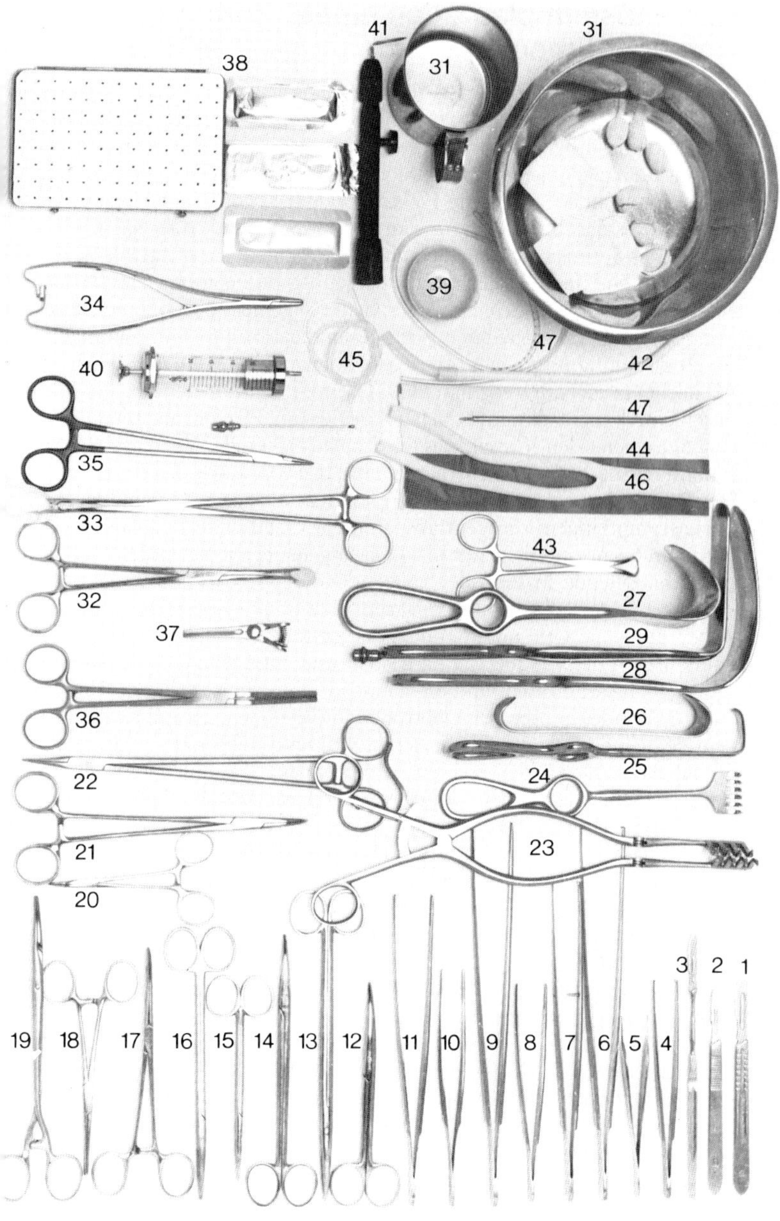
41
31
31
38
34
39
47
40
45
42
47
44
35
46
33
43
32
27
37
29
28
36
26
25
22
24
23
21
20
3
2
1
19
18
17
16
15
14
13
12
11
10
9
8
7
6
5
4

Pervenöse Implantation eines Herzschrittmachers

Bei bestimmten Herzrhythmus- und Reizleitungsstörungen ist durch die Implantation eines elektrischen Mikroimpulsgebers eine erfolgreiche Dauerbehandlung möglich. Alle gegenwärtigen Schrittmachersysteme bestehen aus dem eigentlichen Schrittmachergerät (Impulsgeber) und der Elektrode (Impulsüberträger). Die Elektrode kann im oder am Herzmuskel befestigt werden (myo- oder epikardiale Stimulation), oder sie wird in Form eines Stimulationskatheters über eine Vene in die rechte Herzkammer eingeführt (endokardiale oder pervenöse Stimulation). Die letztere Methode ist ihrer Einfachheit wegen heute allgemein üblich. Eine gleichzeitige Stimulation des rechten Vorhofes und der rechten Herzkammer ist durch die Einführung eines Zweielektrodensystems (DDD) möglich.
Als leicht erreichbare Venen im Hals-Thorax-Bereich bieten sich die linke und rechte V. cephalica und die Jugularvenen an. Der Zugang über die V. cephalica bietet den Vorteil, daß für das Aufsuchen der Vene und für das Einbringen des Schrittmachergeräts eine Inzision ausreichend ist.
Der Patient liegt mit rekliniertem Kopf in Rückenlage auf einem Operationstisch mit langem röntgentransparentem Oberteil. In Lokalanästhesie wird durch eine unterhalb der Klavikula angelegte, auf die vordere Achselhöhle hinzielende Inzision der Sulcus deltoideopectoralis freigelegt und die hier im Regelfall verlaufende V. cephalica freipräpariert. Der periphere Anteil der Vene wird unterbunden, der zentrale Verlauf in Richtung der Mündung in die V. subclavia dargestellt und angeschlungen. Dann wird die V. cephalica eröffnet und die Elektrode eingeführt. Sollte die Einführung einer oder ggf. zweier Elektroden in die V. cephalica nicht möglich sein, so gelingt dies mit Hilfe eines Einführungssystems nach Punktion der V. subclavia. Durch den rechten Vorhof gelangt sie unter Bildwandlerkontrolle schließlich in den rechten Ventrikel, wo sie sich möglichst an der Spitze zwischen den Trabekeln fest verankern soll. Im Durchleuchtungsbild ist diese Position mit großer Wahrscheinlichkeit erreicht, wenn links neben der Wirbelsäule medial der linken äußeren Herzbegrenzung der Elektrodenkopf in den Zwerchfellschatten eintaucht. Die Elektrode liegt ideal, wenn die Spitze eine nickende, mit der Herzaktion synchrone Bewegung ausführt. Ergeben Messungen der Reiz- und Sensingschwelle befriedigende Werte, wird die Elektrode in die Zugangsvene fest eingebunden, sind sie dagegen unbefriedigend, muß der Elektrodenkopf so lange neu plaziert werden, bis die Messungen den Anforderungen entsprechen. Ist dieses Ziel mit viel Geduld erreicht, werden Impulsgeber und Elektrode miteinander verbunden und das Aggregat unter die Pektoralisfaszie verlagert. Die Restlänge der Elektrode wird hinter dem Aggregat in Schlingenform plaziert. Die Wunde wird dann dreischichtig verschlossen.

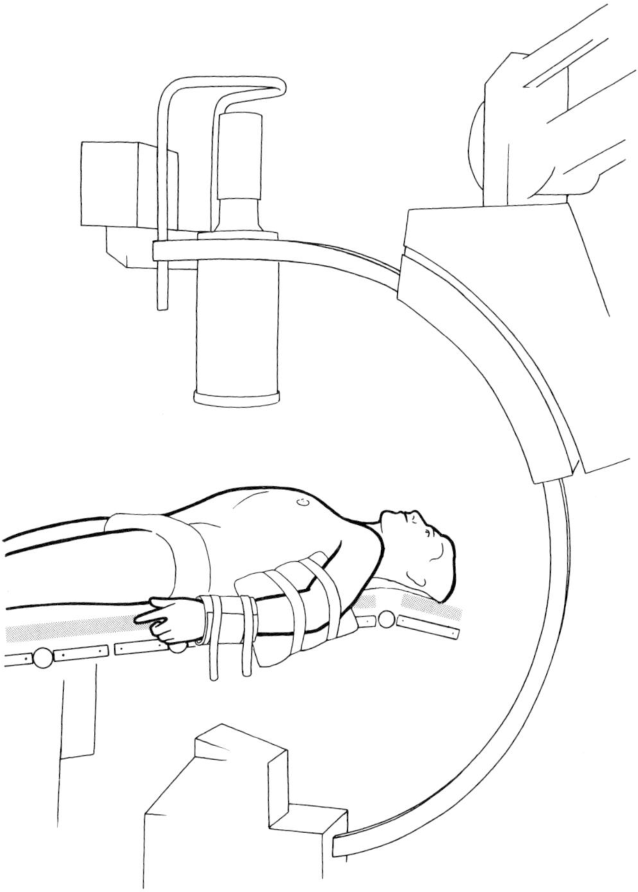

Lagerung für die pervenöse Implantation eines Herzschrittmachers

1. 1 großes Skalpell
2. 1 kleines Skalpell
3. 2 chirurgische Pinzetten, Standard
4. 2 chirurgische Pinzetten, fein
5. 2 atraumatische Gefäßpinzetten
6. 2 Scheren, stumpf-stumpf, Standard, gebogen
7. 2 Scheren, stumpf-stumpf, fein
8. 6 Moskito-Klemmen, gebogen
9. 4 Overholt-Klemmen
10. 2 scharfe Haken
11. 2 Langenbeck-Haken
12. 2 Präpariertupferklemmen
13. 2 Kornzangen, gebogen
14. 2 atraumatische Gefäßklemmen
15. 2 Gefäßnadelhalter
16. 2 Nadelhalter
17. 1 Gefäß mit Tupfern
18. 1 Gefäß mit Paraffinöl
19. 1 Dose mit Nadeln und Nahtmaterial
20. 1 Elektrokauter
21. 6 Tuchklemmen
22. 1 Selbsthaltehaken

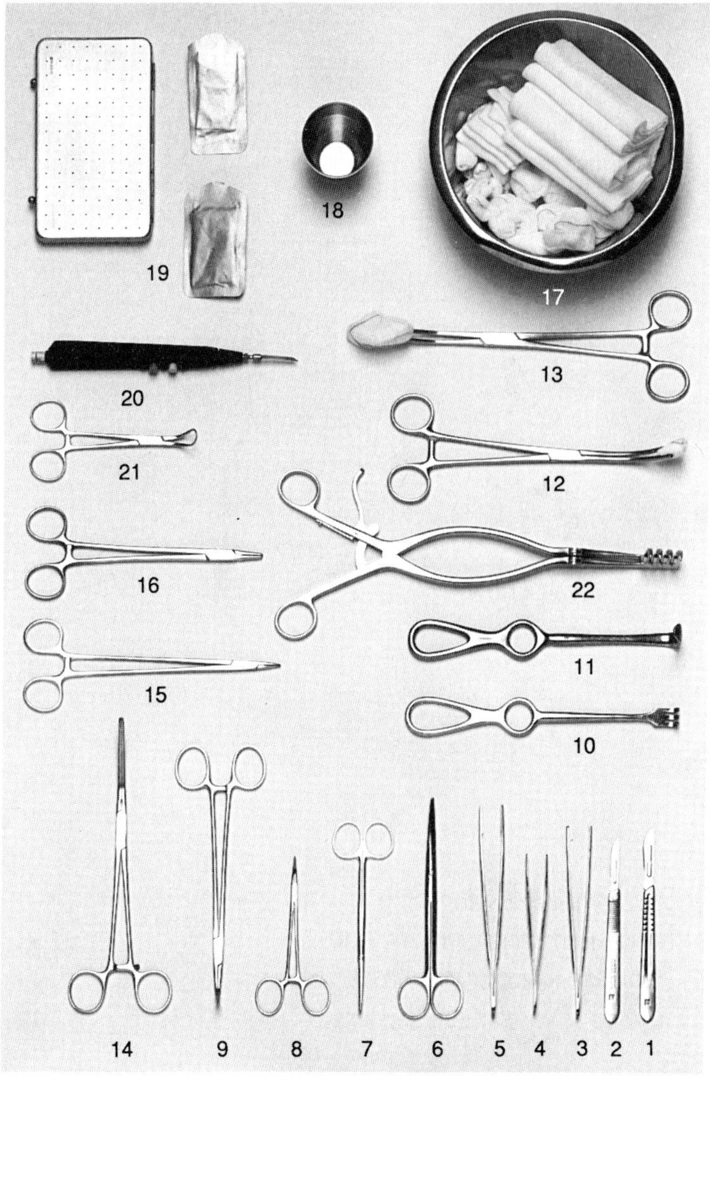
19
18
17
13
20
21
12
16
22
15
11
10
14
9
8
7
6
5
4
3
2
1

Varizen heilte Äskulap,
als es noch keine Spritzen gab.
Sparsam nutzte er das Messer,
War dies schlechter oder besser?

Saphenektomie

Am Abend vor der Operation werden die Verläufe der varikösen Venen, Varizenkonvolute und die Durchtrittsstellen insuffizienter Vv. perforantes mit einem farbfesten Filzstift an den Beinen des Patienten angezeichnet, der zuvor mindestens 5 Minuten gestanden hat. Der Eingriff, der in Rükkenlage vorgenommen wird, beginnt 2 cm oberhalb der Genitofemoralfalte mit einer 4–6 cm langen, schrägen Inzision medial vom tastbaren Puls der A. femoralis. Die Einmündungsstelle der V. saphena wird freipräpariert, die Kollateralen nach Ligatur durchtrennt. Ist die Einmündung an der V. femoralis deutlich sichtbar, erfolgt unmittelbar an dieser eine einfache oder doppelte Unterbindung. Nun wird die V. saphena zwischen dem Innenknöchel und der Sehne des M. tibialis anterior durch einen kleinen Querschnitt freigelegt, zwischen 2 Klemmen durchtrennt und der distale Stumpf unterbunden. Das proximale Lumen wird mit 2 feinen Arterienklemmen gefaßt, die Extraktionssonde (Stripper) eingeführt und leistenwärts vorgeschoben, bis sie in der oberen Inzisionswunde erscheint. Nachdem um den Oberschenkel eine Esmarch-Binde zur Blutleere angelegt ist, kann die Exhairese des Hauptstamms der V. saphena magna durchgeführt werden. Noch verbleibende Venenkonvolute werden von isolierten Querschnitten aus unterbunden und exzidiert, insuffiziente Verbindungen zwischen oberflächlichen und tiefen Venen (Vv. perforantes) isoliert aufgesucht und ebenfalls unterbunden und durchtrennt. Die Faszienlücken sind nach Möglichkeit durch Naht zu verschließen. Die Entfernung der Varizen der V. saphena parva erfolgt in der gleichen Sitzung. Nach Verschluß der Operationswunden im vorderen Beinbereich wird der Patient auf den Bauch umgelagert, die V. saphena parva knapp oberhalb des Außenknöchels freigelegt und nach distaler Unterbindung durchtrennt. In das proximale Gefäßlumen wird die Sonde kniekehlenwärts eingeschoben. An der Einmündungsstelle in die V. poplitea bzw. V. femoralis erfolgt nach Freilegung durch einen Querschnitt die Unterbindung, der Stamm wird in üblicher Weise gestrippt. Verbleibende Venenkonvolute und Vv. perforantes werden wie bereits beschrieben behandelt. Verschluß der Inzisionswunden, Anlegen eines Kompressionsverbandes und Aufheben der Blutleere.

1. 2 große Skalpelle
2. 2 kleine Skalpelle
3. 2 Skalpelle mit Sichelklingen
4. 2 chirurgische Pinzetten, Standard
5. 2 chirurgische Pinzetten, fein
6. 2 anatomische Pinzetten, Standard
7. 2 Scheren, stumpf-stumpf, Standard, gebogen
8. 2 Scheren, stumpf-stumpf, fein, gebogen
9. 10 Pean-Klemmen
10. 4 Kocher-Klemmen
11. 10 Moskito-Klemmen
12. 4 Overholt-Klemmen
13. 2 große Wundspreizer, scharf, selbsthaltend
14. 4 scharfe Haken
15. 4 Langenbeck-Haken
16. 1 Gefäß mit Tupfern
17. 2 Präpariertupferklemmen
18. 2 Kornzangen, gebogen
19. 4 Nadelhalter
20. 2 Nadelhalter, fein
21. 1 Dose mit Nadeln und Nahtmaterial
22. 1 Elektrokauter
23. 6 Tuchklemmen
24. Venenstripper
25. 2 Esmarch-Binden
26. 1 Gefäß mit Paraffinöl

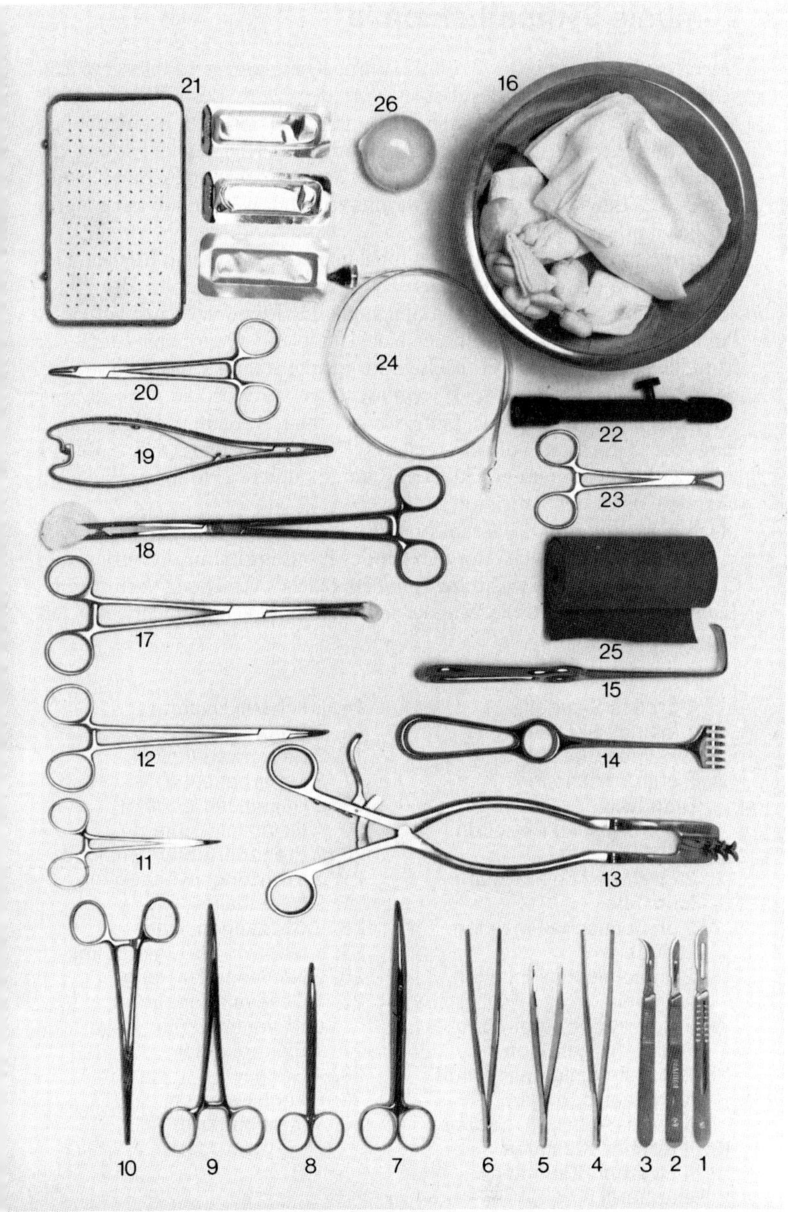
21
16
26
24
20
19
22
23
18
17
25
15
12
14
11
13
10
9
8
7
6
5
4
3
2
1

Lumbale Sympathektomie

Durch die Entfernung des 2. und 3. Lumbalganglions wird die sympathische Gefäßinnervation des Beines von der Mitte des Oberschenkels abwärts unterbrochen. Dadurch wird die Vasokonstriktion aufgehoben und wahrscheinlich auch durch Anregung von Kollateralenbildung die Durchblutung des Beines verbessert. Vor der Operation sollte durch medikamentöse Blockaden des Grenzstrangs ermittelt werden, ob der Eingriff erfolgversprechend ist.

Für den Eingriff liegt der Patient lumbal überstreckt auf dem Rücken. Der Tisch ist von der zu operierenden Seite weg seitlich gekippt. Der Hautschnitt beginnt an der vorderen Spitze der 12. Rippe und läuft auf einen Punkt zu, der 3 cm unterhalb des Nabels und 2–3 Querfinger lateral der Mittellinie liegt. Durch Wechselschnitt gelangt man auf das Peritoneum, das uneröffnet zur Gegenseite weggeschoben wird, bis die Wirbelkörper erreicht sind. Der lumbale Sympathikusstrang verläuft retroperitoneal längs der Wirbelsäule auf dem medialen Rand des M. psoas major. Rechts liegt der Strang hinter dem äußeren Rand der unteren Hohlvene, links am lateralen Rand der Bauchaorta.

Nach Identifizierung des Grenzstrangs werden das 2. Ganglion – in Höhe des Nabels – und das 3. – im Bereich des Promontoriums – reseziert und die jeweiligen Enden des Stranges mit Metallclips versehen. Nach sorgfältiger Blutstillung wird die Wunde, anatomisch gerecht, schichtweise verschlossen.

1. 1 großes Skalpell
2. 1 kleines Skalpell
3. 1 kleines Skalpell, lang
4. 2 chirurgische Pinzetten, Standard
5. 2 chirurgische Pinzetten, fein
6. 2 chirurgische Pinzetten, lang, fein
7. 2 anatomische Pinzetten, Standard
8. 2 anatomische Pinzetten, lang, fein
9. 2 Scheren, stumpf-stumpf, Standard, gebogen
10. 2 Scheren, stumpf-stumpf, lang, fein, gebogen
11. 4 Pean-Klemmen, gebogen
12. 4 Kocher-Klemmen
13. 4 Overholt-Klemmen, extralang
14. 2 scharfe Haken
15. 2 Roux-Haken
16. 2 Bauchwandhaken
17. 2 Leberhaken
18. 2 Haken, tief, schmal
19. 1 Gefäß mit Tupfern
20. 2 Präpariertupferklemmen
21. 2 Kornzangen, gebogen
22. 2 Nadelhalter
23. 2 Clipzangen, lang
24. 1 Magazin mit Ligaturclips
25. 2 Nervenhaken, lang
26. 1 Dose mit Nadeln und Nahtmaterial
27. 1 Elektrokauter
28. 1 Sauger
29. 6 Tuchklemmen
30. 1 Inzisionsfolie

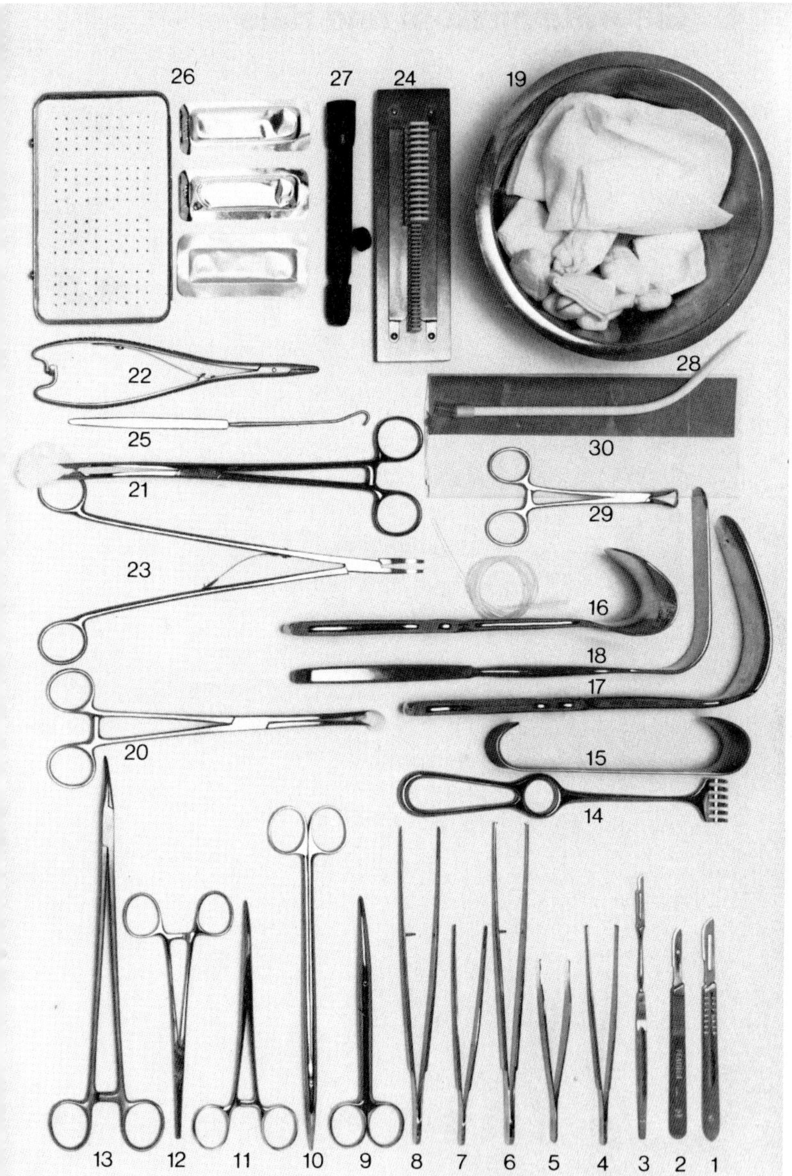
26
27
24
19
22
28
25
30
21
29
23
16
18
17
20
15
14
13
12
11
10
9
8
7
6
5
4
3
2
1

4 Eingriffe an Kopf und Hals

Operationen bei Schädelfrakturen

Die Indikation zur operativen Behandlung von Schädelbrüchen ist gegeben bei: geschlossenen Frakturen mit imprimierten Bruchstücken, offenen Schädelfrakturen und Schädelbasisbrüchen mit nachfolgender Infektion. *Impressionsfrakturen:* Impressionen, die tiefer als die halbe Kalottendicke sind, müssen operativ gehoben werden, weniger tiefe nur dann, wenn sie Reizerscheinungen des Gehirns verursachen. Die Lagerung des Patienten, Bauch- oder Rückenlage, richtet sich nach der Lokalisation der Fraktur. Der Schädel ist ausreichend, am besten ganz rasiert. Mit einem nach kaudal gestielten Weichteillappen wird der imprimierte Knochenbezirk freigelegt, an dessen Rand ein Trepanationsloch angebracht wird. Durch dieses wird ein Elevatorium zwischen Knochen und Dura eingeführt und die eingedrückten Knochenteile herausgehebelt. Gelingt dies nicht, so bohrt der Operateur mehrere Trepanationslöcher und trennt den ganzen imprimierten Anteil mit einer Gigli-Säge aus dem Schädel, richtet die Bruchstücke nach Herausnahme zurecht, möglichst so, daß ihr Zusammenhang nicht verlorengeht, und setzt sie entsprechend wieder ein. Verschluß der Weichteilwunde durch zweischichtige Naht.
Bei *frischen offenen Schädelbrüchen* schneidet der Operateur die Wunde der Schädelweichteile aus und inspiziert die Frakturlinien. Sind diese glatt und sauber ohne röntgenologisch nachweisbare Eindellung der Lamina interna, kann die Wunde primär verschlossen werden. Haben sich in den Bruchspalt Haare oder Fremdkörper eingeklemmt, so müssen sie sorgfältig entfernt werden, um eine Infektion des Schädelinnern zu vermeiden. Sind bei einem *Schädel-Hirn-Trauma* Dura und Gehirn mitverletzt, so steht deren Versorgung im Vordergrund. Kleine Durarisse können vernäht, große Defekte durch frei transplantierte Fascia-lata-Streifen verschlossen werden. Zerstörte Hirnanteile und Blutkoagula im Gehirn werden durch Spülung mit physiologischer Kochsalzlösung und Absaugen entfernt. Blutungen werden durch Clips gestillt. Erfolgt die operative Versorgung in den ersten 6 Stunden nach der Verletzung, kann die Weichteilwunde primär geschlossen werden. Weicht man von dieser Regel ab, so muß bei auftretender Eiterung die ganze Wunde geöffnet werden, um dem Eiter Ablauf zu verschaffen. Bei stärkerer Infektion müssen freiliegende Knochenteile entfernt werden.
Bei *Schädelbasisbrüchen* können durch die Frakturlinien Verbindungen zu Nebenhöhlen bestehen, von denen aus eine Infektion erfolgen kann. Die Behandlung ist zunächst konservativ (Antibiotika), bei Infektionen muß rasch eingegriffen werden, wozu man sich zweckmäßigerweise der Beihilfe eines HNO-Arztes versichert.

1. 1 großes Skalpell
2. 1 kleines Skalpell
3. 2 chirurgische Pinzetten, Standard
4. 2 chirurgische Pinzetten, fein
5. 2 anatomische Pinzetten, Standard
6. 2 Scheren, stumpf-stumpf, Standard, gebogen
7. 4 Pean-Klemmen
8. 2 Kocher-Klemmen
9. 4 Moskito-Klemmen, gebogen
10. 2 Elevatorien
11. 2 Raspatorien
12. 2 scharfe Haken
13. 1 Satz Kugelfräsen
14. 1 Hohlmeißelzange
15. 1 Trepanationszange
16. 1 Knochenfaßzange
17. 1 Gefäß mit Tupfern
18. 1 Gefäß mit Kochsalzlösung
19. 2 Präpariertupferklemmen
20. 1 Bohrmaschine
21. 2 Nadelhalter
22. 1 Dose mit Nadeln und Nahtmaterial
23. 1 Elektrokauter
24. 1 Sauger
25. 6 Tuchklemmen
26. 1 Inzisionsfolie

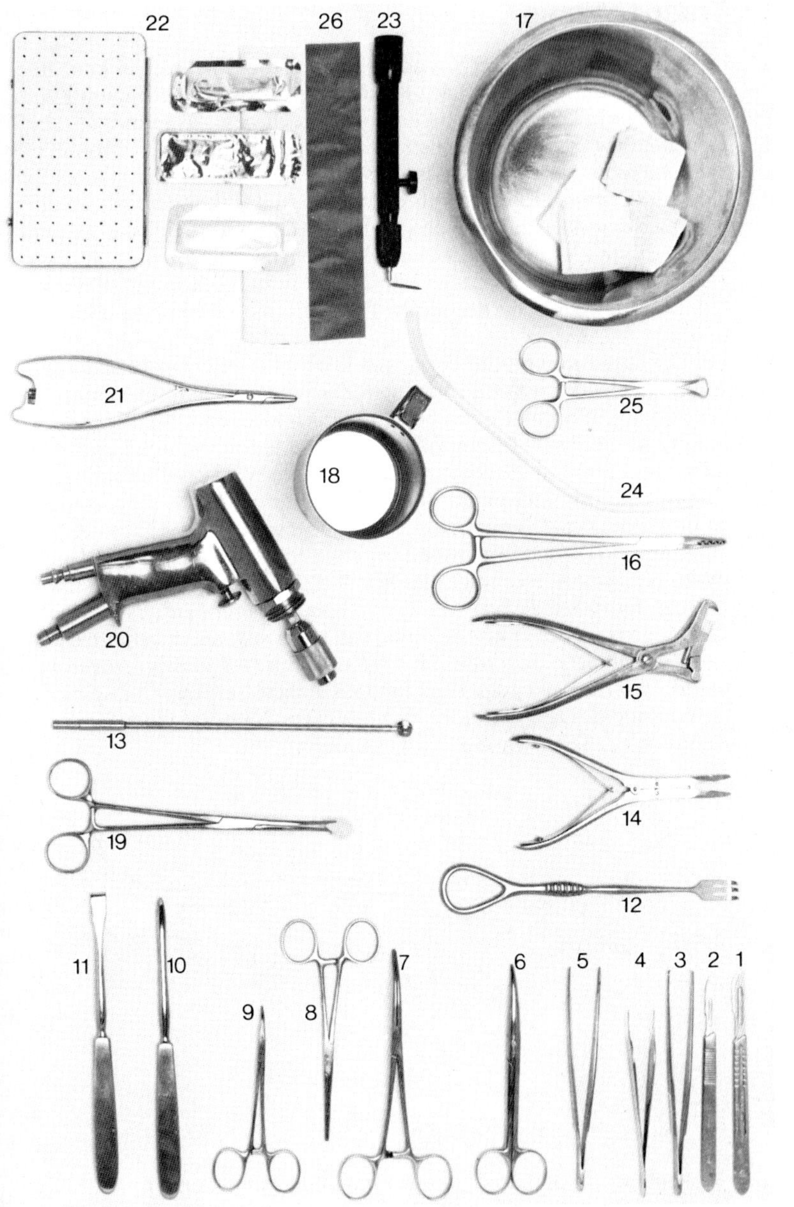
22
26
23
17
21
25
18
24
16
20
15
13
14
19
12
11
10
9
8
7
6
5
4
3
2
1

Tracheotomie

Die Tracheotomie ist eine Notfalloperation. Trotzdem sollte in Intubationsnarkose und unter normalen Bedingungen operiert werden, um Zwischenfälle, wie Aspiration von Blut und Erbrochenem, zu vermeiden. Der Operateur hat die Wahl zwischen der oberen und unteren Tracheotomie. Die *Tracheotomia superior* wird oberhalb des Schilddrüsenisthmus in Höhe des 2. und 3. Ringknorpels durchgeführt, die *Tracheotomia inferior* unterhalb desselben in Höhe des 4. und 5. Knorpelringes. Findet sich ein breiter Isthmus, so muß er nach vorausgegangenen Ligaturen durchtrennt werden, um einen guten Zugang zur Luftröhre zu erhalten. Ein störender Lobus pyramidalis ist bei der oberen Tracheotomie zu resezieren (Abb. 4.**1** u. 4.**2**).

Die Operation wird in Rückenlage mit stark rekliniertem Kopf und leicht erhöhtem Oberkörper vorgenommen (Zeichnung). Durch einen horizontalen oder vertikal angelegten Schnitt werden Haut und Platysma durchtrennt, die vordere Halsmuskulatur in der Medianlinie auseinandergedrängt und die Vorderfläche der Trachea je nach Wahl des Operationsverfahrens oberhalb oder unterhalb des Schilddrüsenisthmus freipräpariert. Ist die prätracheale Faszie gespalten und abgeschoben, wird aus der nun freiliegenden Tracheavorderwand ein etwa 1 x 0,5 cm messendes längsovales Fenster ausgeschnitten, das sich über 2 Knorpelringe erstreckt. Mit 2 feinen Einzinkerhäkchen werden die Ränder dieses Fensters auseinandergezogen und der Trachealtubus in das Tracheostoma eingeführt, nachdem bei Intubationsnarkose der Endotrachealtubus zurückgezogen ist. Sofort wird ein Ballon des Trachealtubus aufgeblasen, um Blutaspiration zu verhindern. Die Haut wird durch lockere Nähte adaptiert und der Tubus mit 2 Bändchen um den Hals fixiert.

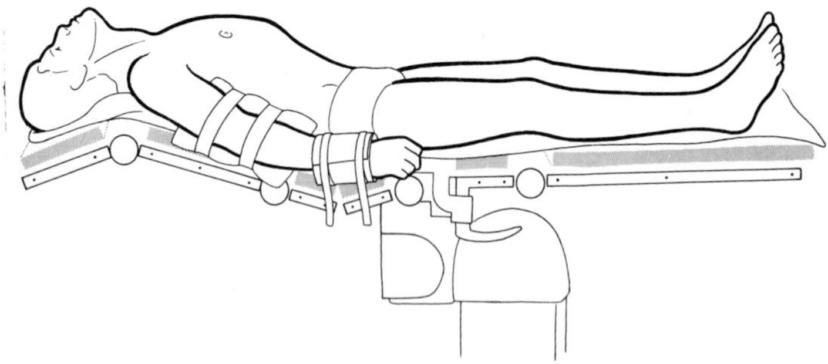

Rückenlage mit stark rekliniertem Kopf und leicht erhöhtem Oberkörper

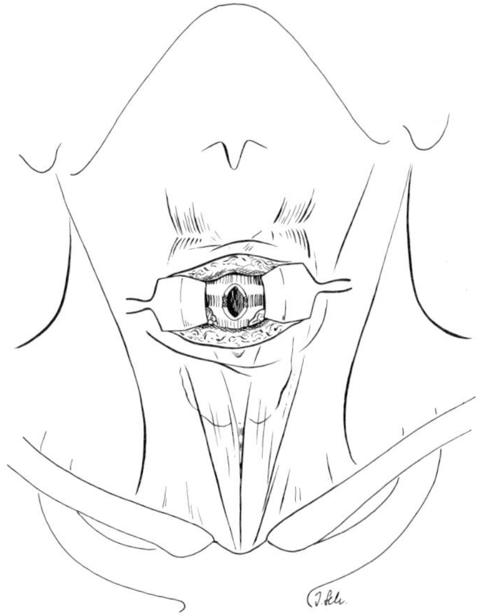

Abb. 4.**1** Tracheotomia superior.
Das Tracheostoma liegt oberhalb des Schilddrüsenisthmus in Höhe des 2. und 3. Ringknorpels.

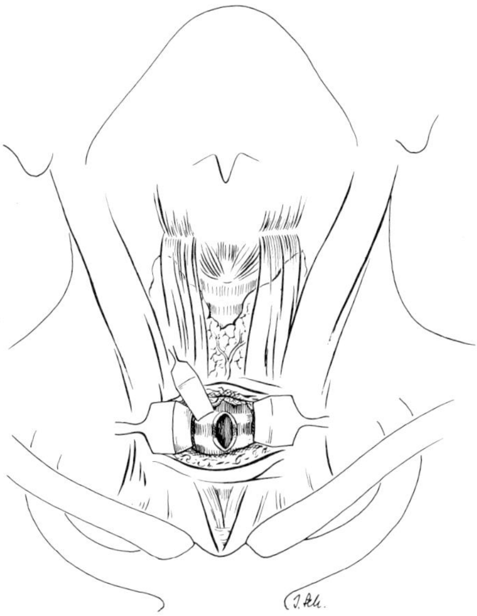

Abb. 4.**2** Tracheotomia inferior.
Das Tracheostoma liegt unterhalb des Schilddrüsenisthmus in Höhe des 4. und 5. Knorpelringes.
(aus Baumgartl, F. u.a.: Spezielle Chirurgie für die Praxis, Bd. I/1. Thieme, Stuttgart 1973).

1. 1 großes Skalpell
2. 1 kleines Skalpell
3. 2 chirurgische Pinzetten, Standard
4. 2 chirurgische Pinzetten, fein
5. 2 anatomische Pinzetten, Standard
6. 2 Scheren, stumpf-stumpf, Standard, gebogen
7. 2 Scheren, stumpf-stumpf, fein, gebogen
8. 4 Pean-Klemmen, gebogen
9. 2 Kocher-Klemmen
10. 2 Overholt-Klemmen
11. 4 Moskito-Klemmen, gebogen
12. 2 scharfe Haken, klein
13. 2 Langenbeck-Haken
14. 1 Wundspreizer, scharf, selbsthaltend
15. 2 Kornzangen, gebogen
16. 2 Präpariertupferklemmen
17. 1 Kocher-Rinne
18. 1 Deschamps
19. 2 Nadelhalter
20. 1 Gefäß mit Tupfern
21. 1 Dose mit Nadeln und Nahtmaterial
22. 1 Elektrokauter
23. 1 Sauger
24. Trachealkanülen
25. 6 Tuchklemmen

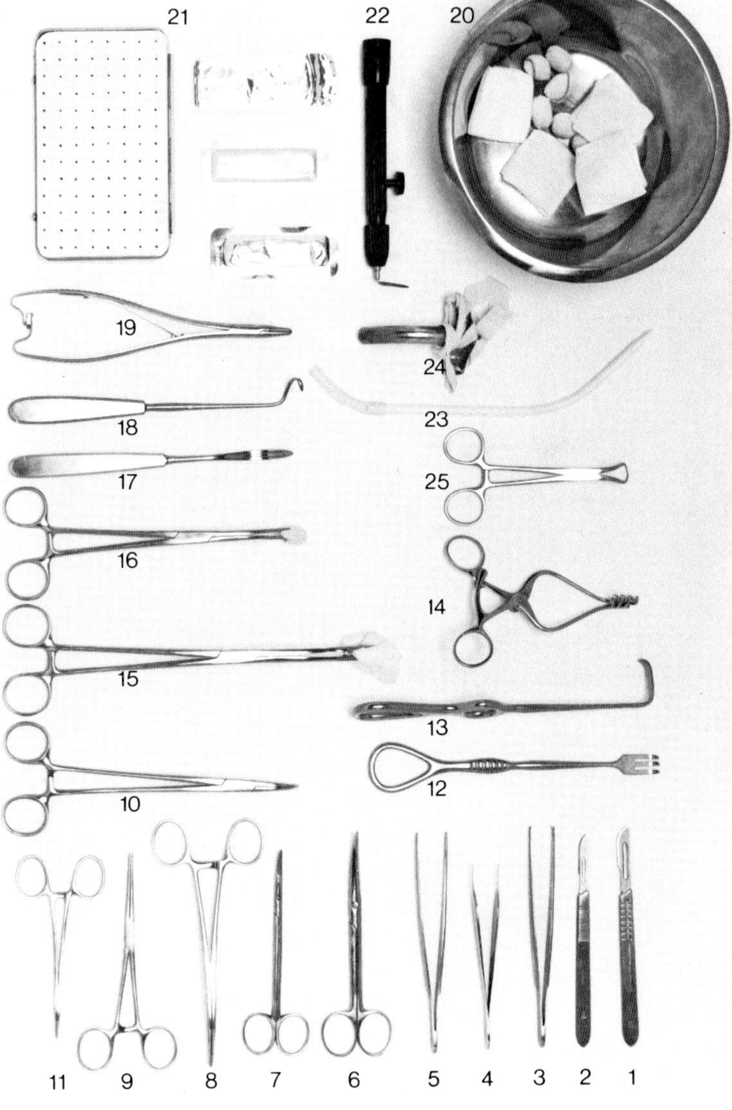
21
22
20
19
24
18
23
17
25
16
14
15
13
10
12
11
9
8
7
6
5
4
3
2
1

Dies ist nach Ansicht
der Verwaltung,
der beste Weg
zur Teamgestaltung.

M. H.

Doppelseitige Strumaresektion

Zur doppelseitigen Strumaresektion, die in Intubationsnarkose durchgeführt wird, liegt der Patient so wie auf Zeichnung S. 202 dargestellt. Als Hautschnitt bevorzugen wir den sog. Kocherschen Kragenschnitt, der in einer Hautfalte etwa 2 cm über dem Jugulum gelegt wird und bis zum jeweiligen lateralen Rand des M. sternocleidomastoideus reicht. Nach Durchtrennung von Haut, Subkutis und Platysma wird die Fascia superficialis und die gerade Halsmuskulatur in der Mittellinie längsgespalten, von der Schilddrüsenkapsel abgelöst und mit Haken weggehalten. Nur bei sehr großen Strumen ist manchmal eine quere Durchtrennung notwendig. Es folgt die Präparation des rechten oberen Schilddrüsenpoles. Nachdem die A. und V. thyroidea superior dargestellt sind, werden sie, ohne Schilddrüsengewebe mitzufassen, unterbunden und durchtrennt. Dabei ist die Nachbarschaft des R. externus des N. laryngeus superior zu beachten. Nun luxiert der Operateur den unteren Pol des rechten Schilddrüsenlappens in der richtigen Schicht mit dem Finger. Will er die A. thyroidea inferior ligieren, so sucht er das Gefäß in dem lockeren Bindegewebsraum auf, der nach medial vom hinteren Schilddrüsenabschnitt und der Speiseröhre, nach lateral von der A. carotis communis und der V. jugularis interna begrenzt ist. Die untere Schilddrüsenarterie entspringt aus dem Truncus thyrocervicalis und verläuft hinter der A. carotis communis, an deren medialem Rand sie zum Vorschein kommt. An dieser Stelle sollte das Gefäß ligiert werden, damit eine Läsion des N. laryngeus recurrens vermieden wird. Sind die beiden Hauptgefäße sicher unterbunden, wird der untere Lappenpol angehoben und die dort verlaufenden Venen nahe der Kapsel ligiert und durchtrennt. Manchmal findet sich hier eine A. thyroidea ima, mit der analog verfahren wird. Ist auch der linke Schilddrüsenlappen in der angegebenen Weise präpariert, wird der Isthmus mit einer Kocher-Rinne unterfahren, nach beiden Seiten unterbunden und durchtrennt. Beide Schilddrüsenlappen werden medial von der Trachea abpräpariert. Zur Vorbereitung der nun folgenden Strumaresektion wird am rechten oberen und unteren Pol, medial und lateral jeweils eine Kocher-Klemme gesetzt und mit der keilförmigen Resektion des Parenchyms am oberen Pol begonnen. Der verbleibende Schilddrüsenrest soll etwa 1/8 des Parenchyms betragen. Die Kapsel wird eng mit Einzelknopfnähten vernäht. Auf der linken Seite wird analog verfahren. Etwaige Blutungen werden gestillt, eine Redondrainage eingelegt und Halsmuskulatur, Subkutis und Haut vernäht.

1. 1 großes Skalpell
2. 1 kleines Skalpell
3. 2 chirurgische Pinzetten, Standard
4. 2 chirurgische Pinzetten, fein
5. 2 anatomische Pinzetten, Standard
6. 2 Scheren, stumpf-stumpf, Standard, gebogen
7. 2 Scheren, stumpf-stumpf, fein, gebogen
8. 10 Pean-Klemmen, gebogen
9. 10 Kocher-Klemmen
10. 2 Overholt-Klemmen
11. 2 scharfe Haken
12. 2 Langenbeck-Haken
13. 2 Roux-Haken
14. 2 Kornzangen,gebogen
15. 2 Präpariertupferklemmen
16. 1 Kocher-Rinne
17. 1 Fiberglasrinne
18. 2 Deschamps
19. 2 Nadelhalter
20. 1 Gefäß mit Tupfern
21. 1 Dose mit Nadeln und Nahtmaterial
22. 1 Elektrokauter
23. 1 Sauger
24. 6 Tuchklemmen
25. 1 Redondrainage mit Spieß

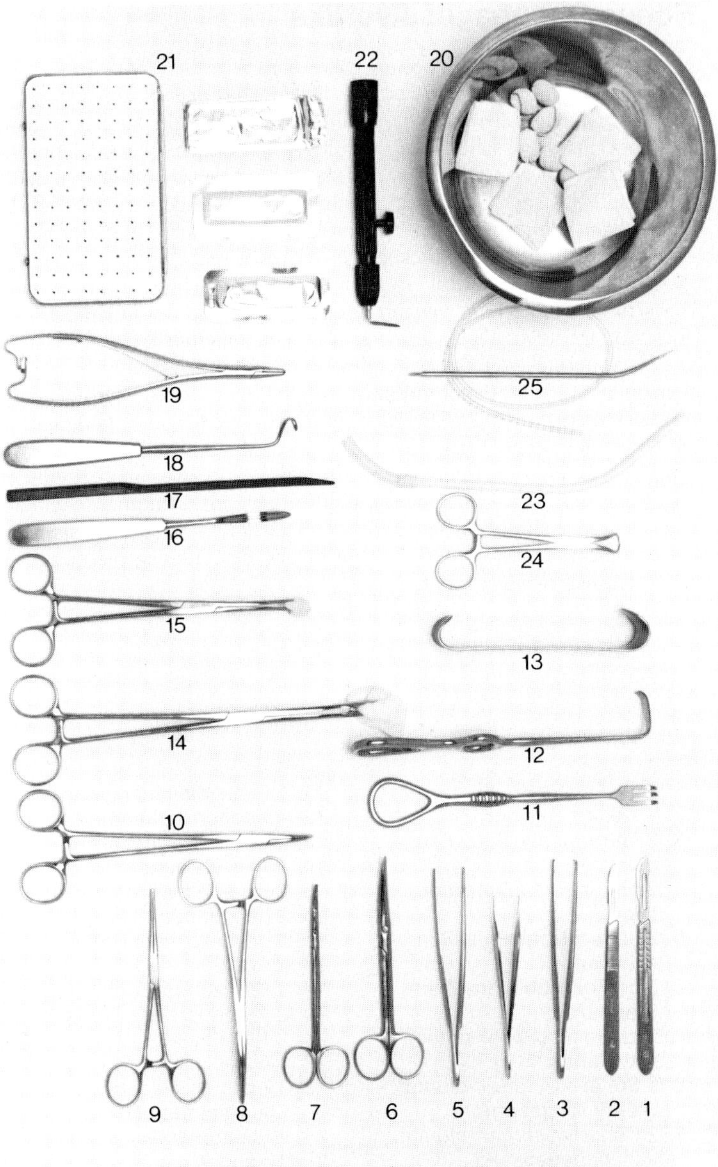
21
22
20
19
25
18
17
16
23
24
15
13
14
12
11
10
9
8
7
6
5
4
3
2
1

Hohes Ösophagusdivertikel

Bei den Ausstülpungen der Speiseröhre wird zwischen *Traktionsdivertikeln* und *Pulsationsdivertikeln* unterschieden. Die ersteren sind selten und entstehen durch Narbenzug, meist im Hilusbereich, die letzteren bilden sich über physiologischen oder pathologischen Engen (Narbenstenosen). Ein Pulsationsdivertikel kann vor allem an der Grenze von Pharynx zum Ösophagus als sog. Grenzdivertikel beobachtet werden. Es liegt an der linksseitigen Hinterwand der Speiseröhre in Höhe des Ringknorpels. Die Operation erfolgt in Rückenlage mit leicht rekliniertem nach rechts gedrehtem Kopf. Die Schultern sind durch ein Kissen etwas angehoben. Der schräge Hautschnitt verläuft am medialen Rand des linken M. sternocleidomastoideus. Nach Inzision der Haut, oberflächlicher Halsfaszie und Platysma stellt der Operateur den lateralen Rand des linken Schilddrüsenlappens dar und klappt ihn nach Unterbindung der A. thyroidea inferior nach medial um. Das Divertikel ist meist ohne Mühe zu finden, es ist an seiner gelblichen Farbe kenntlich. Es wird wie ein Bruchsack vom umgebenden Gewebe freipräpariert, an seinem Stiel zwischen 2 Klemmen abgetrennt und die Schleimhaut durch fortlaufende, atraumatische Naht verschlossen. Es folgt die einstülpende Naht der Ösophagusmuskulatur. Nach Einlegen einer Redondrainage in das Operationsgebiet wird die Wunde schichtweise genäht.

1. 1 großes Skalpell
2. 1 kleines Skalpell
3. 2 chirurgische Pinzetten, Standard
4. 2 chirurgische Pinzetten, fein
5. 2 chirurgische Pinzetten, mittellang
6. 2 anatomische Pinzetten, Standard
7. 2 anatomische Pinzetten, mittellang
8. 2 Scheren, stumpf-stumpf, Standard, gebogen
9. 2 Scheren, stumpf-stumpf, fein, gebogen
10. 1 Schere, stumpf-stumpf, lang, gebogen
11. 6 Pean-Klemmen,gebogen
12. 4 Kocher-Klemmen
13. 2 Overholt-Klemmen
14. 2 Allis-Klemmen
15. 2 scharfe Haken
16. 2 Langenbeck-Haken
17. 2 schmale, tiefe Haken
18. 2 Roux-Haken
19. 2 Kornzangen, gebogen
20. 2 Präpariertupferklemmen
21. 2 Nadelhalter
22. 1 Gefäß mit Tupfern
23. 1 Dose mit Nadeln und Nahtmaterial
24. 1 Elektrokauter
25. 1 Sauger
26. 6 Tuchklemmen

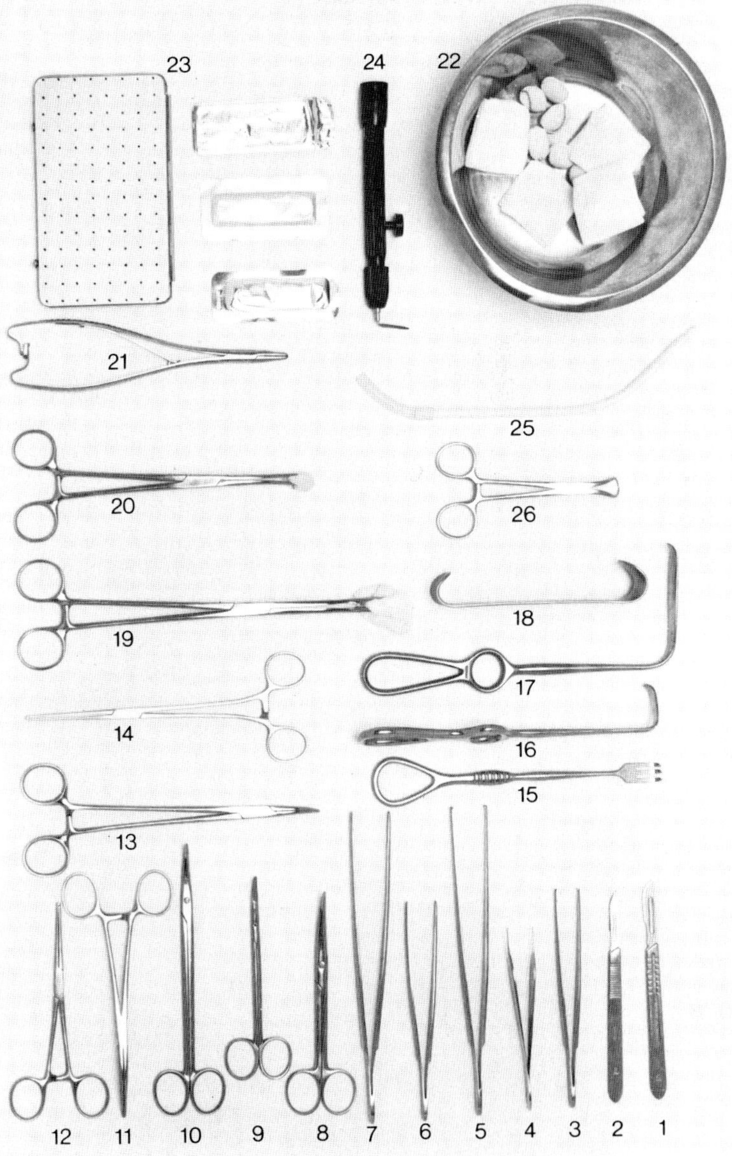
23
24
22
21
25
20
26
18
19
17
14
16
15
13
12
11
10
9
8
7
6
5
4
3
2
1

5 Eingriffe am Thorax

Operationen an der Brustdrüse

Folgende Bezeichnungen und Definitionen sind für chirurgische Eingriffe bei Mammatumoren üblich:
Mamma-Probeexzision (PE): lokale Exstirpation des Tumors im Gesunden ohne weitergehende Resektion.
Quadrantenresektion: Entfernung des tumortragenden Sektors der Brustdrüse bis auf die Fascia pectoralis.
Subkutane Mastektomie: Entfernung des Drüsenkörpers unter Erhaltung der Haut und des Warzenhofes.
Ablatio mammae (Mastektomie): Entfernung der Brustdrüse mit Haut und Mamille.
Eingeschränkte brusterhaltende Operation: Tumorexzision mit histologisch gesichertem tumorfreiem Saum, Ausräumung der Achselhöhle bis zur V. axillaris (Axilladissektion) und obligate postoperative Nachbestrahlung.
Eingeschränkte Radikaloperation: Amputation der Brust (Ablatio mammae) mit Ausräumung der Achselhöhle bis zur V. axillaris.
Klassische Radikaloperation: Amputation der Brust mit Resektion des M. pectoralis major (mit Ausnahme der Pars clavicularis) und des M. pectoralis minor sowie Ausräumung der Achselhöhle.
Jeder klinisch abgrenzbare Knoten im Drüsengewebe der Mamma muß, unabhängig vom Befund der Mammographie, histologisch untersucht werden. Da die Nadelbiopsie nicht unbedingt zuverlässig ist, geschieht dies am besten durch die operative Entfernung des gesamten Tumors (PE).
Die bis vor 2–3 Jahrzehnten noch übliche klassische Standard-Operation, die Radikaloperation nach Halsted war aus der Vorstellung entwickelt worden, daß der Brustkrebs zunächst ein lokales, auf die Brust begrenztes Geschehen sei. Man war der Ansicht, daß erst nach Durchbrechen der regionären Lymphknotenschranke das Neoplasma Fernmetastasen setzen würde. Heute steht fest, daß das Tumorleiden eine Systemerkrankung ist. Schon zum Zeitpunkt der Primärtherapie können bereits in frühen Stadien Tumorabsiedlungen bestehen, die sich noch der klinischen und apparativen Diagnostik entziehen. Aus dieser Sicht ist verständlich, daß sich die Prognose der Patientin auch durch supraradikale Operationsverfahren (Mastektomie, Entfernung des großen und kleinen Brustmuskels, der axillaren und parasternalen Lymphknoten) nicht verbessern läßt. So wurden weniger radikale Eingriffe wie die eingeschränkte (modifizierte) Radikaloperation und die brusterhaltende Operation entwickelt. Bei Beachtung der Operationsindikation hat nach ersten Studien der letztgenannte Eingriff keine schlechteren Resultate aufzuweisen als das eingeschränkte radikale Verfahren. Kontraindikationen zur brusterhaltenden Operation sind:

1. Tumorgröße über 2 cm Durchmesser,
2. Multifokal auftretende Neoplasmen,

3. Retromamillare Tumorlokalisation,
4. Morbus Paget,
5. Fixation des Tumors an Haut oder Muskulatur.

Als Standardoperation jedoch gilt heute die eingeschränkte Radikaloperation, die weiter unten beschrieben wird. Als Kontraindikation gelten sehr große Tumoren mit einem Durchmesser von über 5 cm, Infiltrationen des Tumors – unabhängig von seiner Größe – in die Haut oder die Pektoralismuskulatur und das Vorliegen von Fernmetastasen.

In diesen Situationen wird der Operateur einen palliativen Eingriff anstreben, wie ausgedehnte Tumorexzision oder Mastektomie. Im Einzelfall ist auch die Exzision eines „Lymphknotenpaketes" im Sinne einer Tumorreduktion sinnvoll. Die weitere Behandlung wie Strahlentherapie, Hormon- oder Chemotherapie, richtet sich nach Menopausenstatus, Befall der axillaren Lymphknoten und nach dem Ergebnis der Rezeptorenbestimmung im Tumorgewebe. Das inflammatorische Karzinom sollte primär nicht operiert werden. Nach Sicherung der Diagnose durch Probeexzision wird als Primärbehandlung die Strahlen- oder Chemotherapie empfohlen. Erst sekundär kommt ggf. eine Palliativoperation im Sinne einer weiteren Tumorreduktion in Betracht.

Zur *eingeschränkten Radikaloperation* wird die Patientin auf dem Rücken gelagert und die Schulter durch ein Kissen angehoben. Der Arm der erkrankten Seite wird im Schultergelenk rechtwinklig abduziert und der Unterarm mit um etwa 90 Grad gebeugtem Ellenbogengelenk auf einem senkrecht gestellten, etwas nach hinten gekippten Armbänkchen gelagert (Zeichnung). Wir bevorzugen einen die Mamma umfahrenden querovalen Schnitt. Vor dem längsovalen Schnitt hat er den Vorzug, daß ein evtl. später auftretender Narbenzug die Beweglichkeit des Armes nicht behindert und er kosmetisch weniger entstellend ist. Der Schnittverlauf wird präoperativ an der stehenden Patientin angezeichnet, um am Ende der Operation eine spannungsfreie Vereinigung der Hautränder zu erreichen. Nach Durchtrennung von Haut und Subkutis wird der gesamte Drüsenkörper sorgfältig auspräpariert und mit der Pektoralisfaszie entfernt. Sollte der Tumor die Pektoralisfaszie infiltrieren, so ist der darunterliegende große Brustmuskel wenigstens teilweise mitzuentfernen. Die Präparation der Axilla erfolgt teils scharf, teils stumpf unter Schonung des N. thoracicus longus und des thorakodorsalen Gefäß-Nerven-Bündels bis zum Unterrand der V. axillaris. Die interpektoralen Lymphknoten werden mitentfernt. Die Exzision der Lymphknoten sollte nicht über die Axillarvene hinaus nach kranial fortgesetzt werden, um das Auftreten von Lymphödemen des Armes zu verhindern.

Nach sorgfältiger Blutstillung werden 2 Redondrainagen in das große Wundgebiet eingelegt und das Subkutangewebe und die Haut vernäht. Lassen sich die Hautränder spannungsfrei vereinigen, so ergeben intrakutan gestochene Ausziehnähte schöne kosmetische Ergebnisse.

Von den bei der Axilladissektion gewonnenen Lymphknoten sollten mindestens 8–10 histologisch untersucht werden, da eine weiterführende Therapie vom Lymphknotenbefall abhängig ist. Die Rezeptorenbestimmung im Tumor ist ebenfalls obligat.

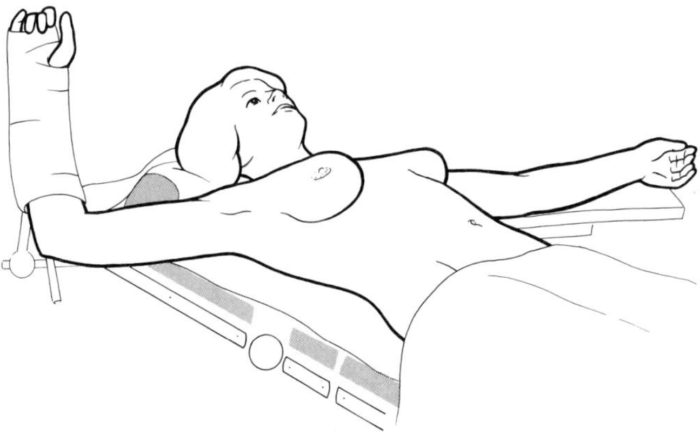

Lagerung zur eingeschränkten und klassischen Radikaloperation der Mamma

1. 1 großes Skalpell
2. 1 kleines Skalpell
3. 2 chirurgische Pinzetten, Standard
4. 2 chirurgische Pinzetten, fein
5. 2 anatomische Pinzetten, Standard
6. 2 Scheren, stumpf-stumpf, Standard, gebogen
7. 2 Scheren, stumpf-stumpf, fein, gebogen
8. 8 Pean-Klemmen, gebogen
9. 8 Kocher-Klemmen
10. 2 Overholt-Klemmen
11. 2 scharfe Haken
12. 2 Langenbeck-Haken, klein
13. 2 Langenbeck-Haken, mittel
14. 2 Kornzangen, gebogen
15. 2 Präpariertupferklemmen
16. 1 Kocher-Rinne
17. 1 Fiberglasrinne
18. 2 Nadelhalter
19. 1 Gefäß mit Tupfern
20. 1 Dose mit Nadeln und Nahtmaterial
21. 6 Tuchklemmen
22. 1 Elektrokauter
23. 1 Sauger
24. 2 Spieße mit Redondrainagen

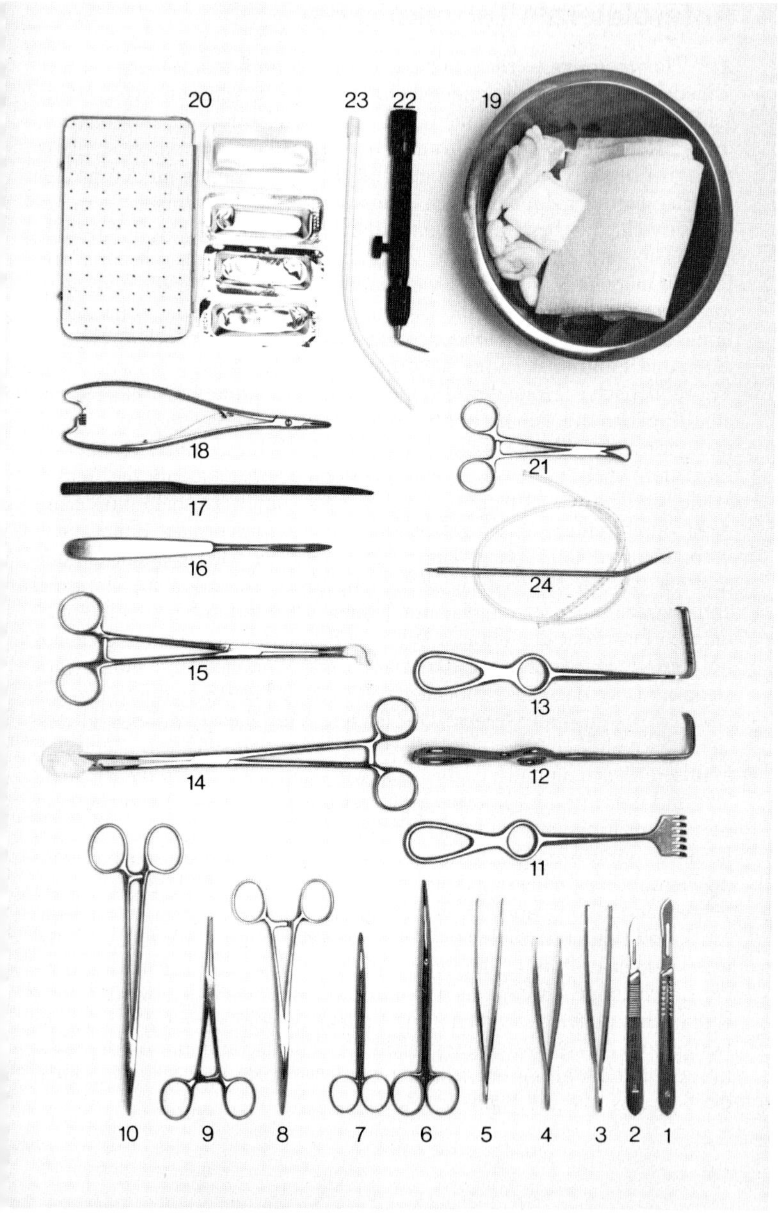
20
23
22
19
18
21
17
16
24
15
13
14
12
11
10
9
8
7
6
5
4
3
2
1

Anterolaterale Thorakotomie

Zur *Thorakotomie* werden, abhängig von der geplanten Operation, verschiedene Zugangswege angegeben. Der Thorax kann von vorn, vornseitlich bzw. von hinten-seitlich eröffnet werden (anteriore, anterolaterale und posterolaterale Thorakotomie). Bei Eingriffen im vorderen Mediastinum, bei offenen Herzoperationen und bei Operationen an den großen Arterien wird der Zugang durch Längsspaltung des Brustbeins (Sternotomie) erreicht. Wir beschränken uns auf die Darstellung der vorderen-seitlichen Thorakotomie, da dieser Zugang für die Eingriffe, die in einem Regelkrankenhaus ausgeführt werden, der übliche ist. Für die *anterolaterale Thorakotomie* erfolgt die Lagerung des Patienten wie in der Zeichnung angegeben. Die Höhe des Hautschnittes richtet sich nach dem geplanten Eingriff. Bei einer abdominothorakalen Operation wird er im Thoraxbereich in Höhe der 8. Rippe geführt. Der große Brustmuskel wird am Rippenansatz durchschnitten und der vordere Sägemuskel so weit nach dorsal gespalten, bis die Unterfläche des Schulterblattes erreicht ist. Liegt der Patient in der oben angegebenen Position, so klafft die Achselhöhle, und der M. latissimus dorsi fällt nach hinten. Deshalb muß er oft nicht durchtrennt, sondern höchstens an seinem ventralen Rand eingekerbt werden. Der Thorax kann nun ohne oder nach Rippenresektion eröffnet werden. Die Entscheidung, eine Rippe zu entfernen, ist einmal abhängig vom benötigten Platz im Thorax, zum andern von der altersbedingten Elastizität des Thorax. Wird die Rippe belassen, kann die Pleurahöhle nach Durchtrennung der Zwischenrippenmuskulatur im Interkostalraum oder nach subperiostaler Aushülsung der Rippe durch Inzision des Periosts eröffnet werden. Das letztere Vorgehen gewährleistet eine sicherere Naht beim Verschluß der Pleurahöhle. Wird die Rippe entfernt, in unserer Darstellung ist es die 8., so wird sie vom Periostschlauch abgelöst und mitsamt dem Knorpelansatz reseziert. Durch das Periostbett der resezierten Rippe wird nun der Thorax eröffnet.
Ist der Eingriff beendet, der die Thorakotomie notwendig machte, wird die Pleurahöhle drainiert und die innere Brustwand durch Vereinigung der Schnittränder von parietaler Pleura und Rippenperiost bzw. Interkostalmuskulatur durch Einzelknopfnähte möglichst luftdicht verschlossen. Bei interkostaler Eröffnung kann eine zusätzliche Adaption der Inzisionsränder durch einige Nähte erreicht werden, die um die beiden benachbarten Rippen herumgelegt werden. Vor Vollendung der Pleuranaht wird die Lunge vom Anästhesisten gut gebläht. Der durchschnittene vordere Sägemuskel und der große Brustmuskel werden vernäht und schließlich auch die Subkutis und die Haut.

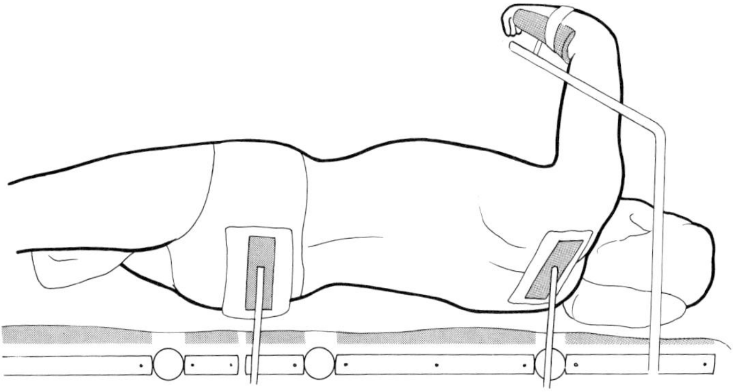

Lagerung zur anterolateralen Thorakotomie

1. 2 große Skalpelle
2. 2 chirurgische Pinzetten, Standard
3. 2 chirurgische Pinzetten, fein
4. 2 chirurgische Pinzetten, lang
5. 2 Scheren, stumpf-stumpf, Standard, gebogen
6. 1 Schere, stumpf-stumpf, lang, gebogen
7. 6 Pean-Klemmen, gebogen
8. 4 Kocher-Klemmen
9. 4 Overholt-Klemmen
10. 2 Raspatorien
11. 1 Raspatorium, abgewinkelt
12. 2 scharfe Haken
13. 2 Langenbeck-Haken
14. 2 Roux-Haken
15. 1 Rippensperrer
16. 1 Rippenresektionsschere
17. 2 Einzinkerhaken
18. 1 Gefäß mit Tupfern
19. 2 Präpariertupferklemmen
20. 2 Kornzangen, gebogen
21. 3 Nadelhalter
22. 1 Dose mit Nadeln und Nahtmaterial
23. 1 Elektrokauter
24. 1 Sauger
25. 8 Tuchklemmen

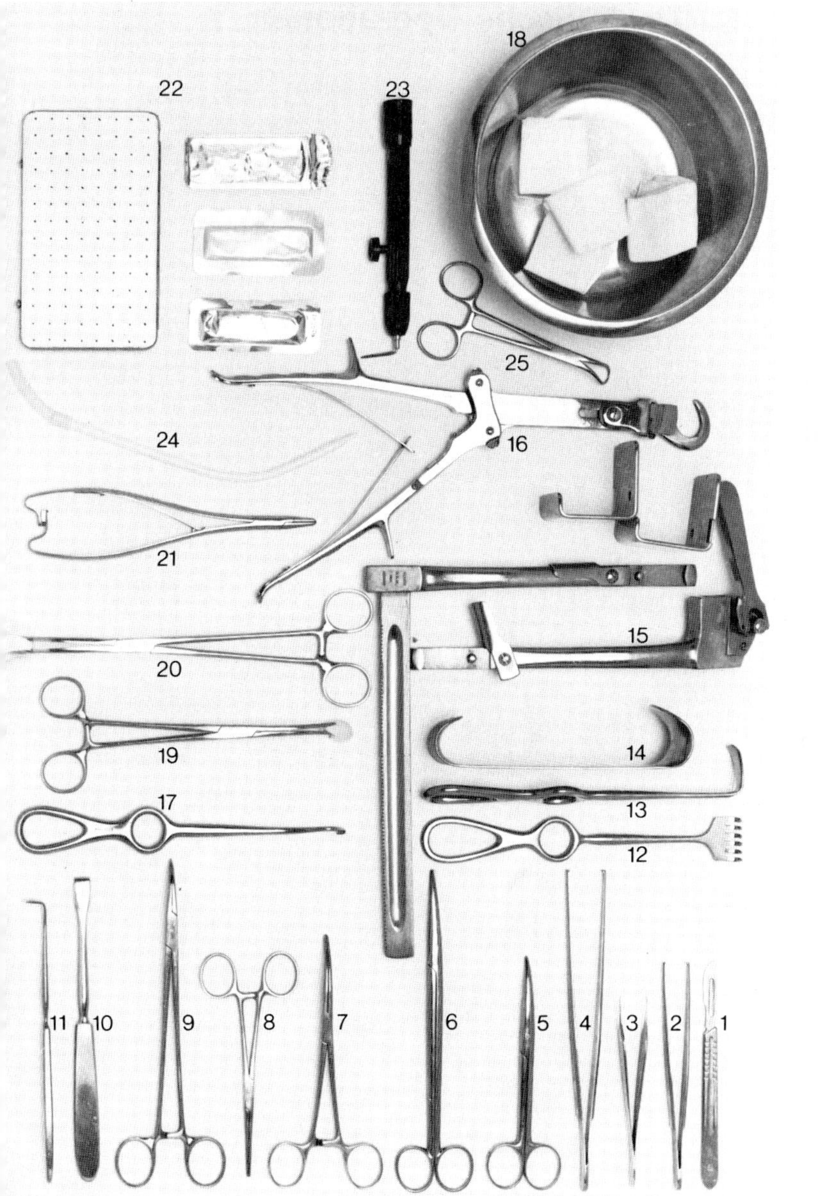
18
22
23
25
24
16
21
15
20
14
19
13
17
12
11
10
9
8
7
6
5
4
3
2
1

6 Urologische Operationen

Kryptorchismus

Bleibt der Hoden auf seinem Weg von lumbal (er wird unterhalb der Nieren angelegt) nach skrotal irgendwo stehen, so spricht man von Kryptorchismus (versteckter Hoden). Wir beschreiben das operative Vorgehen bei einer Retentio testis im Leistenkanal. Der Versuch, den Hoden zu mobilisieren und in das Skrotum zu verlagern, sollte vor Abschluß des 3. Lebensjahres unternommen werden.

Die Operation wird in Rückenlage vorgenommen. Von einem Leistenschnitt aus wird die Aponeurose des äußeren schrägen Bauchmuskels dargestellt und gespalten. Der im Leistenkanal stehende Hoden wird freipräpariert, sein Halteband, das Gubernaculum testis, dargestellt, möglichst weit peripher durchtrennt und mit einer Klemme gefaßt. Durch Anspannen der Klemme werden die Verbindungen des Samenstranges zur Fascia transversalis sichtbar und können bis in den inneren Leistenring hinein leicht gelöst werden. Spätestens hier wird der offene Processus vaginalis sichtbar, der als Bruchsack imponiert. Er ist mit dem Samenstrang meist fest verwachsen und hemmt den Deszensus des Hodens. Der Bruchsack wird so weit abpräpariert, daß Gefäße und Samenstrang in ausreichender Länge von der Peritonealhinterwand abgelöst sind. Ausreichend bedeutet: Der Samenstrang und die ernährenden Gefäße müssen so weit mobilisiert werden, bis der Hoden völlig spannungsfrei in das Skrotalfach gebracht werden kann. Der Bruchsack wird in üblicher Weise versorgt.

Schließlich wird die Fascia transversalis vom inneren Leistenring aus nach innen-unten gespalten, und die epigastrischen Gefäße werden unterbunden und durchtrennt. Auf diese Weise ergibt sich für den Samenstrang eine Wegverkürzung von 1–2 cm. Läßt sich der Hoden nun mühelos in das Skrotum bringen, so wird mit dem Finger ein entsprechendes Fach im Hodensack präpariert, in das der Hoden verlagert wird. Die Lage des Hodens wird durch eine U-Naht fixiert, die, durch das Gubernaculum testis geführt, am unteren Skrotalpol nach außen gestochen und auf der Haut geknüpft wird. Die Fascia transversalis wird mit Einzelknopfnähten geschlossen, der innere schräge Bauchmuskel über dem Samenstrang an das Leistenband vernäht. Naht der Externusaponeurose, der Subkutis und Haut.

1. 1 großes Skalpell
2. 1 kleines Skalpell
3. 2 chirurgische Pinzetten, Standard
4. 2 chirurgische Pinzetten, fein
5. 2 anatomische Pinzetten, Standard
6. 2 Scheren, stumpf-stumpf, Standard, gebogen
7. 1 Schere, stumpf-stumpf, fein
8. 4 Pean-Klemmen, gebogen
9. 4 Kocher-Klemmen
10. 4 Moskito-Klemmen, gebogen
11. 2 Kornzangen, gebogen
12. 2 Präpariertupferklemmen
13. 2 scharfe Haken
14. 2 Roux-Haken
15. 2 Langenbeck-Haken
16. 2 Nadelhalter
17. 1 Gefäß mit Tupfern
18. 1 Dose mit Nadeln und Nahtmaterial
19. 5 Tuchklemmen
20. 1 Elektrokauter
21. 1 Inzisionsfolie

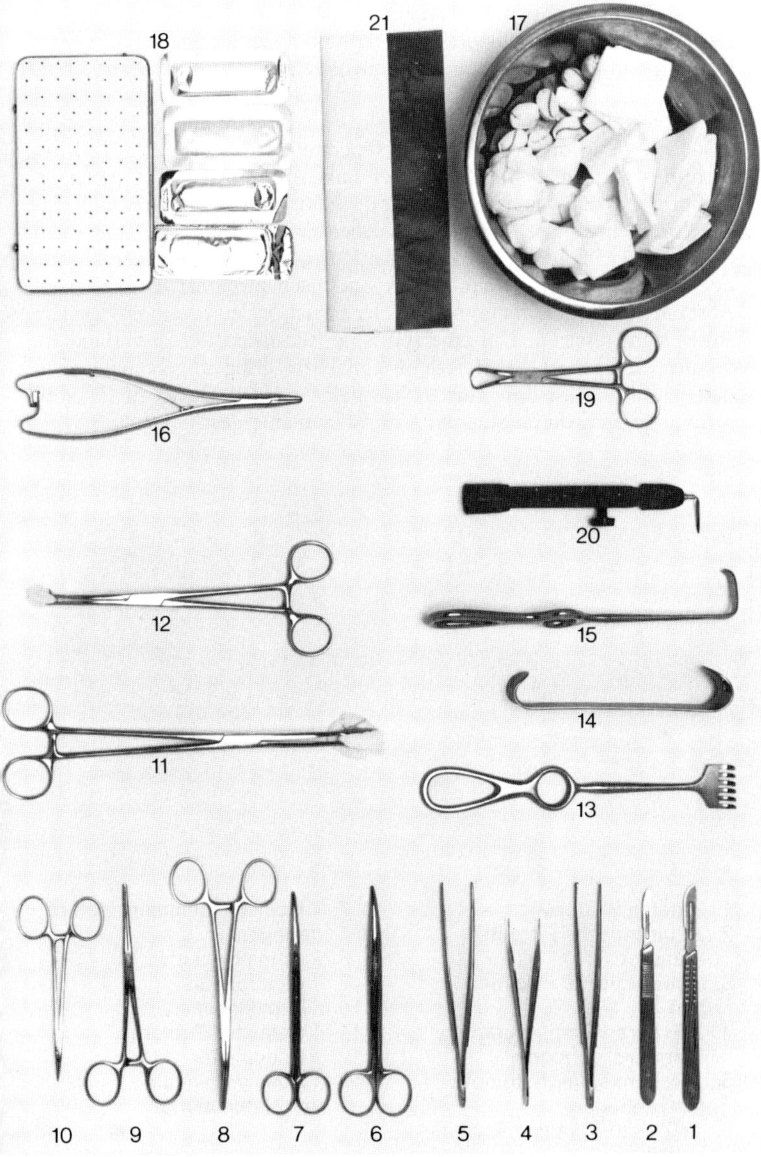
21
17
18
19
16
20
12
15
14
11
13
10
9
8
7
6
5
4
3
2
1

Vasektomie

Zur Verhinderung von Entzündungen des Nebenhodens bei längerer Dauerkatheterbehandlung oder zur Sterilisation des Mannes ist die Unterbindung und Durchtrennung des Samenstranges (Ductus deferens) notwendig.
Die *Vasektomie* (korrekter: Vasoteilresektion) wird in Rückenlage in Lokalanästhesie durchgeführt. Der Operateur faßt im oberen Teil des Skrotums den Samenstrang zwischen linkem Daumen und Zeigefinger, drängt ihn so nah wie möglich unter die Haut und ersetzt die beiden Finger durch entsprechendes Anlegen einer Tuchklemme. Die Haut wird durch eine kleine Inzision eröffnet, der Ductus deferens mit einer Pinzette oder Klemme gefaßt, freipräpariert und nach proximal und distal im Abstand von 2-4 cm unterbunden. Der zwischen den Ligaturen liegende Anteil wird reseziert. Um eine spontane Rekanalisation zu verhindern, können die ligierten Enden nach proximal bzw. distal umgebogen und an den jeweiligen Reststrang durch Naht fixiert werden. Die kleine Operationswunde wird durch Subkutan- und Hautnähte geschlossen.

1. 2 kleine Skalpelle
2. 2 chirurgische Pinzetten, Standard
3. 2 chirurgische Pinzetten, fein
4. 1 Schere stumpf-stumpf, Standard, gebogen
5. 1 Schere stumpf-stumpf, fein, gebogen
6. 4 Moskito-Klemmen, scharf, gebogen
7. 4 Moskito-Klemmen, stumpf, gebogen
8. 2 kleine Haken
9. 1 Elektrokauter
10. 6 Tuchklemmen
11. 1 Gefäß mit Tupfern
12. 2 Nadelhalter
13. 1 Dose mit Nadeln und Nahtmaterial

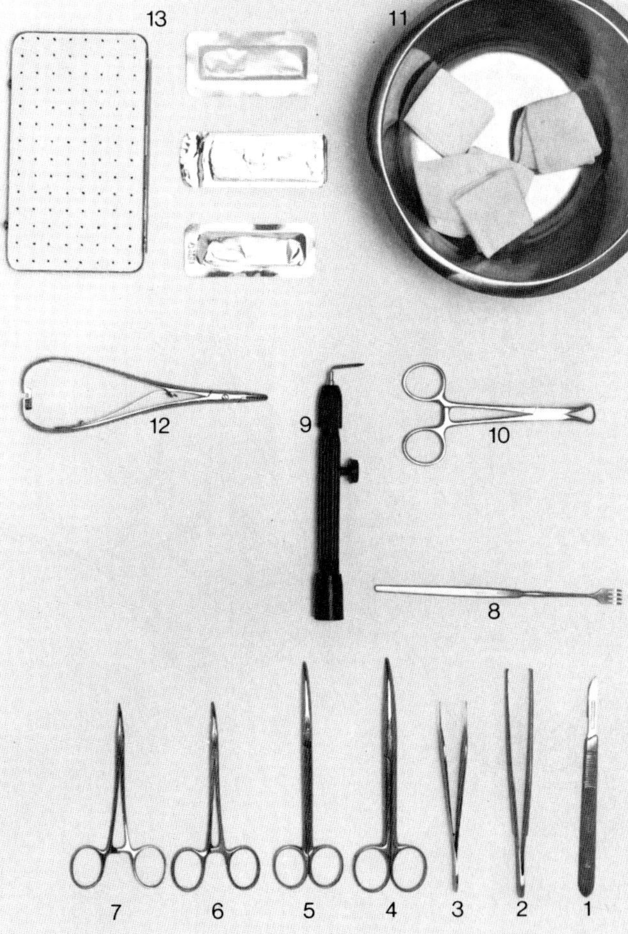
13
11
12
9
10
8
7
6
5
4
3
2
1

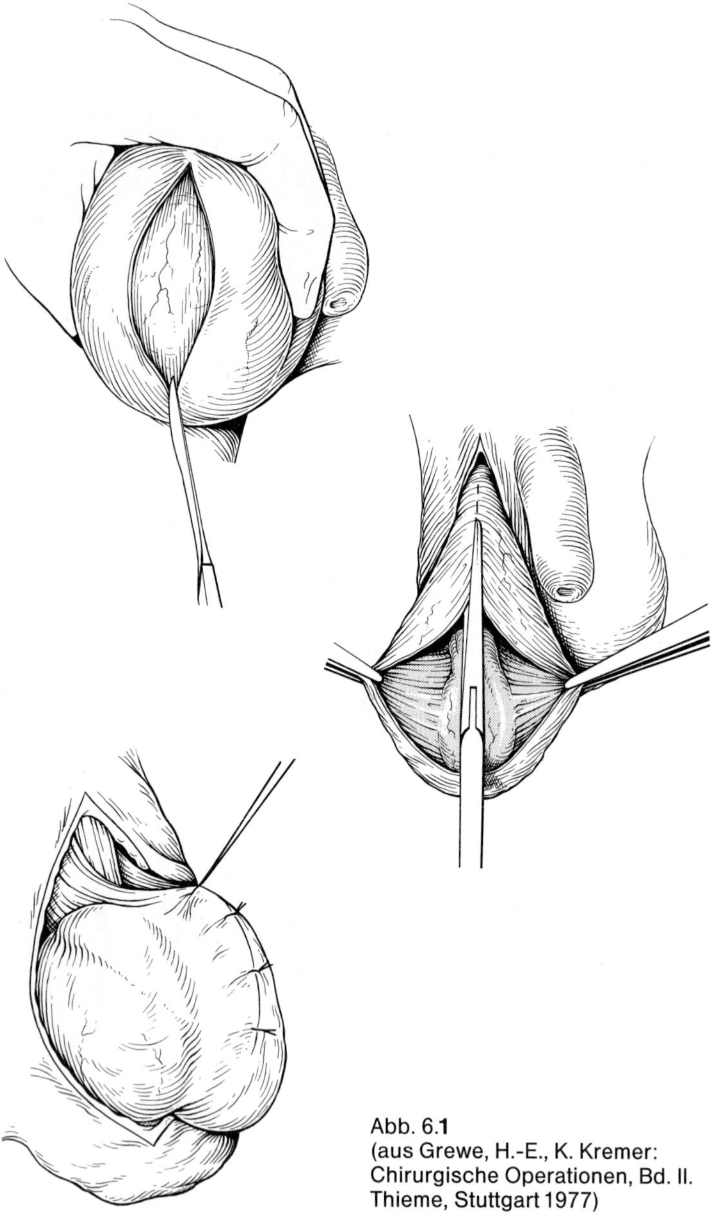

Abb. 6.**1**
(aus Grewe, H.-E., K. Kremer: Chirurgische Operationen, Bd. II. Thieme, Stuttgart 1977)

Hydrozele und Varikozele

Die Operation erfolgt in Rückenlage. Von einem kleinen distalen Inguinalschnitt aus präpariert der Operateur den Samenstrang vom Tuberculum pubicum ab und schlingt ihn mit einem dünnen Siliconschlauch an. Unter vorsichtigem Zug wird die Tunica vaginalis communis mit einem Stieltupfer vom parietalen Blatt der Tunica vaginalis propria abgeschoben, wobei der Hydrozelensack luxiert und seine Flüssigkeit durch Punktion abgelassen wird. Am freien Rand wird der Sack in ganzer Länge gespalten. Die Tunica vaginalis propria wird so weit gekürzt, daß rings um den Hoden ein etwa 2 cm breiter Saum zurückbleibt, dessen Ränder nach hinten geschlagen und durch fortlaufende Naht vereinigt werden (Operation nach Winkelmann, Abb. 6.**1**). Der Hoden wird in das Skrotum zurückgeschoben, wobei eine Verdrehung des Samenstranges zu vermeiden ist. Nach Einlegen einer Saugdrainage in das Skrotalfach wird die Wunde schichtweise verschlossen. Die Operation kann auch von einem Skrotalschnitt aus durchgeführt werden.

Varikozele bedeutet wörtlich übersetzt: Krampfaderbruch. Bekanntlich bilden die Hodenvenen (Vv. testiculares) im Verlauf des Samenstranges ein Geflecht, den Plexus pampiniformis. Sind diese Plexusvenen erweitert, verlängert und varizenähnlich geschlängelt, so liegt eine Varikozele vor. Die operative Behandlung besteht in der hohen retroperitonealen Teilresektion der Hodenvenen.

Die Operation wird in Rückenlage vorgenommen. Der Zugang erfolgt links durch einen Pararektalschnitt in Nabelhöhe, rechts durch eine Inzision im Unterbauch. Nach Durchtrennung der Subkutis und der Faszien wird das Bauchfell jeweils stumpf nach medial abgeschoben und die Hodenvene aufgesucht. In der Regel finden sich derer zwei. Die Venen werden unter Schonung der sie begleitenden Arterie freipräpariert und auf einer Länge von 3 cm reseziert. Die proximalen und distalen Stümpfe werden jeweils durch Umstechungsligatur versorgt. Danach schichtweiser Wundverschluß.

1. 1 großes Skalpell
2. 1 kleines Skalpell Standard
3. 2 chirurgische Pinzetten,
4. 2 chirurgische Pinzetten, fein
5. 2 anatomische Pinzetten, Standard
6. 2 Scheren, stumpf-stumpf, Standard, gebogen
7. 4 Pean-Klemmen,gebogen
8. 4 Kocher-Klemmen
9. 2 Kornzangen,gebogen
10. 2 Präpariertupferklemmen
11. 2 scharfe Haken
12. 2 Roux-Haken
13. 2 Langenbeck-Haken
14. 2 Nadelhalter
15. 1 Gefäß mit Tupfern
16. 1 Dose mit Nadeln und Nahtmaterial
17. 5 Tuchklemmen
18. 1 Elektrokauter
19. 1 Spritze mit Punktionskanüle
20. 1 Redondrain mit Spieß
21. 1 Siliconzügel

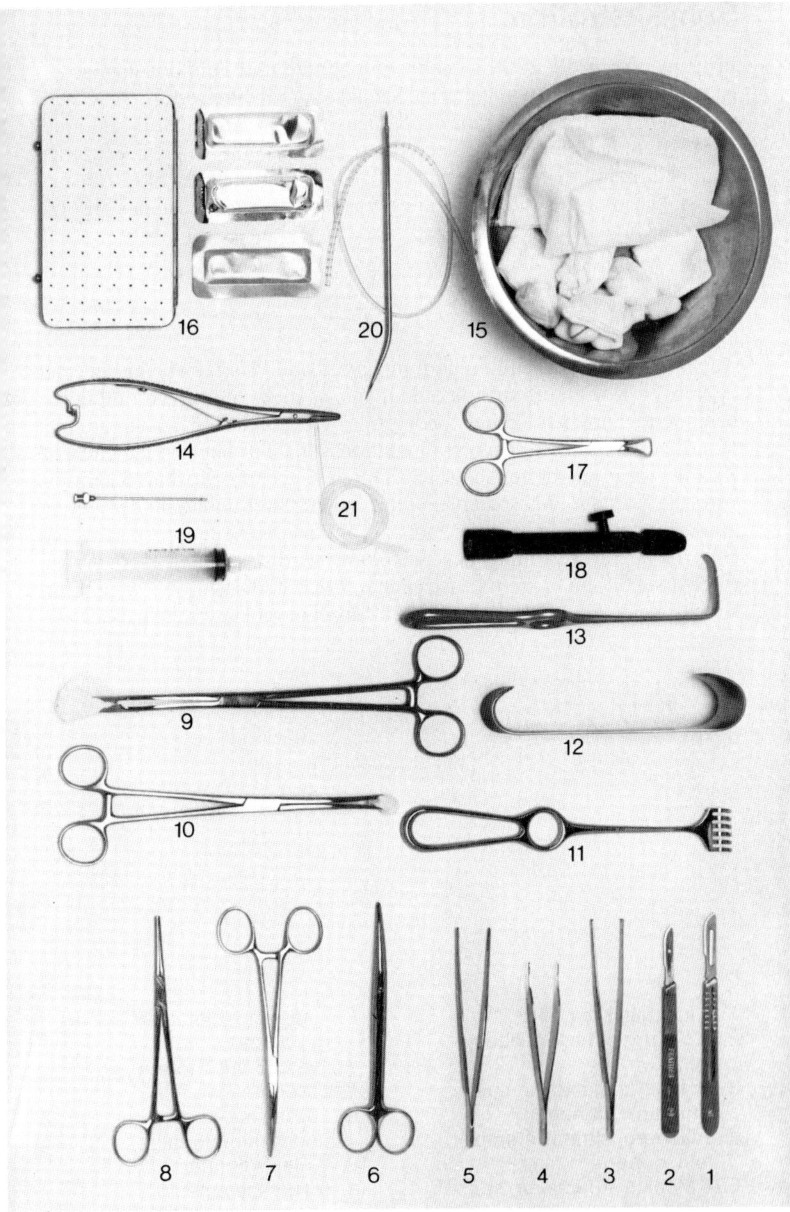
16
20
15
14
17
21
19
18
13
9
12
10
11
8
7
6
5
4
3
2
1

Semikastration

Instrumentarium S. 230f, jedoch ohne Spritze und Punktionskanüle. Ist der Operateur gezwungen, eine Semikastration durchzuführen, so wird von einem Inguinalschnitt aus der Samenstrang bis auf die Höhe des inneren Leistenringes freigelegt. Der Ductus deferens und die Gefäße werden doppelt unterbunden und durchtrennt, der Hoden aus dem Skrotum ausgelöst. Die Wunde wird nach Einlegen einer Saugdrainage in das Skrotalfach schichtweise geschlossen.

Phimose

Angeborene oder durch Entzündung erworbene *Phimosen* bedürfen einer operativen Korrektur, um Entzündungen, sexuelle Störungen und durch behinderte Blasenentleerung bedingte Folgekrankheiten zu verhindern. Von den vielen beschriebenen Operationsverfahren hat sich die einfache Zirkumzision am besten bewährt. Durch 2 scharfe Moskito-Klemmen wird die Vorhaut angespannt und das äußere Blatt unterhalb der Verengung zirkulär umschnitten, nach distal vom inneren Blatt abpräpariert und entfernt. Unter Schonung des Frenulums wird das innere Blatt bis auf einen etwa 0,5 cm breiten Reststreifen reseziert und nach sorgfältiger Blutstillung beide Präputiumblätter durch Einzelknopfnähte miteinander vereinigt.

1. 1 kleines Skalpell
2. 2 chirurgische Pinzetten, fein
3. 1 Schere, stumpf-stumpf, Standard, gebogen
4. 1 Schere, stumpf-stumpf, fein, gebogen
5. 4 Moskito-Klemmen, stumpf, gebogen
6. 4 Moskito-Klemmen, scharf, gebogen
7. 1 Gefäß mit Tupfern
8. 1 Nadelhalter, fein
9. 1 Dose mit Nadeln und Nahtmaterial
10. 1 Elektrokauter
11. 5 Tuchklemmen

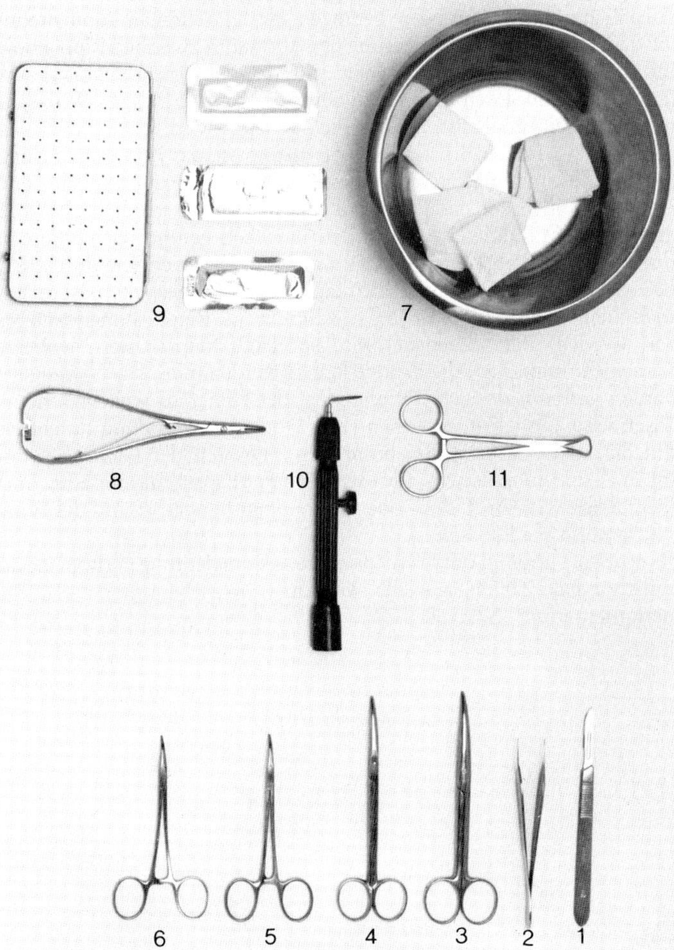
9
7
8
10
11
6
5
4
3
2
1

Nephrektomie

Üblicherweise wird bei uns die Nephrektomie notfallmäßig, z.B. bei unfallbedingten ausgedehnten Parenchymschädigungen, durchgeführt. Als Zugang zur betroffenen Niere benutzen wir den schrägen Lumbalschnitt. Die dafür notwendige Erweiterung des Abstandes zwischen Rippenbogen und Beckenkamm wird dadurch erreicht, daß der Patient auf die gesunde Seite gelegt und durch Abwinkeln des Operationstisches die Wirbelsäule im Lumbalteil möglichst stark seitlich gebeugt wird.
Gleichzeitig wird der Brustkorb etwas nach vorn, das Becken nach hinten gedreht (Zeichnung). Der Schnitt beginnt auf oder etwas unterhalb der 12. Rippe am Außenrand des M. erector spinae und wird schräg nach vorn bis zum seitlichen Rand des geraden Bauchmuskels geführt. Der äußere und innere schräge Bauchmuskel werden quer zur Faserrichtung durchtrennt, die Fascia transversalis und die Fettkapsel der Niere gespalten. Ist es nötig, noch mehr Raum zu gewinnen, so kann die 12. Rippe subperiostal reseziert werden. Der Nierenstiel wird sorgfältig freipräpariert, wobei die Niere nicht immer vor die Wunde luxiert werden muß. Die Nierengefäße werden getrennt doppelt unterbunden, der Ureter so weit wie möglich blasenwärts ausgelöst, zwischen einer Doppelunterbindung durchtrennt und die Niere entfernt. Bei bösartigen Tumoren der Niere (Hypernephrome) und Infektionen (Tbc) wird die Fettkapsel mit entfernt. In das Nierenlager werden Redon- oder Silicondrains eingelegt und die Wunde schichtweise geschlossen.
Bei großen Tumoren oder Hydronephrose kann der transperitoneale oder transthorakale Zugang gewählt werden.
Instrumentarium S. 236f.

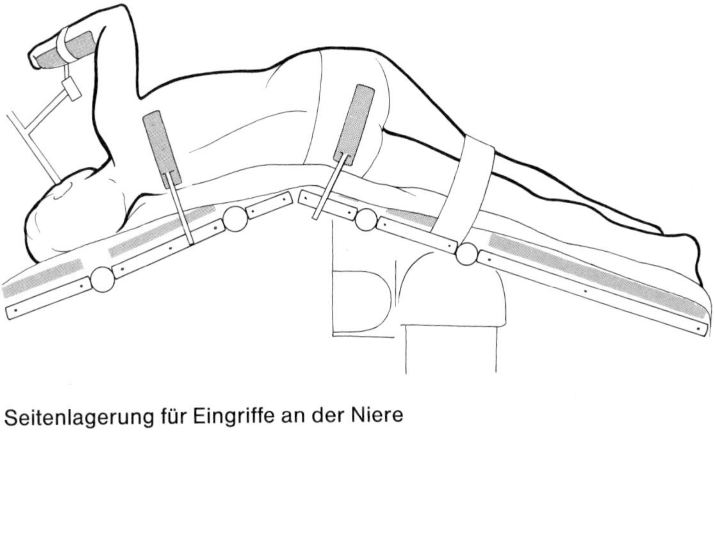

Seitenlagerung für Eingriffe an der Niere

1. 1 großes Skalpell
2. 1 kleines Skalpell
3. 2 chirurgische Pinzetten, Standard
4. 2 chirurgische Pinzetten, fein
5. 2 chirurgische Pinzetten, lang
6. 2 anatomische Pinzetten, lang
7. 2 Scheren, stumpf-stumpf, Standard gebogen
8. 2 Scheren, stumpf-stumpf, lang gebogen
9. 6 Pean-Klemmen, gebogen
10. 6 Kocher-Klemmen
11. 4 Overholt-Klemmen
12. 4 Allis-Klemmen, lang
13. 2 scharfe Haken
14. 2 Langenbeck-Haken
15. 2 Roux-Haken
16. 2 tiefe, schmale Haken
17. 2 Leberhaken
18. 1 Gefäß mit Tupfern
19. 2 Präpariertupferklemmen
20. 2 Kornzangen, gebogen
21. 1 Nierenfaßzange
22. 4 Nierenstielklemmen
23. 2 Nadelhalter
24. 2 Nadelhalter, lang
25. 1 Dose mit Nadeln und Nahtmaterial
26. 1 Elektrokauter
27. 6 Tuchklemmen
28. 1 Inzisionsfolie
29. 1 Sauger
30. 1 Spieß mit Redondrain

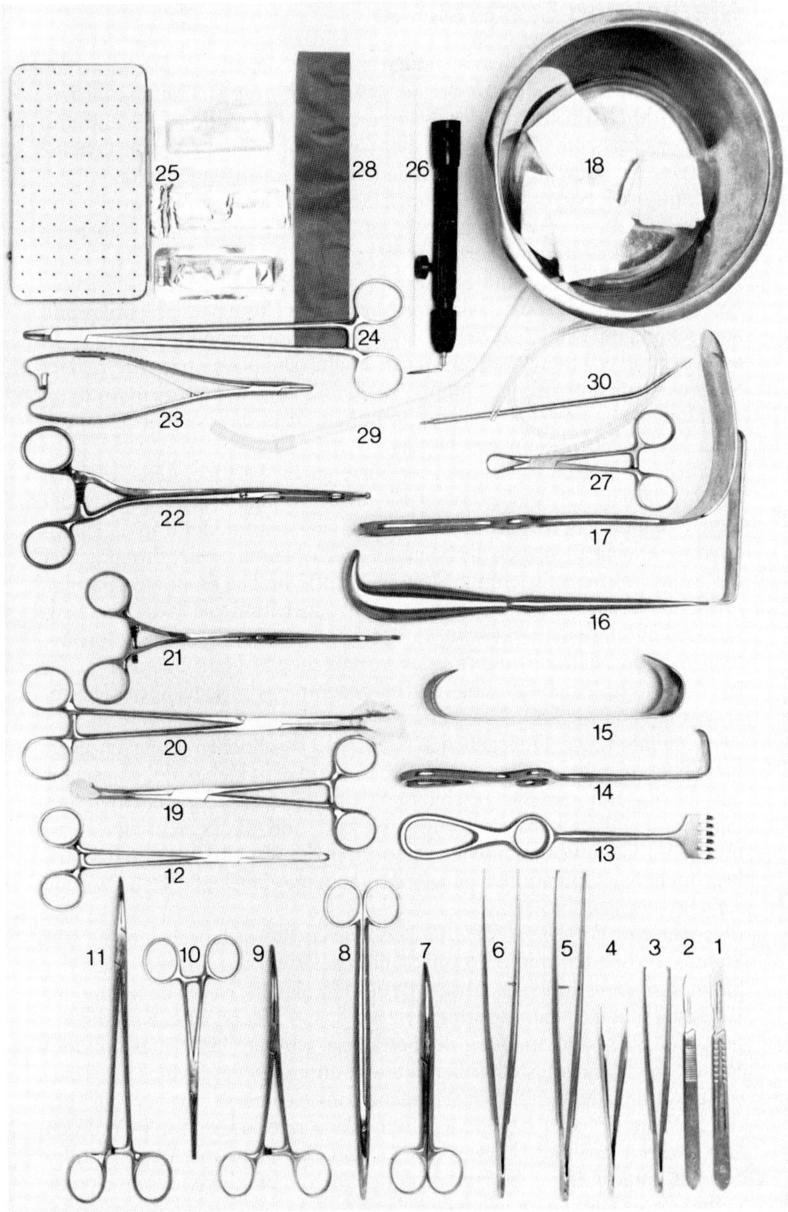
25
28
26
18
24
30
23
29
27
22
17
16
21
15
20
14
19
13
12
11
10
9
8
7
6
5
4
3
2
1

Nieren- und Uretersteine

Nierensteine (Nephrolithiasis) finden sich im Nierenbecken und in den Nierenkelchen. Nierenbeckensteine, deren Größe die Operation indiziert, werden durch Eröffnung des Nierenbeckens – *Pyelotomie* – entfernt, ebenso Kelchsteine, die sich von hier erreichen lassen. Nierenbeckenausgußsteine und durch Pyelotomie nicht faßbare Kelchsteine werden durch Eröffnung der Niere *(Nephrotomie)* beseitigt. Größere Kelchsteine mit Kelchhalsstenose sowie Steinnester im unteren und oberen Polbereich sind die Indikation zur Nierenteilresektion.

Pyelotomie: Lagerung und Schnittführung wie auf S. 234f beschrieben. Nach Freilegung der Niere wird der Abgang des Ureters freipräpariert und angeschlungen. Dann legt der Operateur die Hinterfläche des Nierenbekkens frei und eröffnet es quer, möglichst nahe dem Nierenparenchym. Der Stein wird mit einer Zange entfernt, der Ureterabgang mit einem Katheter auf Durchgängigkeit geprüft und gespült, sodann das Nierenbecken mit einer zweireihigen Naht geschlossen.

Nephrotomie: Nach Freilegung der Niere sucht der Operateur zunächst den Gefäßhilus auf, legt eine Gefäßklemme an und schließt sie. Auf der Konvexität der Niere führt er dann einen Längsschnitt, der Kapsel, Parenchym und schließlich auch die Nierenbeckenschleimhaut durchtrennt. Der die Nephrotomie indizierende Stein wird entfernt. Die eröffneten Lumina größerer Parenchymgefäße werden umstochen und die Nierenbeckenschleimhaut unter Miterfassung eines schmalen Parenchymsaums fortlaufend genäht. Matratzennähte oder fortlaufende U-Naht adaptieren das Nierengewebe. Nach Öffnung der Gefäßklemme wird schließlich die Kapsel fortlaufend genäht.

Nierenteilresektion: Freilegen der Niere wie beschrieben. Anlegen einer Gefäßklemme am Hilus, die nach Spalten und Abschieben der Kapsel bis auf die Resektionsstelle geschlossen wird. Das Nierenparenchym des betreffenden Pols wird keilförmig reseziert und die Nierenwunde wie unter Nephrotomie beschrieben versorgt. In die Wundhöhle wird bei allen beschriebenen Operationen eine Redondrainage eingelegt und die Wunde schichtweise geschlossen.

Das operative Vorgehen bei Harnleitersteinen richtet sich nach dem Sitz des Steines im oberen, mittleren oder unteren Drittel des Ureters. Sitzt der Stein im oberen, lumbalen Abschnitt des Harnleiters, ist die Lagerung des Patienten und die Schnittführung wie auf S. 234 beschrieben. Nach Freilegung der Niere und Spaltung der Fettkapsel wird der Harnleiter mit dem Stein vorsichtig dargestellt, oberhalb und unterhalb des Steines unterfahren und mit 2 dünnen Siliconschläuchen angeschlungen. Ist der Stein auf diese Weise in seiner Lage fixiert, wird der Ureter über dem Stein durch Längsschnitt eröffnet (Ureterotomie) und der Stein mit Pinzette oder Steinfaßzange entfernt. Sodann prüft der Operateur mit Hilfe eines Ureterkatheters die Durchgängigkeit des Harnleiters nieren- und blasenwärts. Ist das Ergebnis befriedigend, verschließt er die Inzisionswunde durch fortlaufende atraumatische Catgutnaht, wobei die Ureterschleimhaut möglichst nicht mitgefaßt werden soll. Wird die Naht hin und zurück geführt, gelingt ein wasserdichter Verschluß, der später auftretende Strikturen des Ureters weitgehend verhindert. Nach Einlegen einer Saugdrainage in das Operationsgebiet wird die Wunde schichtweise geschlossen. Sitzt der Stein im mittleren, abdominellen Drittel des Harnleiters, so bietet sich als Zugangsweg der verlängerte schräge Lumbalschnitt an, der 1-2 Querfinger oberhalb der Spina iliaca anterior superior bis zum äußeren Rektusrand verläuft, oder auch der Pararektalschnitt. Im ersteren Fall wird der Patient auf der Seite gelagert und der Operationstisch zum Operateur hin gekippt, im zweiten Fall wird der Kranke auf dem Rücken mit erhöhtem Becken gelagert. Nach Durchtrennung der Haut, des äußeren und inneren schrägen sowie des queren Bauchmuskels gelangt der Operateur auf die Fascia transversalis, die er spaltet. Dann schiebt er den Peritonealsack stumpf von den seitlichen und rückwärtigen Muskelteilen ab und drängt ihn nach medial. Der Ureter findet sich dann hinten am Peritonealsack. Der Stein wird aufgesucht, im übrigen wird wie oben beschrieben verfahren.

Sitzt der Stein im untersten – pelvinen – Abschnitt des Harnleiters, so ist als Zugang ein unterer Pararektalschnitt oder ein parallel zum Leistenband geführter schräger Unterbauchschnitt zu wählen. Bei beiden Verfahren liegt der Patient mit erhöhtem Becken auf dem Rücken. Haut und Muskulatur werden durchtrennt, der Peritonealsack uneröffnet nach medial abgedrängt und der Ureter, der schräg über die Iliakalgefäße zieht, aufgesucht und angeschlungen. Liegt der Stein blasennah, müssen bei Frauen 4-5 cm vor der Blase die Uterinagefäße und 2-3 cm distal davon bei beiden Geschlechtern die A. und V. vesicalis inferior unterbunden und durchtrennt werden, die quer über den Ureter ziehen. Diese Maßnahmen sind für die Darstellung des terminalen Ureters unerläßlich. Zu beachten ist fernerhin, daß kurz vor der Einmündung des Harnleiters in die Blase beim Mann das Vas deferens den Ureter kreuzt. Es muß ggf. mobilisiert und mit einem feinen Venenhaken aus dem Operationsgebiet herausgehalten werden. Ist der Stein schließlich lokalisiert, wird der Ureter längs eröffnet und wie oben beschrieben verfahren.

1. 1 großes Skalpell
2. 1 kleines Skalpell
3. 1 langes Skalpell
4. 2 chirurgische Pinzetten, Standard
5. 2 chirurgische Pinzetten, fein
6. 2 chirurgische Pinzetten, lang, fein
7. 2 anatomische Pinzetten, lang, fein
8. 2 Scheren, stumpf-stumpf, Standard, gebogen
9. 2 Scheren, stumpf-stumpf, lang, gebogen
10. 1 Schere, stumpf-stumpf, lang, fein, gebogen
11. 1 Schere, spitz-stumpf, lang, gerade
12. 6 Pean-Klemmen,gebogen
13. 6 Kocher-Klemmen
14. 2 feine Mikulicz-Klemmen
15. 4 Overholt-Klemmen, lang
16. 4 Allis-Klemmen, lang
17. 2 scharfe Haken
18. 2 Langenbeck-Haken
19. 2 Roux-Haken
20. 2 tiefe, schmale Haken
21. 2 Leberhaken
22. 1 Gefäß mit Tupfern
23. 2 Präpariertupferklemmen
24. 2 Kornzangen, gebogen
25. 2 Steinfaßzangen
26. 2 Nadelhalter
27. 2 Nadelhalter, lang
28. 1 Dose mit Nadeln und Nahtmaterial
29. 1 Ureterkatheter
30. 1 Nelaton-Katheter
31. 1 Elektrokauter
32. 1 Sauger
33. 6 Tuchklemmen
34. Inzisionsfolie
35. 2 Siliconzügel
36. 1 Spieß mit Redondrain

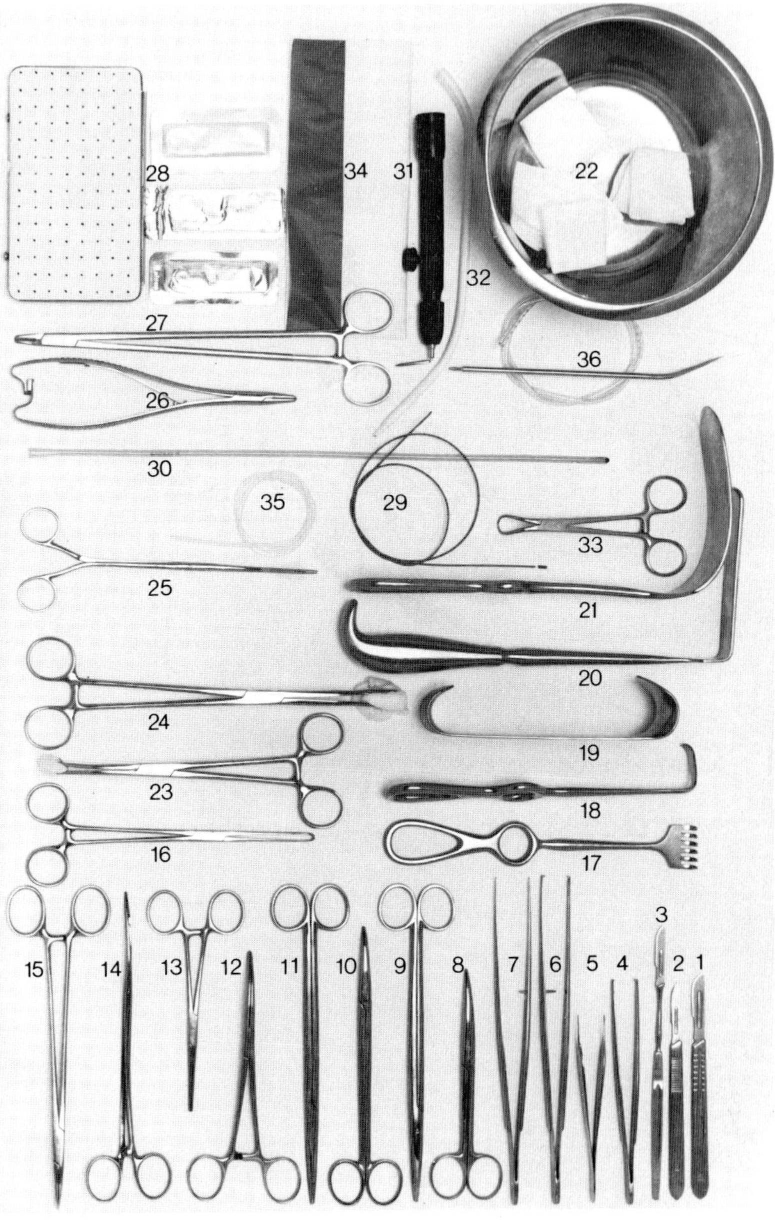
28
34
31
22
32
27
36
26
30
35
29
33
25
21
20
24
19
23
18
16
17
3
15
14
13
12
11
10
9
8
7
6
5
4
2
1

Sorgsam bedenke jeden Akt,

weil Dich sonst rasch der Kadi packt.

Prostataadenom

Zur operativen Entfernung des Prostataadenoms kann zwischen suprapubischem, retropubischem, perinealem Verfahren und transurethraler Elektroresektion gewählt werden. Wir beschränken uns auf die Beschreibung des ersteren, der *suprapubischen transvesikalen Prostatektomie.*
Der Patient liegt auf dem Rücken, die Beine sind gespreizt und im Kniegelenk leicht gebeugt. Durch Senkung des Oberkörpers wird das Becken hochgelagert. Nach Auffüllen der Blase mit steriler Kochsalzlösung oder Luft wird der Hautschnitt in der Mittellinie von der Symphyse bis zum Nabel geführt (mittlerer Unterbauchschnitt). Durch Inzision in die Linea alba werden die Rektusmuskeln längs getrennt und vom präperitonealen Fett abgeschoben. Der Peritonealsack wird von der Blasenvorderwand gelöst und diese 2–3 cm unterhalb des Blasenscheitels zwischen 2 Haltefäden durch Stichinzision in Längsrichtung eröffnet. Die Füllflüssigkeit bzw. Luft wird abgesaugt und die Inzisionswunde durch Spreizen mit einer Kornzange erweitert. Nach Inspektion der Blase geht der Operateur mit dem rechten Zeigefinger in die innere Mündung der Harnröhre ein, sprengt die vordere schmale Verbindungsbrücke zwischen den beiden Prostatalappen und gelangt damit in die richtige Schicht zwischen chirurgischer und anatomischer Kapsel. Unter ständigem Kontakt mit der Adenomoberfläche umkreist der Finger die rechte und linke Prostatahälfte und löst somit das Adenom aus, das schließlich von der Harnröhre abgetrennt wird. Stärkere Verwachsungen können nicht mit dem Finger gelöst, sondern müssen scharf durchtrennt werden. Bei Hypertrophie des Inneren Blasenschließmuskels wird aus dessen hinterer Zirkumferenz eine Keilexzision vorgenommen, so daß ein glatter Übergang von der Harnblase in die Prostataloge gegeben ist. Anschließend wird die Blasenschleimhaut durch Einzelknopfnähte an die Prostataloge adaptiert, wodurch auch Blutungen gestillt werden. Nach Einlegen eines Ballonkatheters in das Prostatabett zur Tamponade und Naht des vorderen Logenanteils wird die Blase durch zweischichtige Naht verschlossen. Mit der inneren fortlaufenden Naht darf die Blasenschleimhaut nicht mitgefaßt werden. Die äußere Naht besteht aus Einzelknopfnähten. Nach Einlegen eines prävesikalen Drains schichtweiser Wundverschluß.

1. 1 großes Skalpell
2. 1 kleines Skalpell
3. 1 langes Skalpell
4. 2 chirurgische Pinzetten, Standard
5. 2 chirurgische Pinzetten, fein
6. 2 chirurgische Pinzetten, lang
7. 2 anatomische Pinzetten, lang
8. 2 Scheren, stumpf-stumpf, Standard, gebogen
9. 2 Scheren, stumpf-stumpf, lang, gebogen
10. 6 Pean-Klemmen,gebogen
11. 4 Kocher-Klemmen
12. 4 Mikulicz-Klemmen
13. 4 Overholt-Klemmen, lang
14. 2 Allis-Klemmen, lang
15. 2 scharfe Haken
16. 2 Langenbeck-Haken
17. 2 Roux-Haken
18. 2 tiefe, schmale Haken
19. 2 Blasenspatel
20. 1 Gefäß mit Tupfern
21. 2 Präpariertupferklemmen
22. 2 Kornzangen, gebogen
23. 2 Hakenzangen
24. 2 Nadelhalter
25. 2 Nadelhalter, lang
26. 1 Dose mit Nadeln und Nahtmaterial
27. 1 Elektrokauter
28. 1 Sauger
29. 6 Tuchklemmen
30. 1 Gefäß mit Kochsalzlösung
31. 1 Gefäß mit Gleitmittel
32. 1 Blasenspritze
33. 1 Nelaton-Katheter
34. 1 Spieß mit Redondrain
35. 1 Inzisionsfolie

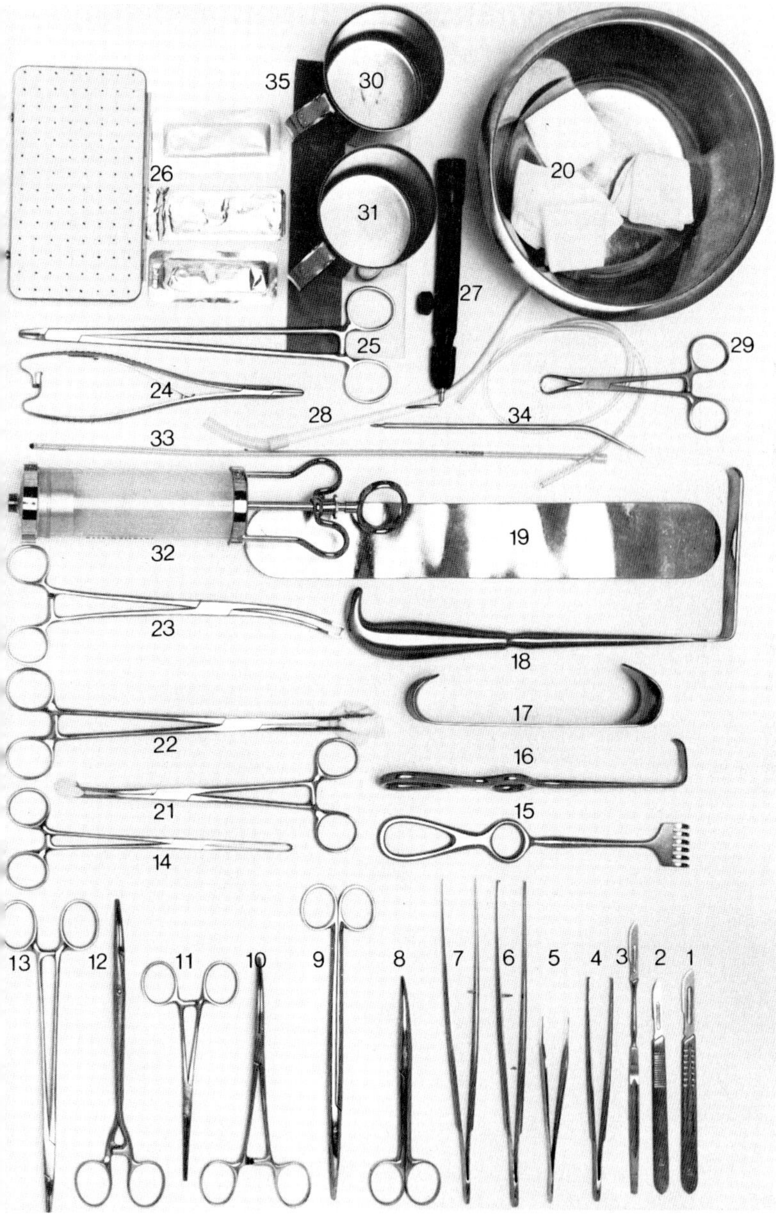
35
30
31
20
26
27
25
29
24
28
34
33
19
32
23
18
17
22
16
21
15
14
13
12
11
10
9
8
7
6
5
4
3
2
1

7 Gynäkologisch-geburtshilfliche Operationen

Kürettage des Uterus

Die Ausschabung des Uterus wird aus therapeutischen und diagnostischen Gründen durchgeführt.
Die Patientin liegt auf dem Rücken. Die in Hüft- und Kniegelenken gebeugten Beine werden durch gut gepolsterte Beinstützen gehalten. Die Höhe des Operationstisches wird so reguliert, daß das Beckenende der Frau etwa in Brusthöhe des sitzenden Operateurs liegt (Zeichnung).
Vor dem Eingriff, der in Allgemeinnarkose vorgenommen wird, untersucht der Operateur nochmals bimanuell die inneren Genitalien, um Größe und Lage des Uterus sowie die Beschaffenheit der Adnexe und Parametrien festzustellen.
Durch zwei Spekula wird die Vagina entfaltet, desinfiziert und die vordere Muttermundlippe mit ein oder zwei Kugelzangen gefaßt. Durch Zug nach vorn unten wird die Gebärmutter gestreckt. Mit einer graduierten Sonde tastet jetzt der Operateur die Uterushöhle aus, um eine Vorstellung von deren Länge, Richtung und Weite zu bekommen. Nun dilatiert er vorsichtig mit einem Satz Hegar-Stiften den Zervixkanal so weit, daß sich die gewählte Kürette ohne Gewaltanwendung einführen und bewegen läßt. Für die Entfernung von Plazentaresten wählt er ein großes stumpfes Instrument, ansonsten eine scharfe Kürette. Systematisch, Strich neben Strich, schabt er jetzt die Gebärmutterinnenwand aus und kürettiert abschließend die beiden Tubenwinkel noch einmal sorgfältig nach.

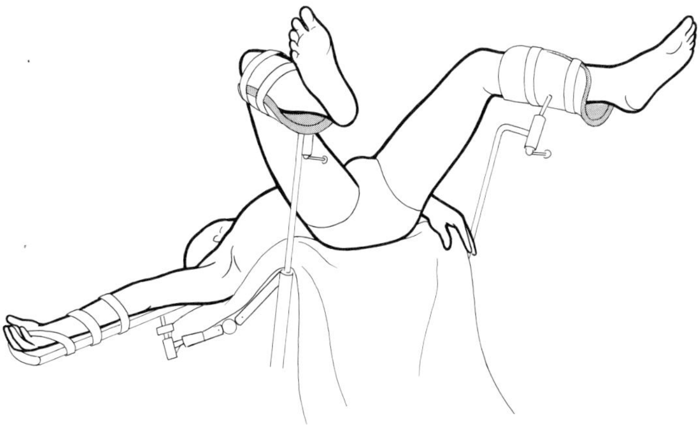

Lagerung zur Abrasio uteri

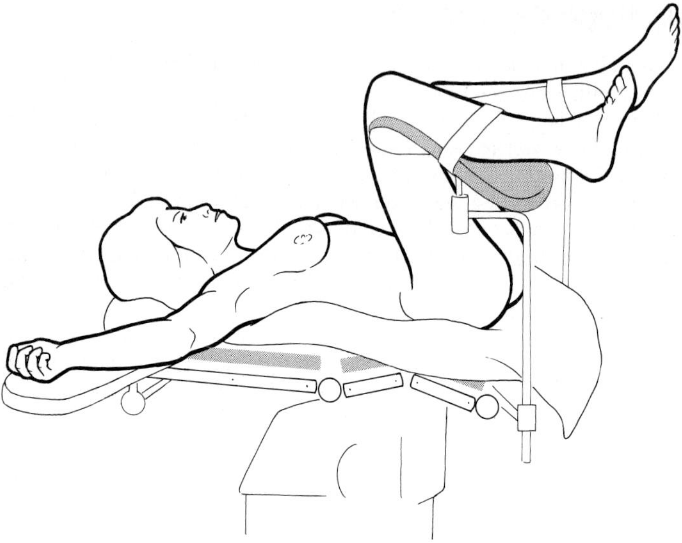

Seitenansicht der Lagerung zur Abrasio uteri

1. 2 Spekula
2. 1 anatomische Pinzette, lang
3. 1 Schere, stumpf-stumpf, lang, gebogen
4. 2 Portiofaßzangen
5. 1 Sonde
6. 1 Satz Hegar-Stifte
7. 1 Metallkatheter
8. 1 Hohlzange
9. 1 Kornzange, gebogen
10. 2 Kornzangen, gerade
11. 2 Haken, tief, schmal
12. 1 Satz scharfer Küretten
13. 1 Satz stumpfer Küretten

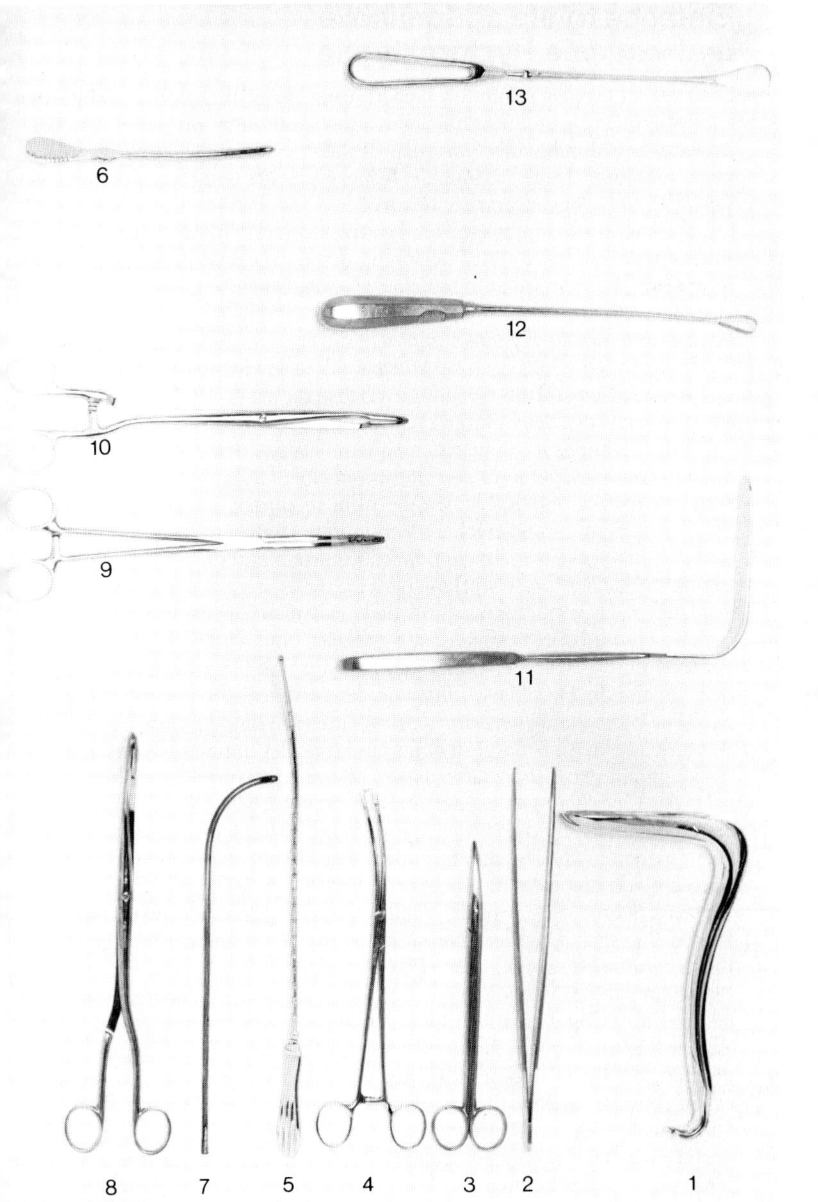
13
6
12
10
9
11
8
7
5
4
3
2
1

Einfache totale abdominelle und vaginale Hysterektomie

Die Entfernung der gesamten Gebärmutter (Korpus, Isthmus – unteres Uterinsegment – und Zervix) kann vom Abdomen aus oder von der Scheide her durchgeführt werden (totale abdominelle bzw. vaginale Hysterektomie). Dabei können die Adnexe (Eileiter und Eierstöcke) belassen oder mit weggenommen werden.
Die Indikation zur supravaginalen Hysterektomie, d. h. Absetzen des Uterus im Isthmusbereich unter Belassung der Zervix wird heute wegen der möglichen späteren Entstehung eines Zervikalkarzinoms nur noch selten gestellt.
Für die *abdominelle Hysterektomie* liegt die Patientin auf dem Rücken, der Operationstisch wird gegen die Horizontale kopfwärts gesenkt. Die Beine werden von Beinstützen gehalten, zwischen diesen findet der zweite Assistent seinen Platz (Zeichnung). Das Abdomen wird durch den knapp oberhalb der Symphyse angelegten queren Pfannenstielschnitt eröffnet. Sodann faßt der Operateur den Uterus mit einer Faßzange und zieht ihn so weit wie möglich hoch. Bleiben die Adnexe zurück, so werden das Lig. ovarii proprium (bindegewebige Verbindung zwischen Ovar und Uterus) und die Tube jeweils rechts und links uterusnah unterbunden und durchtrennt. In gleicher Weise wird mit dem Lig. teres uteri (vorderes Halteband des Uterus, das vom Fundus durch den Leistenkanal in die großen Schamlippen zieht und dort verankert ist) verfahren. Nun wird das verschiebliche Peritoneum oberhalb der Blase quer inzidiert und blasenwärts abgeschoben, sodann die Harnblase selbst von der vorderen Zervixwand abpräpariert. Die Uteruskante wird von dem anhaftenden Bindegewebe befreit, die A. uterina beiderseits dargestellt und in Höhe des unteren Uterinsegmentes knapp an der Gebärmutter ligiert und durchtrennt. Die nächste Aufgabe des Operateurs ist es, die von der Zervix strahlenförmig nach allen Seiten ziehenden Bindegewebszüge, den sog. Halteapparat des Uterus, frei zu präparieren und zu durchtrennen. Jetzt hängt die Gebärmutter nur noch am Scheidenrohr, das dicht unterhalb der gut tastbaren Portio eröffnet wird. Schrittweise wird die Vaginalwand mit Klemmen gefaßt und der Uterus abgesetzt. Die Klemmen werden umstochen und die Vagina durch Einzelknopfnähte geschlossen. Das Wundgebiet wird nach sorgfältiger Blutstillung durch Vereinigung des zuvor abpräparierten viszeralen Bauchfells peritonealisiert und die Operationswunde schichtweise geschlossen.
Zur einfachen *vaginalen Hysterektomie* wird die Patientin auf dem Rücken gelagert, die Beine sind in Hüft- und Kniegelenken gebeugt und werden durch gepolsterte Beinstützen gehalten (S. 247f). Nach Herausnähen der Labien wird ein selbsthaltendes Spekulum in die Vagina eingesetzt, die Portio mit zwei Kugelzangen gefaßt und nach unten gezogen. Der Operateur umschneidet zirkulär die Portio etwas unterhalb der Blasengrenze, wobei er die Scheidenhaut, das zervikozervikale Bindegewebe und, nach

Präparation, das Bindegewebe zwischen Blase und Zervix (Portio supravaginalis und Plica vesicalis transversa) durchtrennt. Nun wird die Portio symphysenwärts gezogen und die Plica rectouterina des Bauchfells quer inzidiert, wodurch die Leibeshöhle im Douglasschen Raum eröffnet ist. Der scheiden- und rektumwärts gelegene Saum des Peritoneums wird mit je einem Haltefaden markiert. Durch Zug an der Portio nach links stellt sich das Parametrium der rechten Uterusseite dar, das in mehrfachen Schritten ligiert und durchtrennt wird. Nun präpariert der Operateur die rechten Uteringefäße frei, die er knapp am Uterus umsticht und durchtrennt. Auf der linken Seite wird analog verfahren. Durch steißbeinwärts gerichteten Zug an der Portio und durch Einführen eines schmalen Spekulums in den Raum zwischen Zervix und Blasenhinterwand wird die Umschlagsfalte des Bauchfells vom Uterus auf die Blase (Plica vesicalis transversa) sichtbar und quer inzidiert. Der symphysenwärts gelegene Rand des Peritoneums wird mit einem Haltefaden markiert. Durch die vordere Bauchfellinzision läßt sich die Gebärmutter mit einer Zange im Fundus fassen und vor die Vulva herauswälzen. Der Uteruskörper hängt jetzt nur noch an den Ligg. teres uteri und an den Adnexen, deren Ansätze, falls sie nicht mit entfernt werden sollen, an der Gebärmutter nach Ligatur durchtrennt werden. Der Verschluß der Leibeshöhle erfolgt durch Einzelknopfnähte oder durch eine Tabaksbeutelnaht, die das Blasenperitoneum mit dem des Douglasschen Raumes vereinigen.

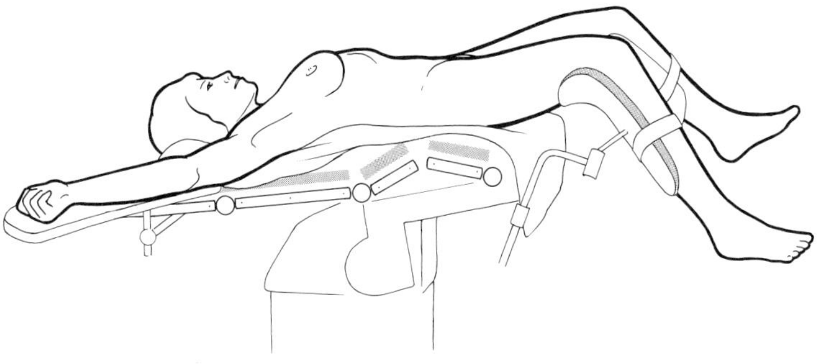

Rückenlage mit kopfwärts gesenktem Operationstisch. Die Beine werden von Stützen gehalten

1. 1 großes Skalpell
2. 1 kleines Skalpell
3. 2 chirurgische Pinzetten, Standard
4. 2 chirurgische Pinzetten, fein
5. 2 chirurgische Pinzetten, lang
6. 2 anatomische Pinzetten, Standard
7. 2 anatomische Pinzetten, lang
8. 2 anatomische Pinzetten, lang, fein
9. 2 Scheren, stumpf-stumpf, Standard, gebogen
10. 2 Scheren, stumpf-stumpf, lang, gebogen
11. 2 Scheren, stumpf-stumpf, Standard, gerade
12. 4 Pean-Klemmen, gebogen
13. 4 Pean-Klemmen, lang, gebogen
14. 10 Kocher-Klemmen
15. 6 Kocher-Klemmen, lang
16. 4 Mikulicz-Klemmen
17. 2 Overholt-Klemmen
18. 4 Moskito-Klemmen
19. 6 Kornzangen
20. 2 Präpariertupferklemmen
21. 2 scharfe Haken
22. 2 Roux-Haken
23. 2 Langenbeck-Haken
24. 2 Bauchdeckenhaken
25. 2 Leberhaken
26. 2 Haken, tief, schmal
27. 1 Bauchdeckenhalter
28. 1 Spatelhaken
29. 2 Uterusfaßzangen
30. 2 Knopfsonden
31. 1 lange Rillensonde
32. 2 Deschamps
33. 4 große Wertheim-Klemmen
34. 4 kleine Wertheim-Klemmen
35. 2 Ringfaßzangen
36. 2 Spekula
37. 1 Blasenspiegel
38. 2 Metallkatheter
39. 2 Nadelhalter, Standard
40. 2 Nadelhalter, lang
41. 1 Gefäß mit Tupfern
42. 1 Dose mit Nadeln und Nahtmaterial
43. 6 Tuchklemmen
44. 1 Elektrokauter
45. 1 Sauger

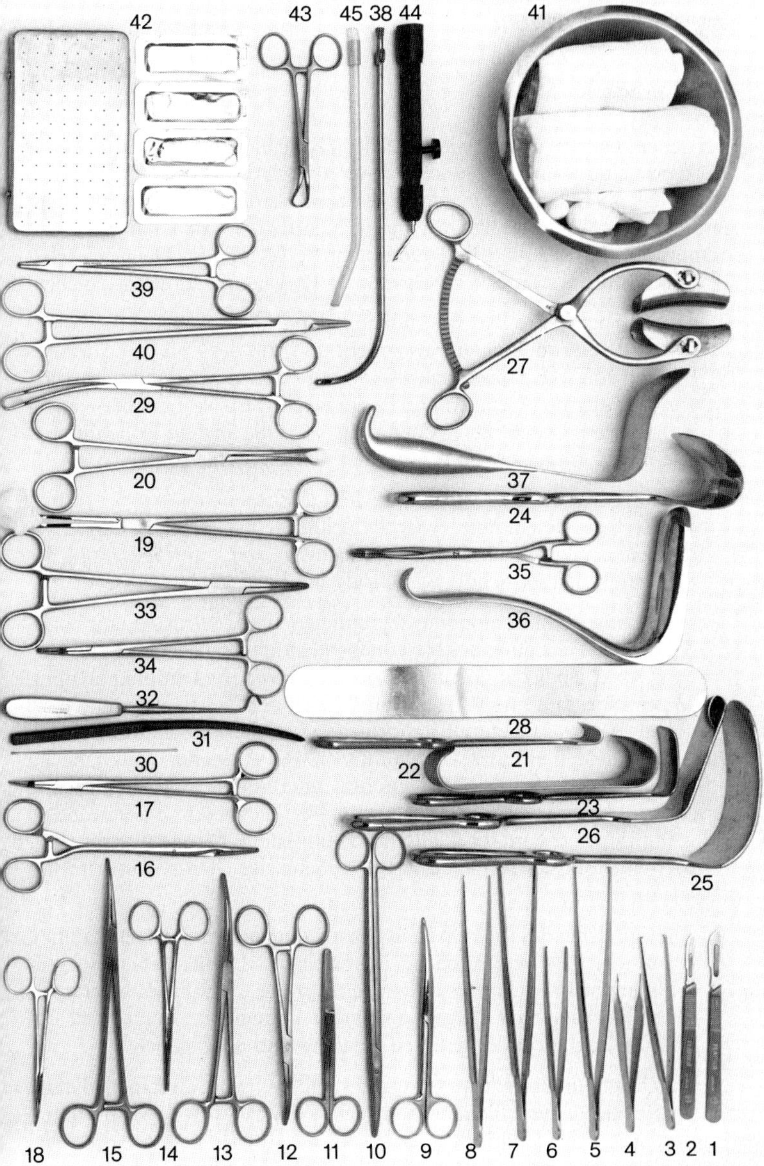
42
43
45
38
44
41
39
40
29
27
20
37
24
19
35
33
36
34
32
28
31
21
30
22
17
23
26
16
25
18
15
14
13
12
11
10
9
8
7
6
5
4
3
2
1

Erweiterte totale abdominelle Hysterektomie

Instrumentarium S. 252f.

Bei der erweiterten totalen abdominellen Hysterektomie müssen nicht nur der ganze Uterus und die Adnexe, sondern auch das Beckenbindegewebe sowie das obere Drittel der Vagina reseziert werden. Das Lymphknotenfettgewebe soll so gründlich wie möglich entfernt werden. Lagerung und Schnittführung S. 250f. Ohne die operative Technik im Detail zu schildern, seien die wesentlichen Schritte der Radikaloperation beschrieben:

1. Queres Spalten des Blasenperitoneums und Abschieben der Blasenhinterwand vom unteren Uterinsegment und von der Zervix. Beiderseits Bildung von sog. paravesikalen Gewebsgruben, die beckenbodenwärts von den uterinen Gefäßen und beckenwandwärts von der Blase angelegt werden. Durch diese Maßnahme wird die spätere Isolierung der Uteringefäße und die Freilegung der Ureteren erleichtert.
2. Nach Ligatur und Durchtrennung des Lig. suspensorium ovarii (=bindegewebige Verbindung zwischen seitlicher Beckenwand und Ovar, die A. und V. ovarica enthaltend) und des Lig. teres uteri Entfaltung des Lig. latum. Dieser Schritt wird beidseitig durchgeführt.
3. Systematische Entfernung des Lymphdrüsenfettgewebes (Lymphonodektomie), Freilegung des blasennahen Harnleiterabschnittes und weiteres Abschieben der Harnblase von der Zervix. Die Lymphknotenpräparation beginnt am M. psoas im Bereich der Iliakalgefäße und wird gegen die Fascia obturatoria fortgesetzt, wobei die bindegewebigen Gefäßscheiden eröffnet werden müssen. Die A. uterina wird nahe am Ursprung aus der A. iliaca interna unterbunden und durchtrennt, sodann der distale Ureter freigelegt, wobei die hintere Blasenwand so weit präpariert wird, bis die Einmündungsstelle des Harnleiters sichtbar wird. Auf der rechten und linken Seite des Uterus wird natürlich analog verfahren.
4. Abpräparieren des Rektums und Darstellung des pararektalen Raumes. Dazu wird das verschiebliche Bauchfell des Douglasschen Raumes eröffnet und der Schnitt nach den Seiten so weit verlängert, bis er in die schon vorhandenen Peritonealwunden einmündet. Dann wird das Rektum auch von der hinteren Vaginalwand abpräpariert.
5. Durchtrennung des fächerförmig gestalteten bindegewebigen Haftapparates des Uterus (Parametrium) und Absetzen der Gebärmutter im mittleren Scheidendrittel.

6. Drainage des Operationsgebietes durch einen weichen Gummidrain, der durch die Scheide nach außen geführt wird, und schließlich lückenlose Peritonealisierung des großen Wundgebietes.
7. Schichtweiser Wundverschluß.

Eingriffe an den Adnexen

Instrumentarium S. 252f, zusätzlich 2 Ovarialfaßzangen.

Zur Entfernung der Adnexe wird die Patientin wie auf S. 251 beschrieben gelagert.
Nach Eröffnung des Abdomens vom Pfannenstielschnitt aus wird zunächst das Lig. suspensorium ovarii (Verbindung zwischen seitlicher Beckenwand und Ovar) nach doppelter Ligatur durchtrennt. Dicht am Uterus werden nach Umstechung die Tube und das Lig. ovarii proprium abgesetzt. Nun sind die Adnexe nur noch am vorderen und hinteren Blatt des Lig. latum befestigt, von dem sie leicht abgetrennt werden können, da die Gefäßversorgung durch die oben geschilderten Unterbindungen unterbrochen ist. Sind die Adnexe entfernt, vernäht der Operateur sorgfältig die beiden Blätter des Lig. latum uteri so, daß die Unterbindungsstümpfe extraperitoneal verlagert werden, d.h., daß sie zwischen den Blättern, also von ihnen bedeckt, zu liegen kommen. Zusätzlich kann über diese Naht des Wundgebietes eine Schleife des Lig. teres uteri aufgesteppt werden. Die isolierte Entfernung des Eileiters sei am Beispiel der *Tubargravidität* geschildert. Wegen der bei einer Tubenruptur bestehenden Blutung in die freie Bauchhöhle muß der Operateur zügig operieren und zunächst die Blutung zum Stehen bringen. Hat er die Seite der Tubargravidität ermittelt, setzt er in entsprechendem Abstand vom Eierstock eine gebogene Klemme vom Fimbrienende her an die Mesosalpinx (Bauchfellduplikatur zwischen Tube und Ovar), womit die Blutzufuhr vom R. tubaris der A. ovarica unterbrochen ist. Nach Durchtrennung der Mesosalpinx im Klemmenbereich legt er vom Schnittende her eine zweite Klemme bis knapp an den Tubenabgang vom Uterus. Damit ist auch das zweite, die Eileiter versorgende Gefäß, der R. tubarius der A. uterina, unterbrochen, und die Blutung steht. Der Tubenabgang wird spindelförmig aus der Uteruswand ausgeschnitten und die Exzisionsstelle mit Einzelknopfnähten verschlossen. Die Klemmen werden durch Ligaturen ersetzt und die Unterbindungsstümpfe mit der noch vorhandenen Mesosalpinx peritonealisiert. Zusätzlich kann das Wundgebiet durch Aufsteppen einer Schleife aus dem Lig. teres uteri bedeckt werden.
Tumoren der Eierstöcke, die eine beträchtliche Größe erreichen können, sollten immer operativ entfernt werden, da die Gefahr der Stieldrehung oder malignen Entartung besteht. Ist bei einer Patientin im geschlechtsreifen Alter noch normales Ovarialgewebe vorhanden, so wird der Tumor ausgeschält und die entsprechende Tube belassen. Bei Kranken im Klimakterium werden die Adnexe der betroffenen Seite entfernt. Bei kleinzystischen Veränderungen des Ovars wird die Oberfläche des Eierstockes spindelförmig umschnitten und das Gewebe keilförmig in die Tiefe exzidiert. Die Wundoberfläche wird mit tiefgreifender fortlaufender Naht verschlossen.

Kaiserschnitt

Die Schnittentbindung, der sog. Kaiserschnitt (Sectio caesarea) wird vom Abdomen aus durchgeführt. Dabei wird der Uterus quer am unteren Uterinsegment (Isthmus uteri = Teil der Gebärmutter zwischen Korpus und Zervix) eröffnet.
Zur Operation wird die Patientin wie auf S. 251 beschrieben gelagert. Die Bauchhöhle wird durch den queren Pfannenstielschnitt eröffnet. Das untere Uterinsegment ist leicht zu erkennen, da hier das Peritoneum auf der Uterusvorderwand verschieblich ist. In diesem Bereich wird das Bauchfell quer inzidiert, nach rechts, links und nach unten abpräpariert, wobei auch die Blase so weit wie erforderlich abgeschoben wird. Nun eröffnet der Operateur das untere Uterinsegment durch einen kleinen bogenförmigen Querschnitt und erweitert stumpf mit den beiden hakenförmig in die Wunde eingeführten Zeigefingern die Inzision nach Bedarf. Dabei eröffnet er auch die Eihäute. Stößt er auf Plazentagewebe, wird dieses stumpf auseinandergedrängt und das Kind entwickelt. Ist das Kind abgenabelt, werden die Wundwinkel durch je eine Naht gefaßt und angezogen, die Plazenta und die Eihäute vollständig entfernt. Dann beginnt die Uterusnaht. Zwischen den beiden angezogenen Wundwinkelfäden ist der Uterusschnitt leicht zugänglich und wird mit Einzelknopfnähten verschlossen. Sie erfassen die ganze Muskelwand, jedoch nicht die Schleimhaut. Die erste Nahtreihe wird nochmals mit Z-förmig angelegten Nähten übernäht. Das zu Beginn der Operation abgelöste viszerale Peritoneum wird nun oberhalb des Nahtgebietes an die Uteruswand fixiert, wodurch die verschlossene Uteruswunde extraperitoneal und retrovesikal zu liegen kommt. Auf diese Weise wird die Bauchhöhle gegen das Wundgebiet des Uterus abgeschlossen, was der wesentliche Vorteil dieses Operationsverfahrens gegenüber früher gebräuchlichen ist. Der schichtweise Wundverschluß beendet die Operation.

1. 1 großes Skalpell
2. 1 kleines Skalpell
3. 2 chirurgische Pinzetten, Standard
4. 2 chirurgische Pinzetten, fein
5. 2 chirurgische Pinzetten, lang
6. 2 anatomische Pinzetten, Standard
7. 2 anatomische Pinzetten, lang
8. 2 anatomische Pinzetten, lang, fein
9. 2 Scheren, stumpf-stumpf, Standard, gebogen
10. 2 Scheren, stumpf-stumpf, lang, gebogen
11. 2 Scheren, stumpf-stumpf, Standard, gerade
12. 4 Pean-Klemmen, gebogen
13. 4 Kocher-Klemmen
14. 4 Mikulicz-Klemmen
15. 2 Overholt-Klemmen
16. 4 Kornzangen
17. 2 Präpariertupferklemmen
18. 2 scharfe Haken
19. 2 Roux-Haken
20. 2 Langenbeck-Haken
21. 2 Bauchdeckenhaken
22. 2 Haken, tief, schmal
23. 1 Bauchdeckenhalter
24. 1 Spatelhaken
25. 2 Uterusfaßzangen
26. 2 Nadelhalter, Standard
27. 2 Nadelhalter, lang
28. 1 Gefäß mit Tupfern
29. 1 Dose mit Nadeln und Nahtmaterial
30. 6 Tuchklemmen
31. 1 Elektrokauter
32. 1 Sauger

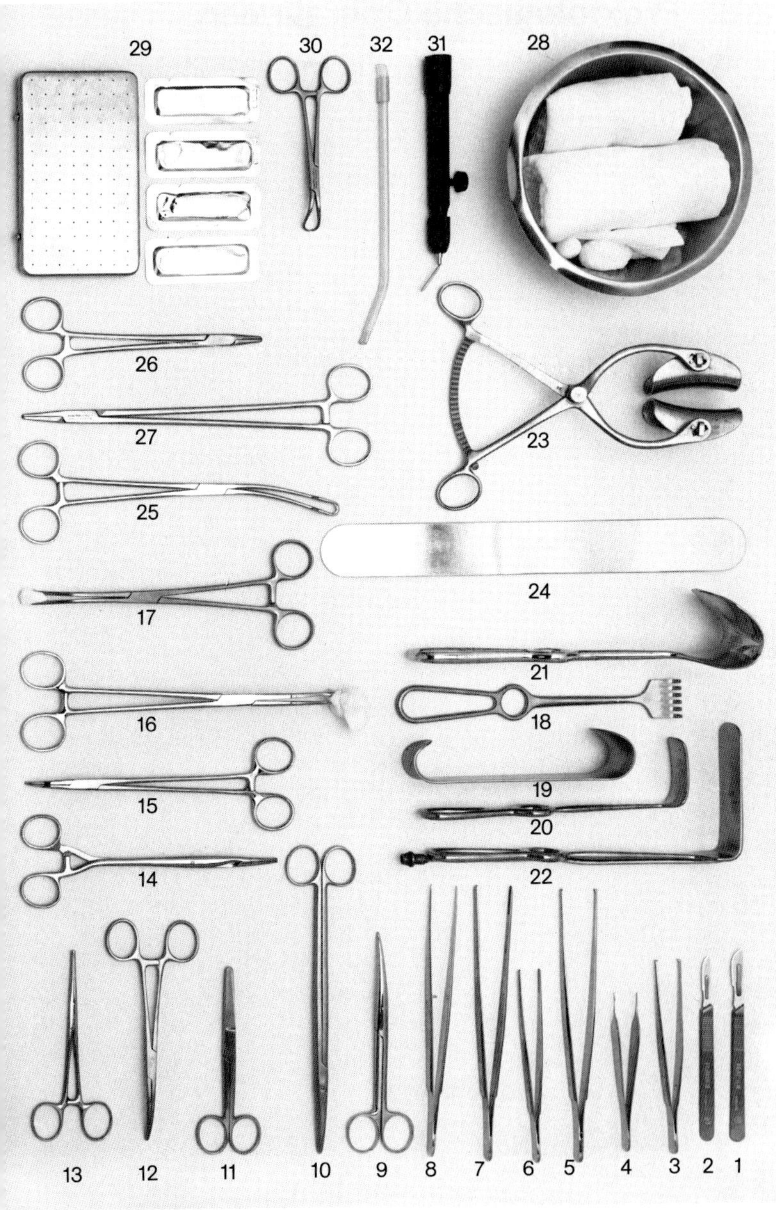
29
30
32
31
28
26
27
23
25
24
17
21
18
16
19
15
20
14
22
13
12
11
10
9
8
7
6
5
4
3
2
1

8 Proktologische Operationen

Hämorrhoiden

Die Entstehung der inneren – echten – Hämorrhoiden wird auf eine variköse Erweiterung des Plexus haemorrhoidalis oder auf Vergrößerungen arteriovenöser Anastomosen im analen Schwellkörper zurückgeführt. Dieser wird von 3 Ästen der A. rectalis inferior gespeist, an deren Eintrittsstellen in das Corpus cavernosum – in Steinschnittlage bei 3, 7 und 11 Uhr – sich die Hämorrhoiden entwickeln.

Die Operation wird am besten in Steinschnittlage (S. 67) oder Bauchlage mit erhöhtem Gesäß (S. 265) vorgenommen. Bei 3, 7 und 11 Uhr wird entsprechend der Lokalisation der Hämorrhoiden am Übergang von Analschleimhaut – Haut je eine Kocher-Klemme angelegt. Durch Anziehen der Klemmen werden die Hämorrhoidalknoten nach außen gezogen und zunächst der bei 7 Uhr liegende mit einer Pean-Klemme längs radiär gefaßt. Durch Kippen dieser Klemmen zum Operateur hin wird die Schleimhaut des Rektums angespannt, wobei sich oberhalb des Knotens eine Falte abzeichnet, in der die zufließende Arterie liegt, die transmukös umstochen wird. Entlang der Pean-Klemme wird der Hämorrhoidalknoten V-förmig exzidiert, wobei die V-Spitze zum Rektum hin gerichtet ist. Von der Basis dieses Dreiecks aus werden die Haut und subkutanes Gewebe, wieder V-förmig, mit der Spitze nach außen hin ausgeschnitten. Der innere Schließmuskel wird nun sichtbar, der bei narbigen Veränderungen oder Rigidität einmal zu 2/3 durchtrennt wird. Die Schleimhaut wird einschichtig oder fortlaufend mit resorbierbarem Material vernäht, das Hautdreieck bleibt zur Drainage dieses infektionsgefährdeten Gebietes offen. Mit den übrigen Hämorrhoidalknoten wird analog verfahren, wobei zwischen den Exzisionsstellen mindestens 5 mm intakte Schleimhaut verbleiben soll, um Strikturen zu vermeiden.

1. 1 Skalpell
2. 2 chirurgische Pinzetten, Standard
3. 2 anatomische Pinzetten, Standard
4. 1 Schere, stumpf-stumpf, Standard, gebogen
5. 4 Pean-Klemmen, gebogen
6. 2 Kocher-Klemmen
7. 4 Moskito-Klemmen, gebogen
8. 2 Langenbeck-Haken, tief, schmal
9. 2 Nadelhalter
10. 1 Gefäß mit Tupfern
11. 1 Dose mit Nadeln und Nahtmaterial
12. 1 Elektrokauter
13. 2 Tuchklemmen
    evtl. Analretraktor nach Parks

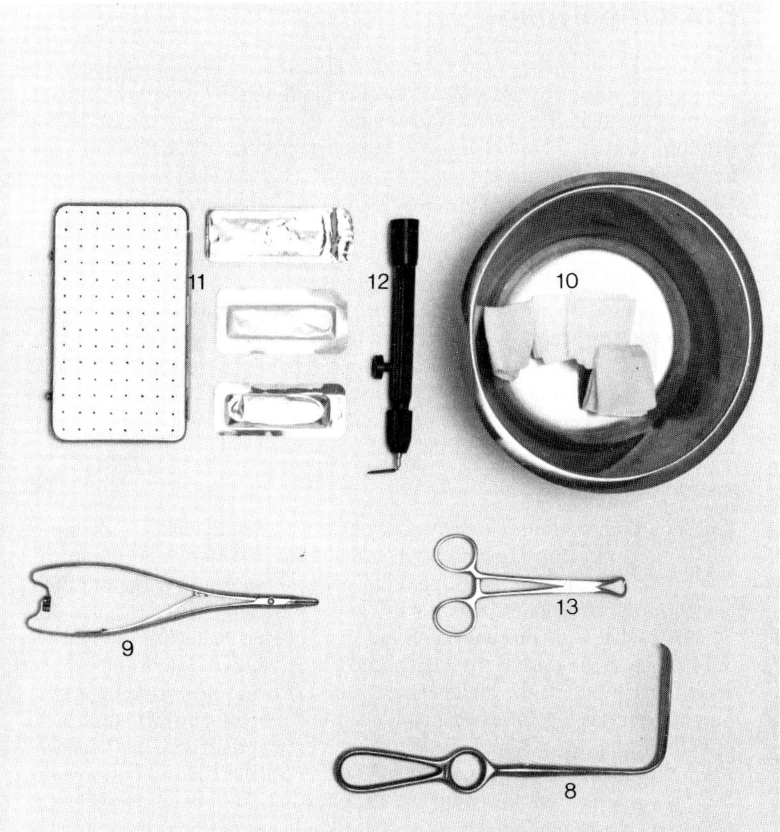
11
12
10
9
13
8
7
6
5
4
3
2
1

Rektumpolypen

Solitäre oder *multiple polypöse Adenome* kommen im Rektum häufiger als im übrigen Kolon vor. Sie sitzen entweder breitbasig der Rektumwand auf oder sind gestielt. Rasenartig wachsen die *villösen Adenome,* die eine Ausdehnung bis zu Handtellergröße erreichen können. Polypen sind als Krebsvorstufen aufzufassen und müssen deshalb entfernt werden.
Die Operation der im Rektum lokalisierten und mit einem Prokto- oder Rektoskop erreichbaren Adenome kann in Steinschnittlage oder Bauchlage mit erhöhtem Gesäß vorgenommen werden (Zeichnung). Ein kleiner Polyp wird mit der Probeexzisionszange entfernt und die Basis verschorft. Ein gestielter Polyp in Afternähe wird mit einer Klemme gefaßt, nach außen gezogen, seine Basis umstochen und mit einem Elektrokauter abgetragen. Höher gelegene gestielte Polypen faßt der Operateur mit einer Biopsiezange und durchtrennt unter leichtem Zug die Basis mit der Elektroschlinge. Breitbasige papilläre Adenome werden stückweise mit der Elektroschlinge entfernt und die Basis verschorft.

Instrumentarium S. 268f.

Größere, breitbasig in der Rektumampulle wachsende, villöse Adenome werden am zweckmäßigsten durch Inzision der Rektumwand (Rectotomia posterior) entfernt. Die Operation wird in Bauchlage vorgenommen (Zeichnung). Der Hautschnitt verläuft in der Mittellinie von der Spitze des Steißbeins bis zum proximalen Rand des äußeren Schließmuskels. Das Subkutangewebe und die oberflächliche Faszie werden durchtrennt. Nun stellt der Operateur die Steißbeinspitze und den Levatormuskel dar und durchtrennt das Lig. anococcygeum quer an der Steißbeinspitze und zieht es in Richtung Anus (Abb. 8.**1** A). In seinem Faserverlauf wird der Levatormuskel gespalten und weggehalten. Damit liegt die Rektumhinterwand frei. Sie wird, nach Mobilisation zu den Seiten hin, längs inzidiert (Abb. 8.**1** B) und die vorliegenden Adenome schrittweise aus der Schleimhaut exzidiert. Die Ränder der Abtragungsstellen werden jeweils sofort mit Einzelknopfnähten vernäht (Abb. 8.**1** C). Sind alle Adenome entfernt, so wird die Längsinzision in der hinteren Rektumwand durch zweischichtige Naht in querer Richtung verschlossen (Abb. 8.**1** D). In den Bereich der Rektumwunde wird ein Penrose-Drain gelegt. Die Ränder des Levatormuskels werden durch Nähte adaptiert, das Lig. anococcygeum wieder an der Steißbeinspitze befestigt, Subkutis und Haut vernäht.

Instrumentarium S. 270f

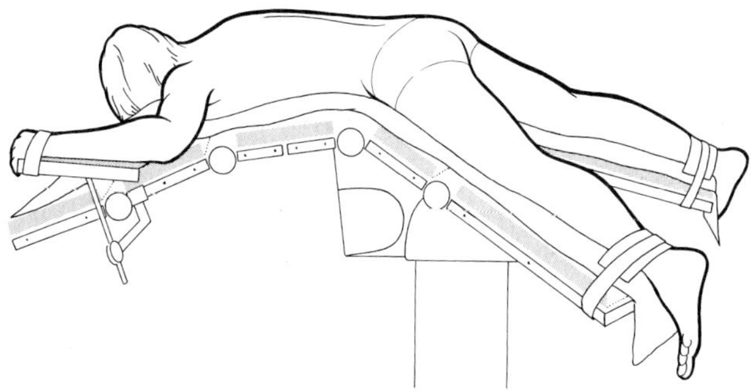

Bauchlage mit erhöhtem Gesäß

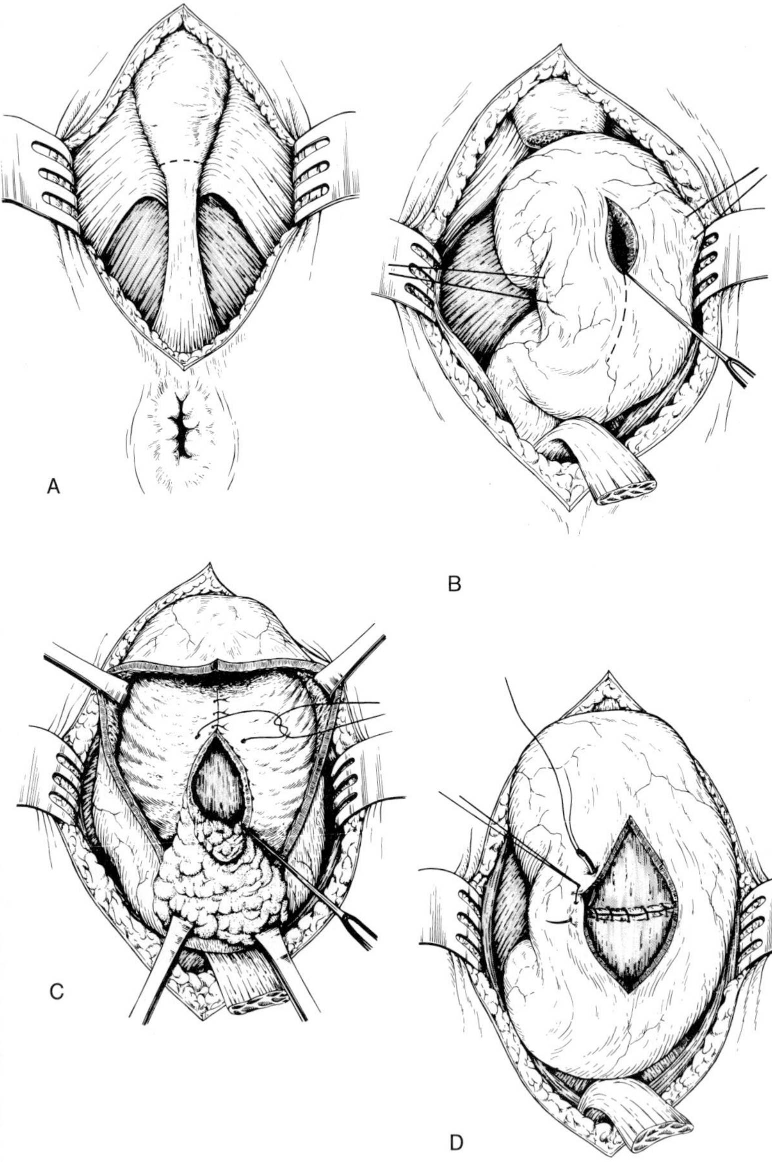

Abb. 8.**1.** A–D
(aus Baumgartl. u.a.: Spezielle Chirurgie für die Praxis, Bd. II/2. Thieme, Stuttgart 1972)

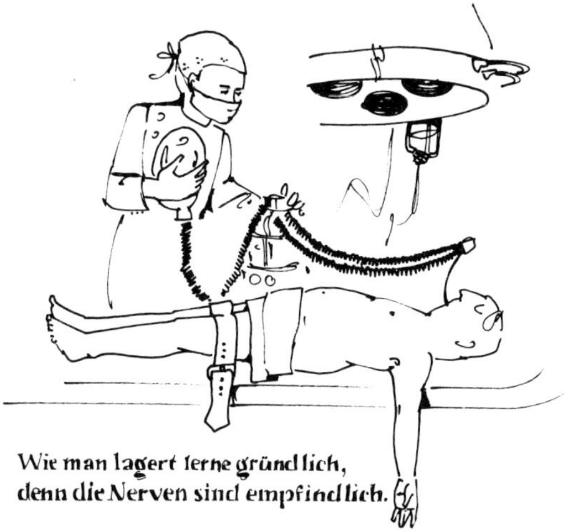
Wie man lagert lerne gründlich,
denn die Nerven sind empfindlich.

1. 1 Analretraktor
   1 Proktoskop
   1 Rektoskop
2. 1 Polypenfaßzange

(1.–2.: je nach Sitz des Polypen)

3. 1 chirurgische Pinzette, lang
4. 1 Schere, stumpf-stumpf, lang
5. 2 Tupferklemmen
6. 1 Gefäß mit Tupfern
7. 1 Rektumnadelhalter
8. 1 Dose mit Nadeln und Nahtmaterial
9. 1 Elektrokauter mit Schlinge
10. 2 Tuchklemmen

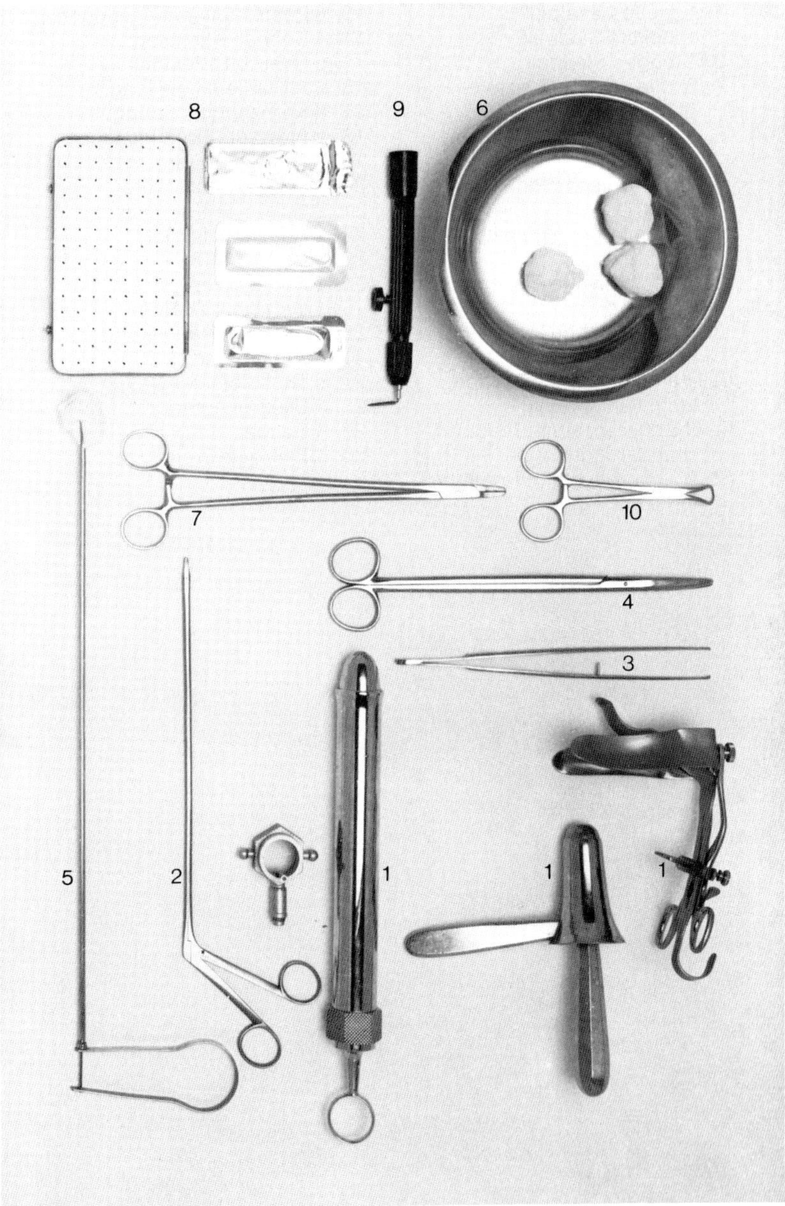
8
9
6
7
10
4
3
5
2
1
1
1

1. 1 großes Skalpell
2. 1 kleines Skalpell
3. 1 langes Skalpell
4. 2 chirurgische Pinzetten, Standard
5. 2 chirurgische Pinzetten, fein
6. 2 chirurgische Pinzetten, lang
7. 2 chirurgische Pinzetten, lang, fein
8. 2 anatomische Pinzetten, Standard
9. 2 anatomische Pinzetten, lang
10. 2 anatomische Pinzetten, lang, fein
11. 2 Scheren, stumpf-stumpf, Standard, gebogen
12. 2 Scheren, stumpf-stumpf, lang, gebogen
13. 6 Pean-Klemmen, gebogen
14. 4 Kocher-Klemmen
15. 6 Overholt-Klemmen
16. 4 Allis-Klemmen, lang
17. 2 Kornzangen, gebogen
18. 2 Präpariertupferklemmen
19. 2 scharfe Haken
20. 2 Langenbeck-Haken
21. 2 Haken, tief, schmal
22. 2 Haken, tief, breit
23. 2 Israel-Haken
24. 3 Nadelhalter
25. 1 Gefäß mit Tupfern
26. 1 Dose mit Nadeln und Nahtmaterial
27. 5 Tuchklemmen
28. 1 Elektrokauter
29. 1 Sauger
30. 1 Penrose-Drain

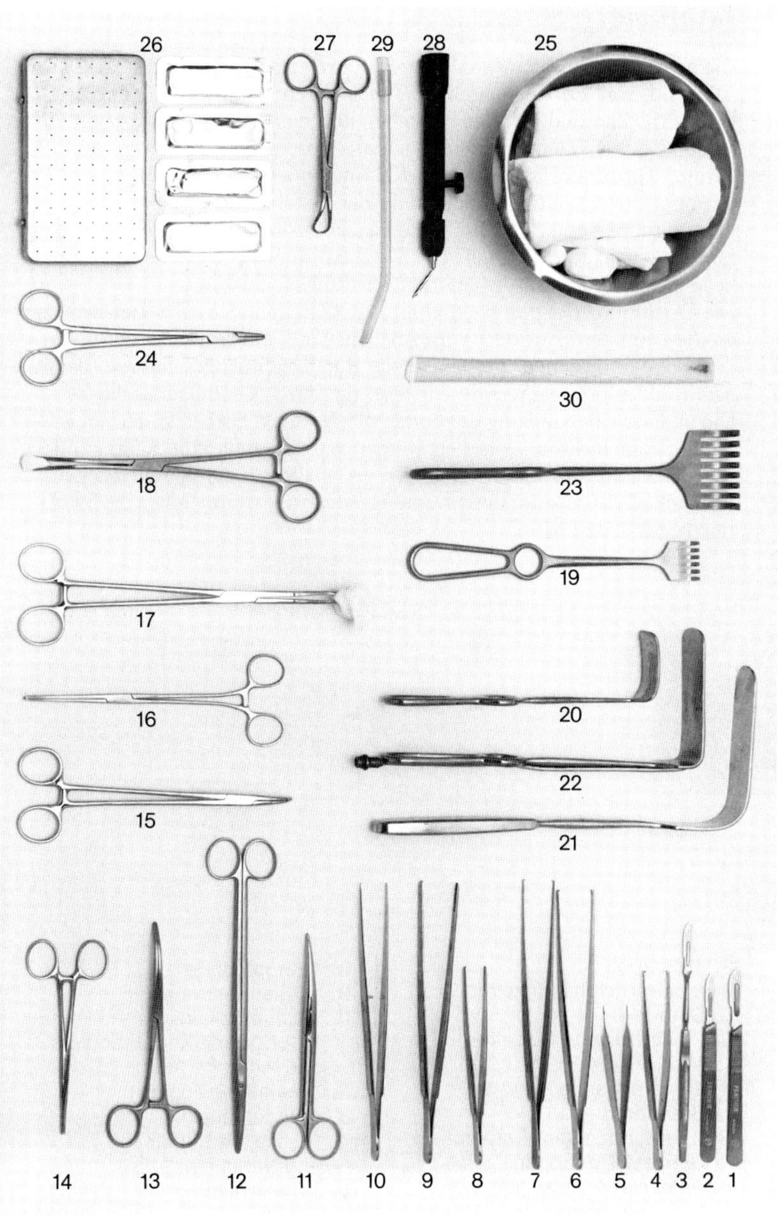
26
27
29
28
25
24
30
18
23
19
17
20
16
22
15
21
14
13
12
11
10
9
8
7
6
5
4
3
2
1

Analfistel

Die meisten Analfisteln werden durch perirektale Abszesse verursacht, die aufgrund von Entzündungen in Analkrypten und -drüsen, infizierten Hämorrhoiden und Fissuren entstehen und nach unten analwärts durchbrechen. Seltener sind sie die Folge einer Proctocolitis ulcerosa, Morbus Crohn, Tuberkulose sowie eines Rektum- oder Genitalkarzinoms.
Für die Unterscheidung in tiefe und hohe Fistel ist die Höhe der inneren Fistelmündung entscheidend. Tiefe Fisteln (95%) münden im Bereich der Linea denticulata (Morgagnische Taschen) oder noch weiter analwärts, hohe Fisteln oberhalb des anorektalen Rings.
Die Operation erfolgt in Steinschnittlage (Zeichnung, S. 67). Tiefe Fisteln werden von der Haut oder vom Analkanal aus sondiert, über der liegenden Sonde vollständig gespalten, die Ränder zurückgeschnitten, damit eine muldenförmige Wunde entsteht, die durch Granulation abheilt.
Die operative Behandlung der hohen pelvirektalen Fisteln ist sehr schwierig und kann nicht schematisiert werden. Sie dürfen nie zum Rektum oder zum Analkanal hin aufgespalten werden, weil sonst der Ansatz des Levatormuskels am Rektum durchtrennt würde, was unvermeidlich die Inkontinenz zur Folge hätte.

1. 1 Skalpell
2. 2 chirurgische Pinzetten, Standard
3. 2 chirurgische Pinzetten, fein
4. 1 anatomische Pinzette, Standard
5. 2 Scheren, stumpf-stumpf, Standard, gebogen
6. 2 Pean-Klemmen,gebogen
7. 2 Kocher-Klemmen
8. 1 Knopfsonde
9. 1 Fiberglasrinne
10. 2 scharfe Haken
11. 1 Spritze mit Knopfkanüle und Indigokarmin
12. 1 Gefäß mit Tupfern
13. 1 Nadelhalter
14. 1 Dose mit Nadeln und Nahtmaterial
15. 1 Elektrokauter

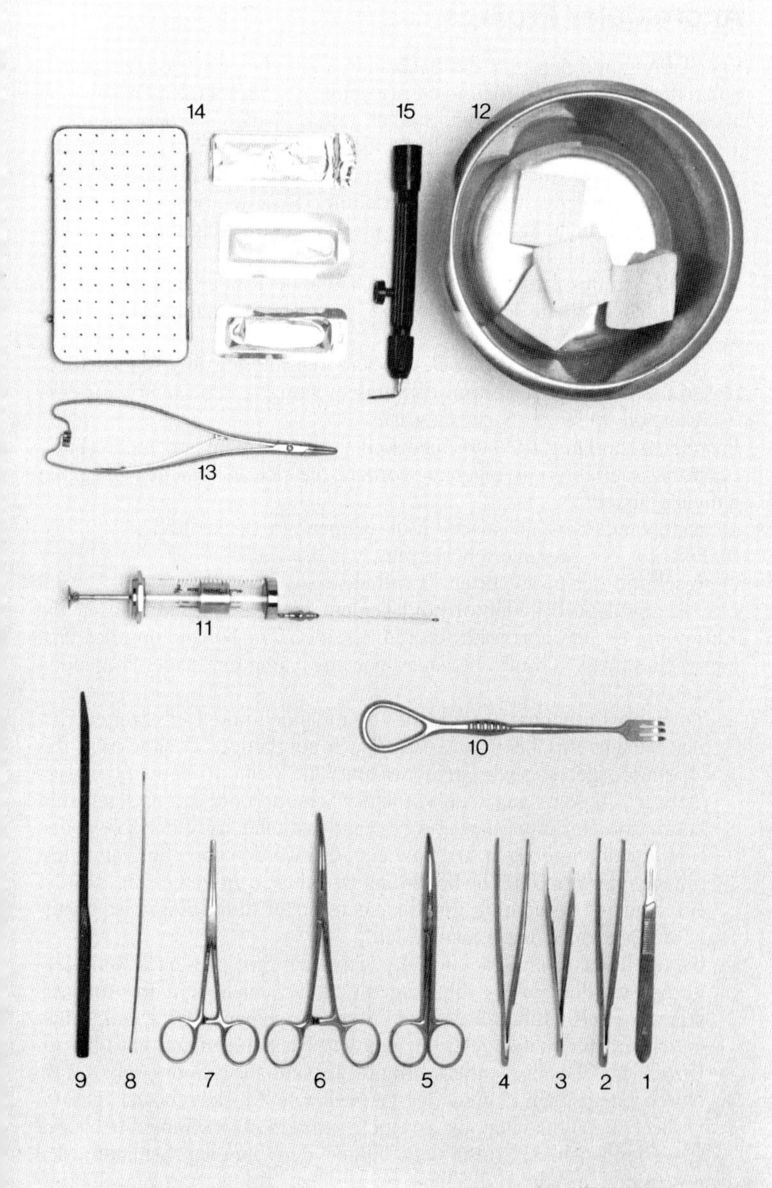

14
15
12
13
11
10
9
8
7
6
5
4
3
2
1

Anorektaler Prolaps

Erschlaffung und Atrophie des Beckenbindegewebes sowie der zirkulären Sphinktermuskulatur sind für die Entstehung des anorektalen Prolaps verantwortlich, bei dem folgende Stadien unterschieden werden:

1. Der Mukosaprolaps I. und II. Grades. Darunter wird das abnormale Austreten von Analschleimhaut aus dem Analkanal verstanden. Diese Form des Prolaps ist an der Radiärfaltung (Rosettenform) der Schleimhaut erkenntlich. Er ist nie länger als 4 cm und häufig die Folge eines Hämorrhoidalleidens.
2. Der Rektumprolaps III. Grades tritt häufig bei Kindern auf. Die vorfallende Schleimhaut des Rektums ist kreisförmig gefältelt (Bienenkorbform).
3. Der Rektumprolaps IV. Grades ist eine Ausstülpung aller Wandschichten des Mastdarms zusammen mit dem Douglas-Peritoneum aus dem After, die mehr als 8 cm lang ist.

Für die Behandlung der verschiedenen Prolapsformen sind mehr als 60 Operationsverfahren angegeben worden, die sich in folgende Gruppen aufteilen lassen:

a) abstützende bzw. plastische Maßnahmen am Beckenboden,
b) Fixation des prolabierten Darmes,
c) Resektion der prolabierten Darmteile.

Der Analprolaps bei Hämorrhoidalleiden wird meist schon durch die Abtragung der Hämorrhoidalknoten beseitigt. Zur Behandlung des Prolapses III. und IV. Grades bedienen wir uns häufig der beiden folgenden Verfahren:

1. Zunächst Entnahme eines etwa 15 cm langen und 1 cm breiten Faszienstreifens aus der Fascia lata. Nach sorgfältiger Desinfektion des Operationsgebietes wird in Steinschnittlage je eine vordere und hintere Inzision am Anus angelegt, von einer Schnittwunde zur anderen subkutan zirkulär tunnelisiert und der Faszienstreifen mit einer gebogenen Klemme durchgezogen. Die Faszienenden werden unter Spannung fest miteinander vernäht. Die Spannung ist dabei so zu bemessen, daß der entstandene Faszienring gut für einen Finger durchgängig ist. Hautnaht der kleinen Inzisionswunden.
2. Bei der transanalen Resektion des Mastdarmprolapses nach Rehn-Delorme wird der Prolaps vorgezogen und die Schleimhaut am Anus zirkular inzidiert (Abb. 8.**2** A). Die unter der Schleimhaut liegende Muskelschicht muß dabei geschont werden. Die Schleimhaut wird bis zur Umschlagstelle abpräpariert, umgestülpt und abgetrennt (Abb. 8.**2** B). Durch einige Nähte wird der verbleibende Muskelschlauch gerafft, wobei Falten entstehen, die an eine Ziehharmonika erinnern (Abb. 8.**2** C). Dieser Muskelwulst wird hinter den äußeren Schließmuskel geschoben und die verbliebene Schleimhaut zirkulär mit Einzelknopfnähten an der Haut des Anus festgenäht (Abb. 8.**2** D).
   Instrumentarium S. 276.

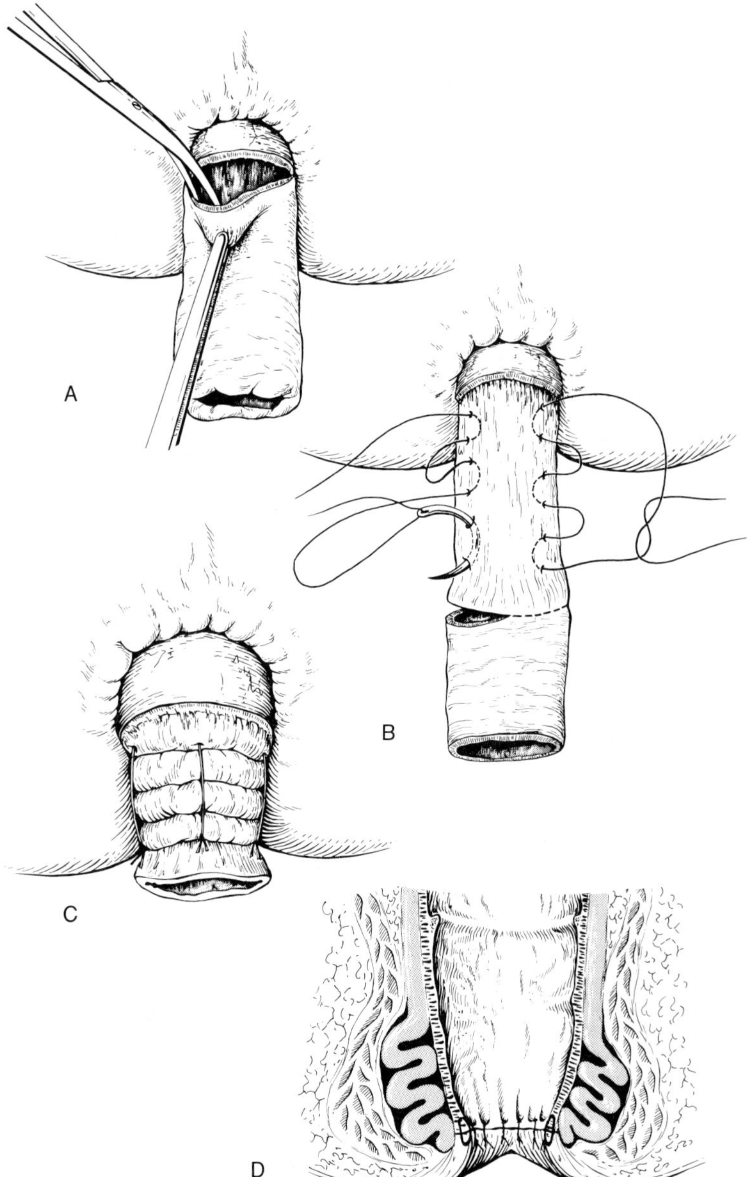

Abb. 8.**2** A–D
(aus Baumgartl u.a.: Spezielle Chirurgie für die Praxis, Bd.II/2. Thieme, Stuttgart 1972)

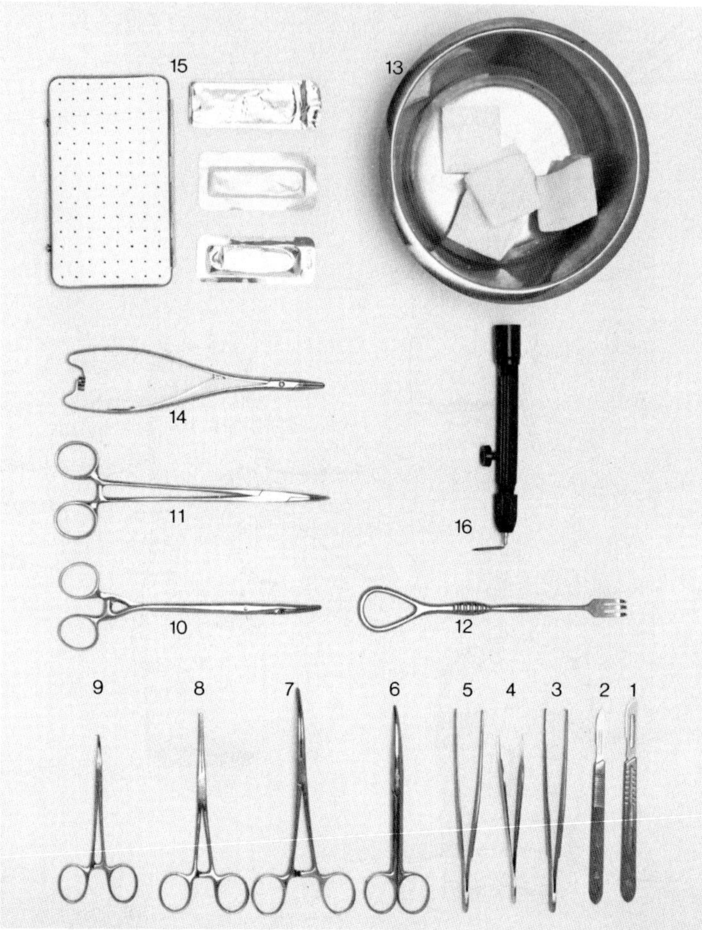

1. 1 großes Skalpell
2. 1 kleines Skalpell
3. 2 chirurgische Pinzetten, Standard
4. 2 chirurgische Pinzetten, fein
5. 2 anatomische Pinzetten, Standard
6. 2 Scheren, stumpf-stumpf, Standard
7. 2 Pean-Klemmen, gebogen
8. 2 Kocher-Klemmen
9. 4 Moskito-Klemmen, scharf, gebogen
10. 2 Mikulicz-Klemmen
11. 2 Overholt-Klemmen
12. 2 Haken
13. 1 Gefäß mit Tupfern
14. 2 Nadelhalter
15. 1 Dose mit Nadeln und Nahtmaterial
16. 1 Elektrokauter

9 Eingriffe am Auge

Lidoperationen

Eingriffe an den Augenlidern sind vorwiegend erforderlich wegen Stellungsanomalien (Entropium, Ektropium, Lagophthalmus, Ptosis) und entzündlicher Veränderungen (Hordeolum, Chalazion), gelegentlich auch wegen Tumoren (Basaliom, Karzinom).
Alle Operationen haben zum Ziel, neben der Beseitigung der Grunderkrankung die hauptsächlichen Lidfunktionen wie Schutz des Auges und Tränenabfluß zu erhalten.
So ist, abgesehen vom kosmetischen Aspekt, ein hängendes Unterlid (Ektropium) wegen der Gefahr der Austrocknung der Hornhaut behandlungsbedürftig, andererseits kann ein nach innen gekipptes Unterlid (Entropium) wegen reibender Wimpern zum Hornhautulkus führen.
Prinzipiell gilt gleiches für die Beseitigung lidrandnaher entzündlicher oder neoplastischer Tumoren. Man wird dabei immer eine die ursprüngliche Lidstellung wiederherstellende Wundadaptation anstreben, sei es durch Keilexzision eines Lidanteils, sei es durch Verschiebeplastik oder freies Hauttransplantat.
Alle Operationen werden in normaler Rückenlage durchgeführt. Der Hinterkopf liegt in einem Tennisring, vorzugsweise auf einer zusätzlich am OP-Tisch angebrachten Kopfstütze.

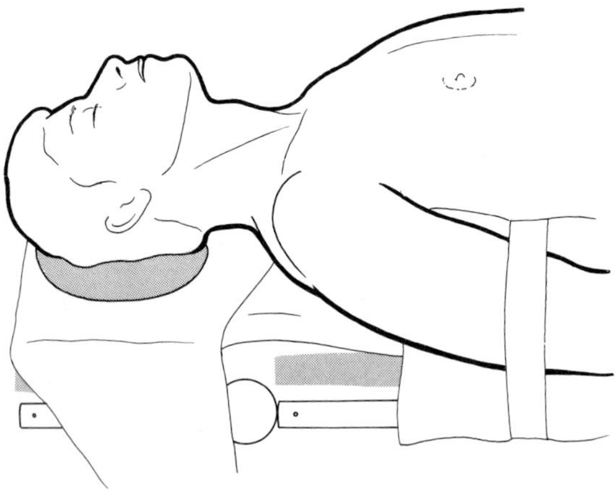

Alle hier geschilderten Augenoperationen werden in normaler Rückenlage durchgeführt.

Entropium-Operation

Das krankhafte Einkippen des Ober- oder Unterlides zum Augapfel hin, das Entropium, wird meist durch eine Verschiebung der Fasern des M. orbicularis auf der erschlafften tarsorbitalen Faszie verursacht. Zur Beseitigung dieses Zustandes wird nach lidrandparallelem Hautschnitt ein Teil des Ringmuskels mit der Schere entfernt. Danach werden Nähte in vertikaler Richtung durch Haut und Tarsus gelegt und unter Spannung geknüpft, wodurch ein Auswärts-Wende-Effekt am Lidrand entsteht (Hotzsche Nähte).

Ektropium-Operation

Beim Ektropium liegt eine Dehnung des Lidrandes vor, weswegen eine operative Verkürzung desselben angestrebt wird. Nach Anlegen eines Hautverschiebedreiecks nach nasal oder temporal mit entsprechender Hautunterminierung, wird ein keilförmiges, an der Basis ca. 5 mm breites Stück aus dem Lid ausgeschnitten, die Wundränder werden schichtweise vereinigt und die Hautverschiebung wird mit Einzelnähten fixiert.
Die Tumorexzision von Basaliomen oder Hämangiomen kann in ähnlicher Weise erfolgen, oft ist zusätzlich ein freies Hautransplantat nötig.

Chalazion-Operation

Bei der ambulant durchzuführenden Chalazion-Ausschälung werden die granulomatös erweiterten Meibomschen Drüsen am Lidrand entweder von der Bindehautseite oder von der Haut aus mit dem Skalpell durch die gefensterte Chalazionpinzette hindurch eröffnet und mit dem Chalazionlöffel ausgeschält.

1. 1 Chalazionpinzette
2. 1 feines Skalpell (Chalazionmesser)
3. 1 chirurgische Augenpinzette
4. 1 Schere, fein, spitz gebogen
5. 2 scharfe Löffel, klein
6. 2 Tupferklemmen
7. Tupfer
8. 2 Nadelhalter
9. 1 Lidplatte
10. Nahtmaterial

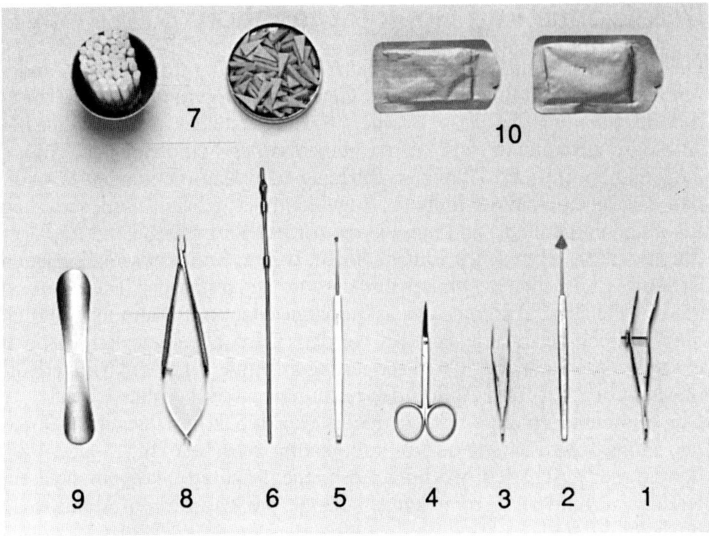
7
10
9
8
6
5
4
3
2
1

Iridektomie und Goniotrepanation

Die Iridektomie und die Goniotrepanation sind Eingriffe, die neben anderen zur operativen Behandlung des Glaukoms ausgeführt werden. Unter der Bezeichnung *Glaukom* werden Krankheitsbilder unterschiedlicher Ätiologie zusammengefaßt, deren gemeinsames Symptom der erhöhte Augeninnendruck ist. Dieser ist abhängig vom Kammerwasser, das von den Ziliargefäßen in der hinteren Augenkammer gebildet wird, zwischen Iris (Regenbogenhaut) und Linse in die vordere Kammer gelangt und dort durch den Schlemmschen Kanal abfließt, der im Kammerwinkel gelegen ist. Auf die Ursachen des akuten und chronischen primären Glaukoms und auf die vielfältige Ätiologie des sekundären Glaukoms kann im Rahmen dieses Buches nicht eingegangen werden. Ganz allgemein kann jedoch gesagt werden, daß jede Drucksteigerung im Auge auf einem Mißverhältnis zwischen Zu- und Abfluß des Kammerwassers beruht.
Das Ausschneiden eines Sektors der Iris wird Iridektomie genannt. Durch den Eingriff wird eine neue Kommunikation zwischen Hinter- und Vorderkammer geschaffen, wodurch nach einem akuten Glaukomanfall ein Rezidiv verhindert werden kann, solange die natürlichen Abflußwege noch intakt sind.
Zur Operation wird nach Einsetzen eines Lidsperrers eine Zügelnaht durch den oberen geraden Augenmuskel gelegt, bei 12 Uhr die Bindehaut etwa 8 mm vom Hornhautrand entfernt, parallel zu diesem eingeschnitten und ein etwa 10–12 mm breiter Lappen gebildet, dessen Basis am Hornhautrand liegt. In der von der Bindehaut entkleideten Zone wird die Sklera bis in die vordere Augenkammer hinein 2 mm inzidiert. Mit einer feinen Pinzette oder einem Irishäkchen wird die Regenbogenhaut gefaßt und vor den Schnittrand gezogen. Der dreieckförmige Iriszipfel wird mit einem Scherenschlag quer abgetrennt. Je ausgiebiger die Iris vorgezogen wird, desto breiter wird die entstehende Lücke, *Kolobom* genannt. Danach wird die Sklerainzision mit einer Naht adaptiert und die Bindehaut darüber vernäht.
Beim chronischen Glaukom ist der Abfluß des Kammerwassers über die Strukturen des Kammerwinkels erschwert. Eine mögliche therapeutische Maßnahme ist bei diesem Zustand die Ableitung des Kammerwassers durch Anlegen einer ventilartigen Verbindung zwischen Vorderkammer und den Hüllhäuten des Augapfels, z.B. durch Trepanation über dem Kammerwinkel mit Skleradeckel.
Gedeckte Goniotrepanation nach Fronimopoulos: Nach Präparation eines Bindehautlappens mit Basis an der Hornhautgrenze wird in der Sklera ein rechteckiger Lappen (Basis wiederum an der Hornhautgrenze) lamellär präpariert. In der darunterliegenden Grenzzone zwischen Sklera und Kornea, also über dem Schlemmschen Kanal und dem Trabekelwerk wird mit einem Trepan (Durchmesser ca. 1,5 mm) die Vorderkammer eröffnet und ein Teil des Trabekelwerks entfernt. Eine Iridektomie wird durch das ent-

standende Präparationsloch hindurch ausgeführt. Danach werden Skleradeckel und die darüberliegende Bindehaut schichtweise so vernäht, daß das Kammerwasser durch die Skleralamelle unter die Bindehaut sickern kann. Auf diese Weise bildet sich nach Abschluß der Wundheilung ein ventilartiger Abflußweg aus. Das ausströmende Kammerwasser wird unter der Bindehaut resorbiert.

1. 1 Lidsperrer
2. 1 Rasierklingenhalter mit Klinge
3. 1 Hockeyschlägermesser
4. 1 Fixierpinzette
5. 2 chirurgische Augenpinzetten
6. 2 Kolibripinzetten
7. 2 Sklerapinzetten
8. 2 Irispinzetten
9. 2 Fadenpinzetten
10. 1 Schere, spitz, fein, gebogen
11. 1 Weskott-Schere
12. 1 Inzisionslanzette
13. 1 Wecker-Schere
14. 1 Vannas-Schere
15. 2 Trepane
16. 2 gerade Spatel
17. 2 abgewinkelte Spatel
18. 4 Tupferklemmen
19. 2 Gefäße mit Tupfern
20. 2 Nadelhalter
21. Nahtmaterial
22. 2 Spritzen mit Kanülen und Spülflüssigkeit
23. 1 Elektrokauter

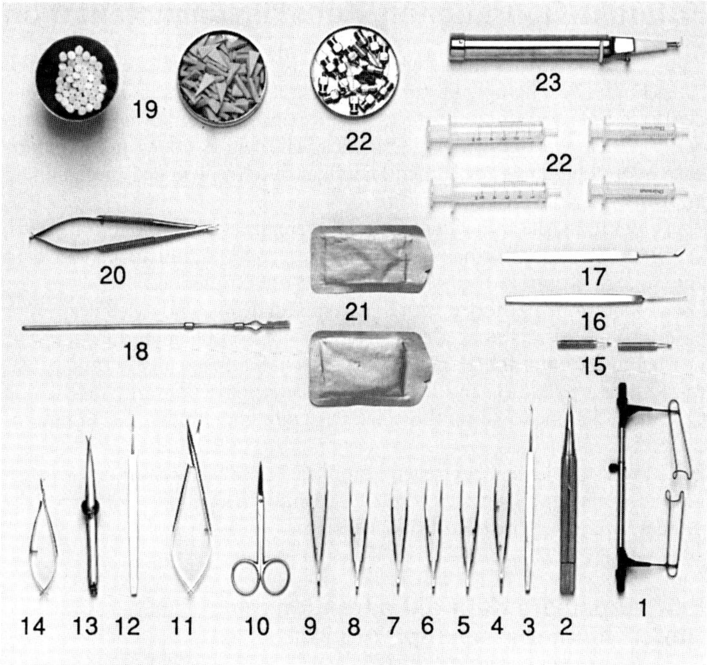
19
22
23
22
20
21
17
16
18
15
14
13
12
11
10
9
8
7
6
5
4
3
2
1

Katarakt-Operationen, Kunstlinsenimplantation

Eine Eintrübung des Linsengewebes wird als grauer Star (Katarakt) bezeichnet. Die Therapie besteht in der Entfernung der getrübten Anteile der Linse oder der ganzen Linse selbst. Ihre optische Funktion wird entweder durch ein vor dem Auge getragenes Sammelglas oder einer Kontaktlinse oder neuerdings zunehmend häufiger durch eine in das Augeninnere implantierte Kunstlinse ersetzt.
Zur Operation, die unter dem Operationsmikroskop durchgeführt wird, liegt der Patient in normaler Rückenlage. Der Kopf ruht fixiert auf dem angesetzten Kopfteil. Der Operateur sitzt am Kopfende.
Die Operationsmethoden zur Linsenextraktion sind vielfältig. Wir beschreiben 2 Verfahren, die in unserem Hause üblich sind.
Der häufigste Eingriff bei grauem Star besteht heute in einer extrakapsulären Kataraktextraktion mit Implantation einer Hinterkammerlinse. Diese Operation hat sich während der letzten Jahre zunehmend zur Standardoperation entwickelt.
In den wenigen Fällen, bei denen komplizierte entzündliche Verwachsungen eine Linsenimplantation verbieten, kommt gelegentlich auch noch die intrakapsuläre Kryoextraktion in Betracht.

Extrakapsuläre Kataraktextraktion mit Hinterkammerlinsenimplantation

Nach Retrobulbäranästhesie und Lidakinesie sowie anschließender 10minütiger Okulopression wird der Bindehautsack mit antibiotischer Lösung gespült. Dann Einsetzen des Lidsperrers und Anlegen von Zügelnähten durch die vertikalen geraden Augenmuskeln. Die Bindehaut wird am oberen Hornhautrand eröffnet (ca. 170 Grad) und zurückgestreift. Nach Kautern wird bei 12 Uhr eine Lanzeninzision zur Öffnung in die Vorderkammer gelegt, wohindurch die Kapsulotomiekanüle vorgeschoben werden kann. Mit ihr wird die vordere Linsenkapsel ringsum parallel der erweiterten Pupille perforiert, so daß sie leicht extrahiert werden kann. Danach wird der korneosklerale Schnitt gelegt und durch ihn hindurch der Linsenkern nach leichter Druckanwendung entbunden. Die danach verbliebenen Rindenanteile der getrübten Linse werden nach Schnittverkleinerung mit Hilfe des Saug-Spül-Geräts abgesaugt, so daß nur noch die klare hintere Linsenkapsel bestehen bleibt.
Zur Vorbereitung für die anschließende Implantation der Kunststofflinse gibt man Luft oder Hyaluronsäure in die Vorder- und Hinterkammer. Dann wird durch einen Schnitt von ca. 6,5 mm Länge das Implantat hinter die Pupille eingebracht, wobei die Verankerung der Kunststofflinse je nach Linsentyp über deren Kunststoffschlingen entweder im Bereich des Ziliarkörpers oder im Kapselsack selbst erfolgt.

Die Linse wird danach mit Häkchen gedreht und zentriert. Nach Eingabe von pupillenverengenden Spülmitteln in die Vorderkammer wird die Hyaluronsäure entfernt. Die korneosklerale Wunde wird mit Einzelnähten verschlossen. Anschließend Naht der Bindehaut, subkonjunktivale Injektion von Antibiotika- und Steroidlösung. Steriler Verband.

Intrakapsuläre Kataraktextraktion

Die Vorbereitung bis zur Anlegung der Zügelnähte sind dieselben wie vorher beschrieben.
Die Eröffnung des Auges erfolgt über einen rein kornealen Hornhautschnitt oben parallel zum Limbus über ca. 170 Grad. Für die spätere gleichmäßige gute Adaptation ist es notwendig den Schnitt zweistufig zu legen (erste Stufe mit der Rasierklinge, zweite Stufe mit gebogener Mikroaugenschere). Bei 11 und 1 Uhr werden zwei Sicherheitsnähte zwischen Hornhaut und Sklera vorgelegt. Dann wird eine möglichst kleine basal gelegene Iridektomie bei 12 Uhr angelegt um einen späteren Pupillarblock zu vermeiden. Mit dem Kryostab (Vereisungsgerät) wird die Linse durch die erweiterte Pupille am vorderen Linsenpol angefroren und in ihrer Gesamtheit nach Lösen der Zonulaverbindungen (Aufhängeapparat der Linse) vorsichtig extrahiert. Die für die Extraktion vom Assistenten aufgehaltene Hornhaut wird sofort nach der Linsenentbindung über die vorgelegten Sicherheitsnähte adaptiert. Danach wird die Kornea mit monofilem feinstem Fadenmaterial fortlaufend vernäht. Die Augenvorderkammer wird durch Eingabe von bilanzierter physiologischer Kochsalzlösung vertieft, so daß der normale Augendruck wieder hergestellt wird. Steriler Verband.

1. 1 Lidsperrer
2. 1 Klingenhalter mit Klinge
3. 2 Fixierpinzetten
4. 2 chirurgische Augenpinzetten
5. 2 Kolibripinzetten
6. 2 Irispinzetten
7. 2 Sklerapinzetten
8. 2 Fadenpinzetten (Knüpfpinzetten)
9. 2 Kapselpinzetten
10. 2 Implantationspinzetten
11. 2 Augenschere, fein, spitz, gebogen
12. 1 Iridektomieschere
13. 2 Hornhautscheren
14. 2 Vannas-Scheren
15. 2 gerade Spatel
16. 2 gebogene Spatel
17. 2 Irishäkchen
18. 4 Tupferklemmen
19. 2 Gefäße mit Tupfern
20. 2 Nadelhalter
21. 2 Zentrierhäkchen
22. 1 Luftlanze
23. verschiedene Kanülen mit Spritzen (für Medikamente und Spülung usw.)
24. Nahtmaterial

Zusätzlich 1 Saug-Spül-Gerät, computergesteuert, 1 Linse (ohne Abb.)

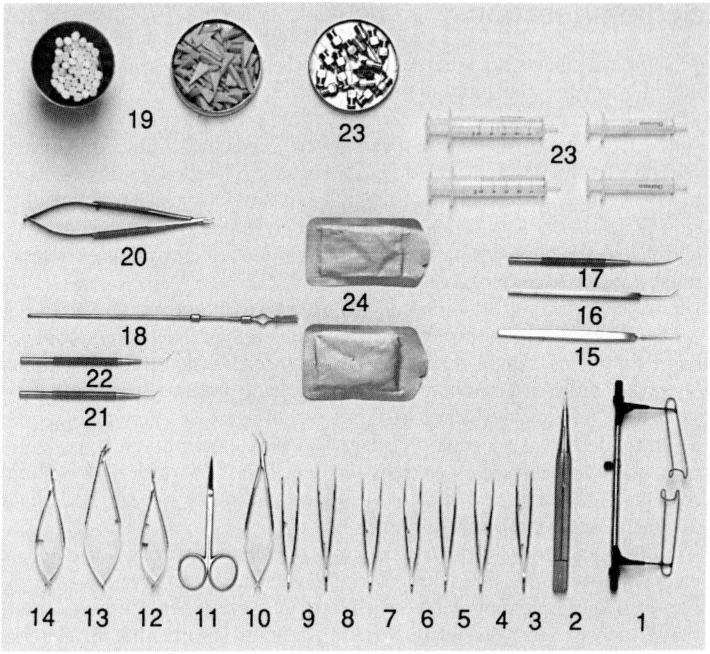
19
23
23
20
24
17
16
18
15
22
21
14 13 12 11 10 9 8 7 6 5 4 3 2 1

Schieloperation

Schieloperationen sind angezeigt, wenn sich durch konservative Maßnahmen der Schielwinkel nicht mehr beeinflussen läßt. Es wird zwischen Eingriffen unterschieden, die die Muskelwirkung am Auge schwächen und solchen, die die Muskelwirkung verstärken. Die Schwächung der Muskelwirkung erfolgt am Schielmuskel, d.h. an jenem Muskel, in dessen Richtung das Auge abweicht. So wird z. B. beim Einwärtsschielen, der häufigsten Schielart, der Ansatz des inneren geraden Augenmuskels zurückverlagert (Muskelretroposition). Dasselbe gilt für den äußeren geraden Augenmuskel beim Auswärtsschielen.

Die Muskelwirkung verstärkende Eingriffe werden am Antagonisten des Schielmuskels vorgenommen (z.B. am äußeren geraden Augenmuskel beim Einwärtsschielen) durch Verkürzung der Muskelstrecke zwischen Ursprung und Ansatz. Diese Verkürzung kann unmittelbar durch Ausschneiden eines Muskelstückes mit nachfolgender Vereinigung der Schnittenden (Muskelresektion oder Myektomie) oder durch Vorverlagerung des Muskelansatzes erreicht werden. Hierzu wird der Muskel am Ansatz abgetrennt und näher zur Hornhautgrenze an die Lederhaut genäht (Muskelanteposition).

Um das Gleichgewicht der Muskelkräfte wieder vollständig herzustellen, ist es oft notwendig, die in ihrer Wirkung verschiedenen Eingriffe zu kombinieren. Die Freilegung der Muskeln erfolgt durch einen Türflügelschnitt der Bindehaut. Die Muskelnaht wird mit langsam resorbierbarem Material vorgenommen.

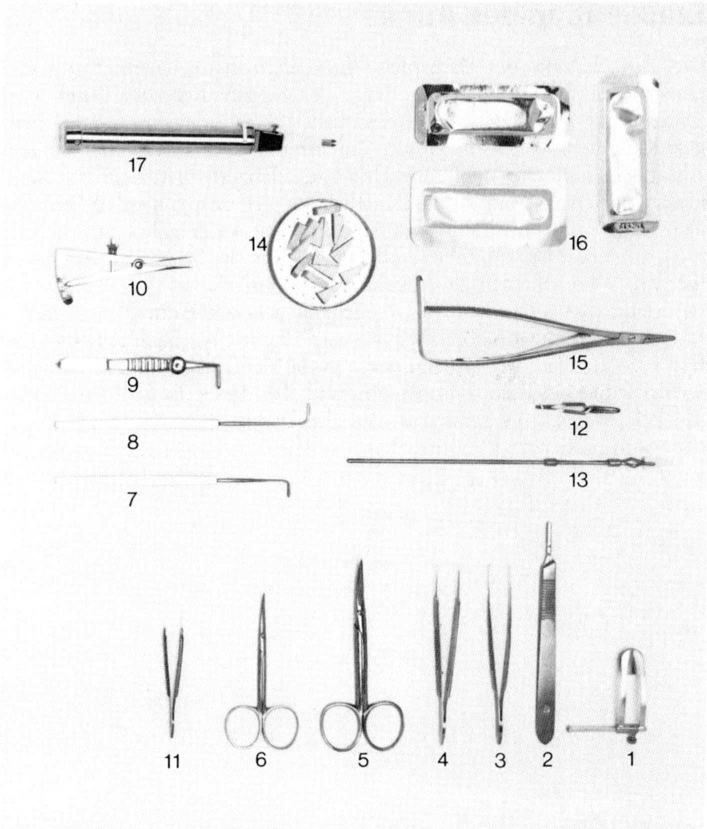

1. 1 Lidsperrer
2. 1 Skalpell
3. 2 chirurgische Augenpinzetten
4. 2 Fadenpinzetten (Knüpfpinzetten)
5. 1 Schere, fein, spitz, gebogen
6. 1 Strabismusschere, gebogen
7. 2 scharfe Schielhaken
8. 2 stumpfe Schielhaken
9. 2 Muskelklemmen
10. 1 Winkelmesser
11. 1 Sklerapinzette
12. 4 Dieffenbach-Klemmen
13. 4 Tupferklemmen
14. 1 Gefäß mit Tupfern
15. 1 Nadelhalter
16. Nadeln und Nahtmaterial
17. 1 Elektrokauter

Enukleation des Auges

Die Ausschälung des Augapfels *(Enucleatio bulbi)* beginnt mit der Umschneidung der Bindehaut nahe der Hornhautgrenze. Dann wird zunächst der äußere gerade Augenmuskel, alsbald der untere und obere gerade Augenmuskel am Ansatz durchtrennt. Der Operateur hält den Ansatz des äußeren Augenmuskels mit der Pinzette fest, zieht das Auge kräftig nach vorn und durchschneidet den sich anspannenden Sehnerv. Das Auge kann nun ohne Widerstand vor die Lider gehoben und alles noch an der Lederhaut anhaftende Gewebe mit der Schere abgeschnitten werden. Wird später in die Augenhöhle ein künstliches Auge eingesetzt, so besitzt dieses fast keine Beweglichkeit und wirkt durch den starren Blick kosmetisch unschön. Deshalb wird unmittelbar nach der Enukleation eine kugelige Kunststoffplombe in die Tenonsche Kapsel (bindegewebige Hülle des Bulbus) implantiert und über dieser die geraden Augenmuskeln, Kapsel und Bindehaut vernäht. Dadurch entsteht ein beweglicher Stumpf, der nach Einheilung die aufgesetzte Augenprothese mitbewegt.

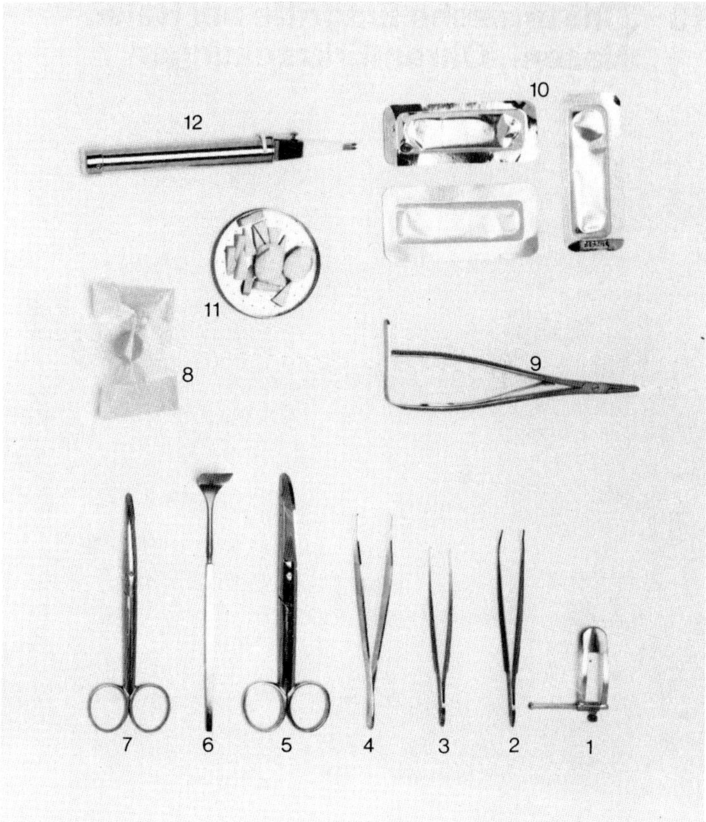

1. 1 Lidsperrer
2. 1 Fixierpinzette
3. 1 chirurgische Augenpinzette, fein
4. 1 chirurgische Augenpinzette, kräftig
5. 1 Enukleationsschere
6. 1 Enukleationslöffel
7. 1 Fadenschere
8. verschiedene Plomben
9. 1 Nadelhalter
10. Nadeln und Nahtmaterial
11. Tupfer
12. 1 Elektrokauter

10 Chirurgische Eingriffe bei Hals-, Nasen-, Ohren-Erkrankungen

Adenotomie

Das Ziel der Operation ist die Entfernung der stark vergrößerten Rachenmandel (Tonsilla pharyngealis), die vom Rachendach bzw. von der oberen Rachenhinterwand aus polsterartig wächst. Der Eingriff wird häufig zusammen mit der Tonsillektomie durchgeführt. Auch bei alleiniger Adenotomie wird heute die Operation in Intubationsnarkose (ITN) vorgenommen.

Zur Operation in ITN wird der Patient auf dem Rücken gelagert, der Kopf ist rekliniert (Zeichnung). Nach Einsetzen eines Sperrers in die Mundhöhle führt der Operateur das große Ringmesser hoch in den Nasenraum ein und schert unter starkem Druck an Rachendach und Rachenhinterwand entlang die Rachenmandel an der Basis ab. Anschließend befreit er mit einem kleinen Fenstermesser die Mündungen der rechten und linken Ohrtrompete an den seitlichen Rachenwänden von hypertrophiertem lymphatischem Gewebe. Dies geschieht, um die häufig gestörte Belüftung der Paukenhöhle über die Ohrtrompete wieder zu normalisieren. Wichtig ist die Entfernung aller Tonsillenreste, da andernfalls die Gefahr einer starken Nachblutung besteht.

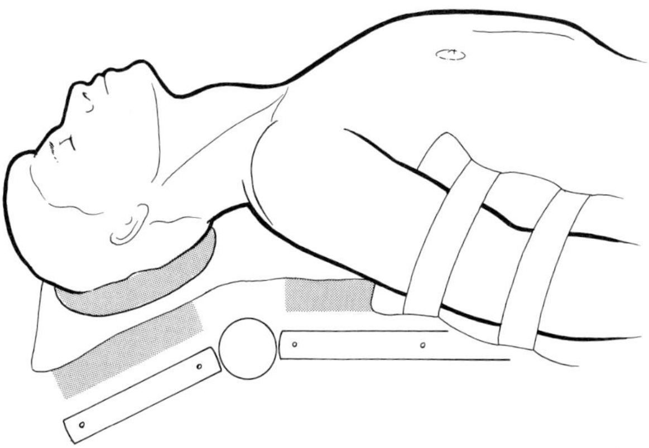

Rückenlage mit rekliniertem Kopf

1. 1 Mundsperrer mit Zungenspatel
2. 1 großes Ringmesser
3. 1 kleines Ringmesser
4. 1 scharfe Nasenrachenzange mit gefenstertem Maul
5. 1 chirurgische Pinzette, lang
6. 1 Tupferklemme, gebogen
7. 1 Saugkatheter
8. 1 Saugspatel mit Schlauch
9. 1 Gefäß mit Tupfern

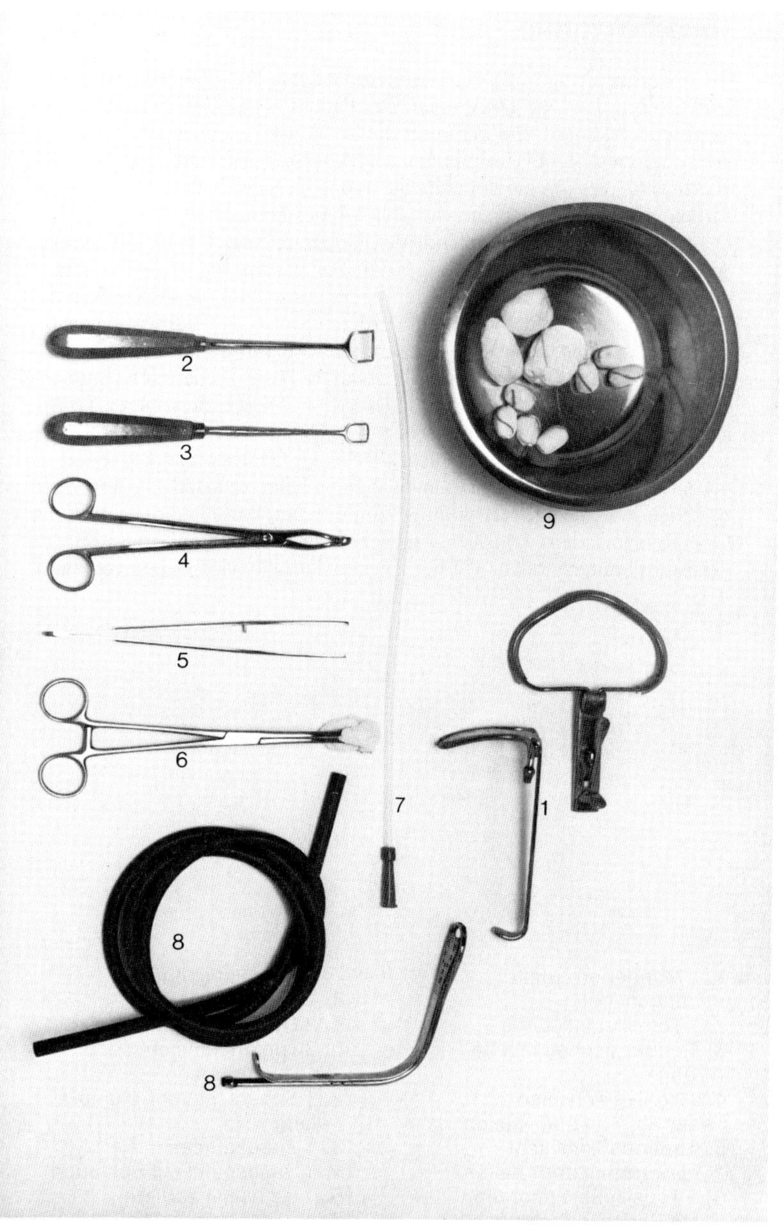
2
3
4
5
6
7
8
8
9
1

Tonsillektomie

Die operative Entfernung der Gaumenmandeln (Tonsillae palatinae) wird am besten in ITN vorgenommen. Der Patient liegt auf dem Rücken, der Kopf wird rekliniert und tief unter die Kehlkopfebene gelagert. Auf diese Weise können Blutansammlungen im Mesopharynx nicht in die Trachea übertreten. Dies ist eine doppelte Sicherung, falls der Ballon des Trachealkatheters die Trachea nicht wie üblich blockieren sollte.
Der Operateur sitzt am Kopfende des Patienten. Nach Intubation wird ein Spreizer in die Mundhöhle eingesetzt, der gleichzeitig auch die Zunge gegen den Mundboden drückt. Der Operateur schlitzt mit dem Haken des Elevatoriums die Schleimhaut am vorderen Rand des Gaumenbogens bis auf die Tonsillenkapsel auf. Diesen Schleimhautschnitt führt er dann bogenförmig um die ganze Tonsille bis an die Basis des hinteren Gaumenbogens weiter. Mit dem Löffel des Elevatoriums legt er den oberen Tonsillenpol frei und greift ihn mit der Faßzange. Danach ist es möglich, mit dem Löffel des Instrumentes an der Rückfläche der Gaumenmandel die Kapsel bis nach unten zum Übergang in die Zungenbälge zu lösen. Die jetzt noch bestehende stielartige Verbindung zum unteren Tonsillenpol schnürt der Operateur mit dem Tonsillenschnürer ab. Die blutenden Gefäße werden gefaßt und unterbunden. Mit der zweiten Tonsille wird analog verfahren.

1. 1 Mundsperrer mit Zungenspatel
2. 1 Tonsillenfaßzange
3. 1 chirurgische Pinzette, lang
4. 1 großes Tonsillenelevatorium und -haken
5. 1 kleines Tonsillenelevatorium und -haken
6. 1 Tonsillenelevatorium mit Saugvorrichtung
7. 2 Tonsillenschnürer
8. 1 Konchotom
9. 2 Overholt-Klemmen
10. 2 Tupferklemmen
11. 1 Unterbinder
12. 1 Schere, stumpf-stumpf, lang
13. 1 Saugkatheter
14. 1 Saugspatel mit Schlauch
15. 1 Gefäß mit Tupfern

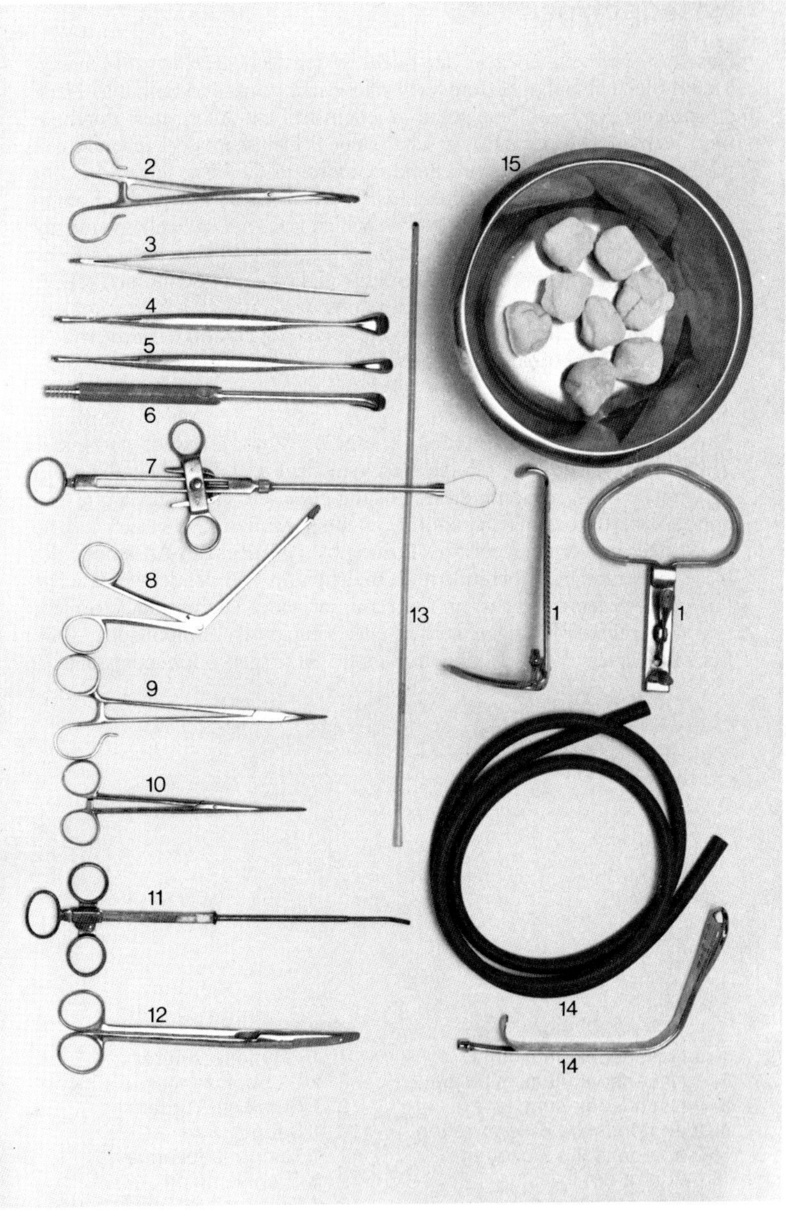
2
3
4
5
6
7
8
9
10
11
12
13
15
1
1
14
14

Nasenpolypen

Nasenpolypen entstehen in der Regel in den Siebbeinzellen und in den Kieferhöhlen. Häufig besteht eine allergische Grunderkrankung. Nach entsprechender Histologie sollte in jedem Fall ein Allergietest durchgeführt werden. Die ödematös geschwollene Schleimhaut der Nebenhöhlen wölbt sich durch das entsprechende Ostium in die Nase vor und dehnt sich zu einem gestielten Polypen aus. Werden solche Polypen nur abgeschnürt, so bleibt der aus den Nebenhöhlen kommende Schleimhautstiel stehen, wodurch die Gefahr des Rezidivs gegeben ist. Durch die einfache Polypenabtragung kann die Luftdurchgängigkeit der Nasenhöhlen wieder hergestellt werden, die Sanierung der polypös veränderten Nebenhöhlenschleimhaut jedoch kann nur durch die Radikaloperation der Kieferhöhle und durch Ausräumung der Siebbeinzellen (S. 302ff) erreicht werden.
Die einfache Polypenabtragung wird ambulant am sitzenden Patienten durchgeführt.
Nach i.m. Atropininjektion wird ein mit 2% Pantocainlösung getränkter Tupfer oder Gazestreifen in die Nase eingelegt und die Schleimhaut um den Polypen zusätzlich mit dieser Lösung gepinselt. Pantocainlösung darf nur als Oberflächenanästhetikum verwendet werden. Um versehentliche Injektionen zu vermeiden, ist die Lösung blau gefärbt. Zur Anästhesie der Nase sollte für diese Operation nicht mehr als 1 ml verwendet werden. Die Polypen werden möglichst an der Basis mit einer Drahtschlinge umfaßt und abgetragen. Blutungen werden, falls nötig, durch Tamponade gestillt. Bei zahlreichen Polypen können mehrere Sitzungen notwendig sein.

1. 1 Nasenspekulum, kurz
2. 1 Nasenspekulum, mittellang
3. 1 Nasenspekulum, lang
4. 2 anatomische Kniepinzetten
5. 2 anatomische Pinzetten, bajonettförmig
6. 2 Polypenzangen
7. 1 Polypenschnürer
8. 2 Siebbeinzangen
9. 1 Gefäß mit Tupfern
10. 1 Sauger
11. 1 Tamponadezange
12. 3 Tuchklemmen
13. 1 Gefäß mit Kochsalzlösung

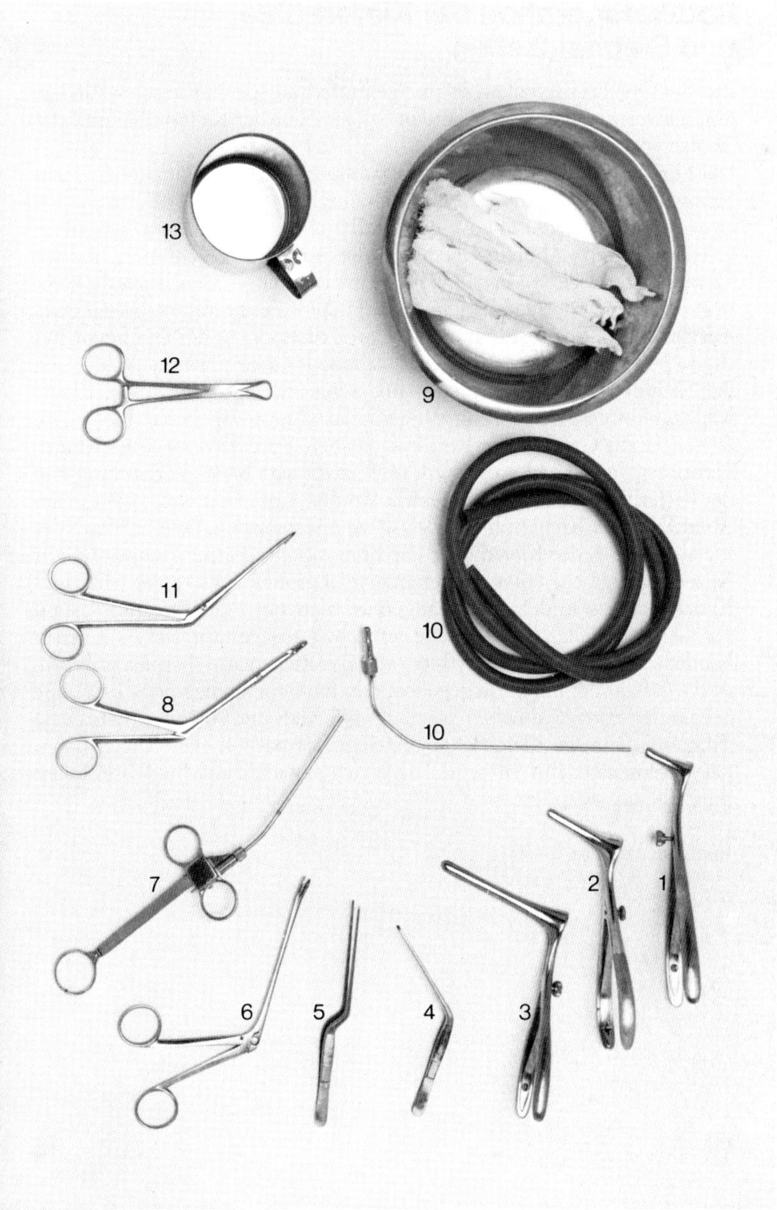
13
12
9
11
10
8
10
7
2
1
6
5
4
3

Radikaloperation der Kieferhöhle und Siebbeinzellen

Ziel der Operation ist die vollständige Entfernung der chronisch veränderten, teilweise polypös wuchernden Schleimhaut der Kieferhöhle und des Siebbeins.
Der Eingriff wird heute meist am halb aufrecht sitzenden Patienten in Intubationsnarkose vorgenommen (Zeichnung).
Um in die Kieferhöhle zu gelangen, wird im Mundvorhof etwa 2 cm oberhalb der oberen Zahnreihe die Schleimhaut breit eingeschnitten, und die Wangenweichteile werden abgehoben. Liegt die vordere Kieferhöhlenwand frei, so wird sie mit einem Meißel oder Bohrer eröffnet, bis ein etwa markstückgroßes Fenster entsteht. Durch dieses kann der Operateur mit einem Elevatorium die erkrankte Schleimhaut unterminieren, allseitig von den Wänden der Höhle ablösen und schließlich herausnehmen. Kleine Schleimhautreste werden sorgfältig mit der Kürette abgekratzt. Bleiben sie stehen, ist die Gefahr eines Rezidivs gegeben. Da das Fenster zum Mundvorhof wieder verschlossen wird, muß zuvor eine breite Verbindung von der Kieferhöhle zur Nase hergestellt werden, um einen dauernden freien Abfluß von der Kieferhöhle zur Nase zu gewährleisten. Dazu eröffnet der Operateur von der Kieferhöhle aus breit die knöcherne Trennwand zur Nase und legt ein etwa zehnpfennigstückgroßes Fenster an. Mit einer Knochenstanze und Siebbeinzangen werden nun von Kieferhöhle und Nase her die Zellen des Siebbeins vorsichtig ausgeräumt. Bei einer versehentlichen Verletzung der Orbita oder der Riechplatte (Lamina cribrosa) ist die Gefahr der Infektion gegeben, die eine Orbitalphlegmone bzw. eine Meningitis zur Folge haben kann. Zum Schluß der Operation wird eine Tamponade in die Kieferhöhle eingelegt, die nach einigen Tagen durch das Nasenfenster entfernt wird. Die Weichteilwunde im Mundvorhof wird durch Nähte adaptiert.

Instrumentarium S. 304f.

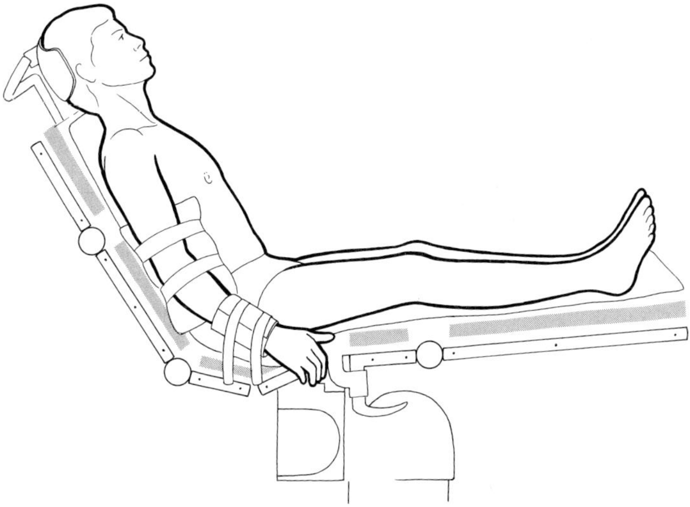

halbsitzende Position

1. 1 kleines Skalpell
2. 1 Periosteotom
3. 2 chirurgische Pinzetten, Standard
4. 1 anatomische Pinzette, bajonettförmig
5. 1 Raspatorium
6. 1 Raspatorium, gebogen
7. 1 Lippenhalter
8. 1 Langenbeck-Haken
9. 2 Kieferhöhlenhaken
10. 1 Kieferhöhlenstanze
11. 1 Tamponadezange
12. 2 scharfe Zangen, abgewinkelt
13. 1 Satz Hohlmeißel
14. 1 Satz scharfe Löffel
15. 2 Kieferhöhlenspülkanülen
16. 1 Satz Kieferhöhlensonden
17. 1 Sauger
18. 1 Saugspatel
19. 1 Nadelhalter
20. 1 Dose mit Nadeln und Nahtmaterial
21. 1 Gefäß mit Tupfern
22. 1 Gefäß mit Spülflüssigkeit
23. 2 Spritzen, 10 ml
24. 1 Hammer
25. 4 Tuchklemmen

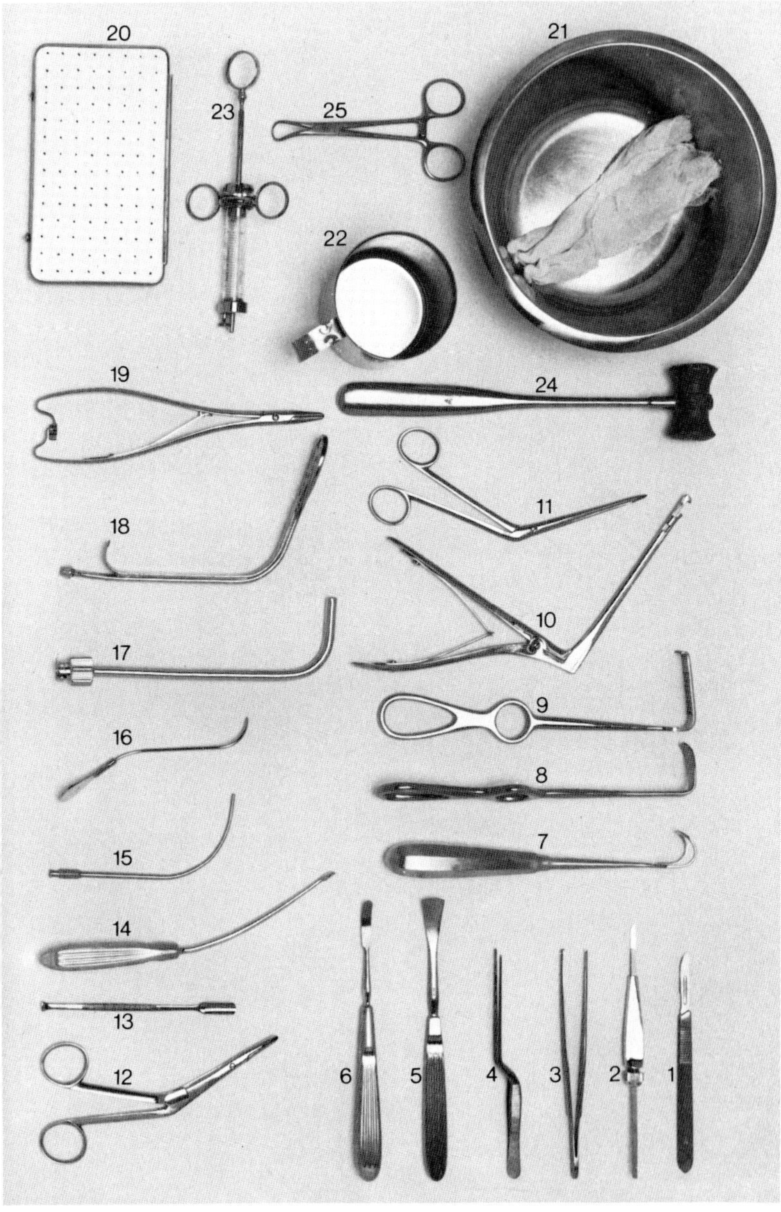
20
21
23
25
22
19
24
11
18
10
17
9
16
8
15
7
14
13
12
6
5
4
3
2
1

Chirurgische Instrumente
Operationslagerungen
Operationsabläufe
Horst Glauch
Ernst Haaf
Glauch/Haaf
Thieme
Ende gut...
alles gut!

Operation des Nasenseptums

Ziel des Eingriffs ist die Begradigung der knorpeligen und knöchernen Verbiegung der Nasenscheidewand (Septum nasi) unter Erhaltung der beiderseitigen Septumschleimhaut.
Die Operation läßt sich gut in Lokalanästhesie durchführen. Dennoch setzt sich die Vollnarkose (ITN) immer mehr durch.
Der Patient wird halb sitzend mit aufrecht gehaltenem Kopf gelagert (Zeichnung S. 303). Der Eingriff erfolgt hauptsächlich von der linken Nasenhöhle aus, in die ein Nasenspekulum eingeführt wird, um eine gute Übersicht zu erhalten. Am Übergang vom Nasenvorhof zur Nasenhöhle legt der Operateur zunächst einen von oben nach unten geführten senkrechten Schleimhautschnitt, der bis auf den Knorpel reicht. Danach präpariert er vorsichtig die linksseitige Septumschleimhaut einschließlich Knorpel- bzw. Knochenhaut ab, wobei möglichst eine Verletzung der Schleimhaut vermieden werden sollte. Sodann wird, um ½ cm nach hinten versetzt, der Knorpel senkrecht von oben nach unten durchschnitten. Dabei gelangt der Operateur unter die rechtsseitige Septumschleimhaut, die nun von links her ebenfalls unter Mitnahme von Perichondrium bzw. Periost vom knorplig-knöchernen Septum abgelöst wird. Die jetzt freiliegende verkrümmte Nasenscheidewand wird entfernt. Es bleibt aber eine ausreichend breite Knochenspange am Nasenrücken stehen, um ein Einsinken der Nase zu verhindern. Durch Tamponade werden beide Schleimhautblätter aneinandergelegt, die sich nun in der Mittellinie ohne Verkrümmung so stellen, daß beide Nasenhöhlen gleich weit sind. Durch Erhaltung der Knorpel- bzw. Knochenhaut bildet sich später etwas Stützgewebe aus. Bei starker operativer Verletzung der Schleimhaut besteht die Gefahr, daß sich ein Loch in der Nasenscheidewand bildet, das später zu unangenehmer Krustenbildung führt.
In den letzten Jahren kamen immer mehr knorpelerhaltende Verfahren zum Einsatz. Dabei hat sich besonders die Septumplastik nach Cottle durchgesetzt. Bei diesem Eingriff gelingt es durch gezielte Manipulationen am Septumknorpel das Septum spannungsfrei median zu stellen. Das Knorpelgerüst wird bei diesem Verfahren vollständig erhalten. Dies ermöglicht nicht nur eine eventuelle Nachoperation, sondern vermeidet auch Komplikationen, die durch eine größere Knorpelresektion, wie z.B. das Absinken der vorderen Nase, entstehen.

1. 1 Nasenspekulum, kurz
2. 1 Nasenspekulum, mittellang
3. 1 Nasenspekulum,lang
4. 1 Nasenmesser
5. 1 Septatom, verstellbar
6. 2 anatomische Kniepinzetten
7. 2 anatomische Pinzetten, bajonettförmig
8. 1 anatomische Pinzette, Standard, fein
9. 1 Nasenschere
10. 2 Septumzangen
11. 2 scharfe Nasenzangen
12. 1 Septumschwingmesser
13. 1 Septumhohlmeißel
14. 1 Septumflachmeißel
15. 2 Septumelevatorien
16. 2 Septumperiosteotome
17. 1 Hockeyschlägerelevatorium
18. 1 Knochenstanze
19. 1 Sauger, knieförmig, mit Schlauch
20. 1 Gefäß mit Tupfern
21. 1 Gefäß mit Lösung
22. 4 Tuchklemmen

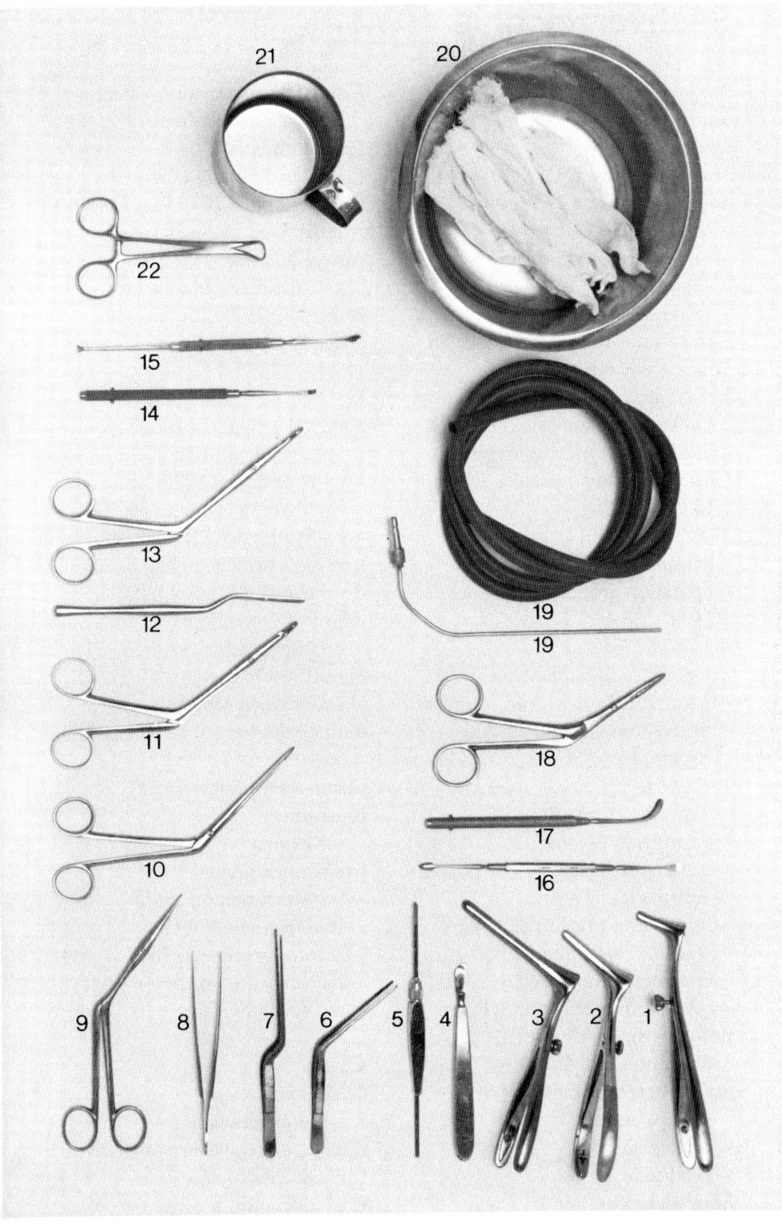
21
20
22
15
14
13
19
12
19
11
18
17
10
16
9
8
7
6
5
4
3
2
1

Sachverzeichnis

A
Abrasio, Uterus 247ff
Abstützplatte 90
Adamscher Bogen 119, 124
Adenom, Prostata 243
– Rektum 264 ff
– – multiple polypöse 264
– – solitäre 264
– – villöse 264
Adenotomie, Rachenmandel 295ff
Adnexe, Operationen 256
Aidskranke, (s. auch HIV) Infektionsrisiko 6f
– Umgang im Operationssaal 6f
Akromioklavikulargelenk, Luxation 99f
Allschichtennaht, fortlaufende, extramuköse 59ff
Amputation großer Gliedmaßen 150ff
Analfistel 273f
Anastomose, Allschichtennaht 59
– Braunsche 43
– Enterostomose, End-zu-End-Anastomose 58f
– – Seit-zu-Seit-Anastomose 58
– Gastroduodenostomie 42
– Gastrojejunostomie 42f
– – antekolische 43
– – retrokolische 42f
– Ösophagojejunostomie 47f
– Rektum, tiefe anteriore End-zu-End-Anastomose 68ff
– y-Anastomosierung nach Roux 47f
antiseptische Maßnahmen, Operationssaal 4ff
Anus praeternaturalis 75ff
– – doppeläufiger 75
– – einläufiger 75
– – endständiger 66, 75
Appendektomie 78f
Arteriendesobliteration, offene und halbgeschlossene 173f, 181
Arteriendilatation nach Dotter-Grüntzig 175f
Arthroskopie, Kniegelenk 138, 140
Asepsis, Operationssaal 4f
Ausschälplastik s. Arteriendesobliteration
Außenknöchelfrakturen 103ff
Axilladissektion 213

B
Bandverletzungen, oberes Sprunggelenk 103ff
– – – Außenband 107ff
– – – Membrana interossea 103ff
– – – Syndesmose 103ff
Bassini, Schenkelhernienoperation 25
Beschneidung, Penis 232ff
Billroth-I-Operation s. Gastroduodenostomie
Billroth-II-Operation s. Gastrojejunostomie
Blutung des Magen-Duodenal-Ulkus 35, 49
Braunsche Anastomose 43
Brustdrüse s. Mamma
Bypassoperationen
– Aortenbifurkation 184ff
– axillofemorale 180ff
– femoropopliteale 177f
– mit Kunststoffprothesen 180ff
– mit Venen 177f

C
Chalazion s. Lidoperationen
Cholangiographie, intraoperative 51f
Choledochoskop 52
Choledochotomie 52

Cholezystektomie 50ff
Containersystem 6
Cottle, plastische Operation, Nasenseptum 307ff

D

Darmausgang, künstlicher s. Anus praeternaturalis
Darmresektionen 58f
Debitomanometer nach Tondelli 51
Desinfektion, Operationssaal 5
Dezensus, Hoden 23, 223
Dotter-Grüntzig-Operation 175f
Drainageoperation des Magenausgangs 35, 38, 49f
Druck-Kompressions-Platte 88, 104, 111
Duodenalulkus s. Zwölffingerdarmgeschwür
Duodenotomie 52f
Duo-Kopf-Prothese 116, 128, 134
Dupuytren-Kontraktur 158f

E

Eierstöcke, Geschwülste 256
Eingeweidebrüche s. Hernien
Ektropium s. Lidoperationen
Embolektomie 166ff, 176
Endoprothese des Hüftgelenkes, Duo-Kopf-Prinzip 128ff
Entropium s. Lidoperationen
Enukleation, Auge 292f

F

Fabricus, Schenkelhernienoperation 25
Faszienstreifen, plastischer Verschluß 19, 22
Federnagel 118f, 124
Femoralhernie s. Schenkelhernie
Femurkopfnekrosen 116, 128
Femurschaftendoprothese (FEP) 116, 128ff, 134
Fixateur externe 88f, 91
Fogarty-Katheter bei Gefäßoperationen 167, 170
Frakturen, Außenknöchel 103ff
– Fibula 103f, 106
Frakturen, hüftnahe, Femur, 116ff, 124, 128f
– – – antero-lateraler Zugang 119, 134
– – – posterolateraler Zugang 128f
– Innenknöchel 103ff
– Kahnbein 95ff
– Oberschenkelschaft 110ff
– Olekranon 102
– Patella 90, 92, 102f
– pertrochantäre, Oberschenkel 116, 124
– Schädel 199ff
– Schenkelhals 116ff, 124, 128f
– Sprunggelenk, oberes 103ff
– Tibia 110f
Frakturtypen nach Pauwels 116f
– nach Weber 103ff
Fronimopoulos-Operation 282ff
Fundoplicatio 30f

G

Gallenblase, Entfernung 50ff
Gallenwege, Cholangiographie, intraoperative 51f
– Choledochotomie 52
– Konkremente 51f
– Papillenfunktionsstörungen 51
– Papillenspaltung 52f
– Papillenstenose 51f
– Radiomanometrie 51
Gastrektomie 47f, 50
Gastritis, hämorrhagisch-erosive 50
Gastroduodenostomie (Billroth I) 42f
Gastrojejunostomie (Billroth II) 42

Gastropexie 30
Gastroskopie 50
Gastrotomie 50
Gaumenmandel, Entfernung 298f
Gebärmutter, Entfernung s. Hysterektomie
Gefäßprothesen s. Bypassoperationen
Glaukom 282
Goniotrepanation 282ff
Gore-Tex-Patch 18, 22

H

Hallux valgus 144ff
Halstedt, Radikaloperation, Mamma 213
Halteapparat, äußerer 88, 91
Hammerzehe 148f
Hämorrhoiden 261ff, 272
Händedesinfektion, chirurgische 5f
– hygienische 5
Harnleiter, Eröffnung 238ff
Harnleitersteine 238ff
Hauptgallengang, Eröffnung 52
Hautnetzplastik 161f
Hauttransplantationen 160ff
Heinecke-Mikuliez-Operation s. Drainageoperation des Magenausgangs
Hernien, epigastrische 19
– Hiatushernie s. Hiatushernie
– Leistenhernie s. Leistenhernie
– Nabelhernie 14, 18
– Narbenhernie 22
– Schenkelhernie 25f
Herzschrittmacher, pervenöse Implantation 188ff
Hiatushernie 30f
– ösophagogastrische 30
– paraösophageale 30
Hisscher Winkel 30
HIV, Infektionsrisiko 6f
– Umgang mit Infizierten 6f
– – mit positivem Material 7
Hospitalismus 3f
Hydrozele 23, 229
Hygiene, Operationssaal 3ff
Hysterektomie, einfache, totale abdominelle 250ff
– erweiterte, totale, abdominelle 254f
– vaginale 250ff

I

Implantation von Herzschrittmachern, venöse 188ff
Impressionsfrakturen des Schädels 199ff
Infektionen, nosokomiale 3
Innenknöchelfrakturen 103ff
Instrumentarium, Containersystem 6
– gebräuchlices 7ff
– Pflege 6
– Sterilisation 6
Iridektomie 282ff

K

Kahnbeinfraktur 95ff
Kaiserschnitt 257ff
Karpaltunnelsyndrom 160
Katarakt 286
Kataraktextraktion, extrakapsuläre mit Hinterkammerlinsenimplantation 286ff
– intrakapsuläre 287ff
Kieferhöhle, Radikaloperation 302ff
Klammernahtapparate 14f, 66, 68ff
Klimaanlage, Operationssaal 5
Kniegelenk, Spiegelung 138, 140
Kolobom 282
Kompression von Frakturen, axiale 88f
– – dynamische 90, 92
– – interfragmentäre 88f
Kondylenplatte 118f
Krähenfuß 34ff
Kryptorchismus 223ff

Kunstlinsenimplantation 286ff
Kürettage, Uterus 247ff
Kutislappen 18, 22

L
Latarjetscher Nerv 34ff
Lavage
s. Peritonitis, diffuse
Leistenhernie 22ff
– angeborene 23
– direkte mediale 22,24
– indirekte laterale 23
– kindliche 24
– Operationsverfahren nach Shouldice 23f
Leistenkanal, Anatomie 22f
Lidoperationen 278ff
Linearcutter
s. Klammernahtapparate
Lipom, präperitoneales 19
Lotheissen/McVay-Operation 26
Luftröhrenschnitt 202ff
Luxation, Akromiklavikulargelenk 99ff
– habituelle, Schultergelenk 155ff

M
Magen, Eröffnung 50
– totale Entfernung 47f, 50
– Ulkusexzision 49
Magengeschwür 34 ff, 49
– Blutung 35, 49
– Perforation 35, 49
– präpylorisches 34f, 49f
Magenkarzinom 42, 47, 50
Magenresektion 35, 42ff, 49f
– Anastomosenulkus 35
– mit Gastroduodenostomie 42
– mit Gastrojejunostomie 42f
– palliative 50
– segmentäre 49
– Stadiengerechte 42
– Zweidrittelresektion 50
Magenulkus
s. Magengeschwür
Mamma, Ablatio 213
– Karzinom 213f
– – inflammatorisches 214
– Probeexzision (PE) 213
– Quadrantenresektion 213
– Radikaloperation, klassische 213
– – modifizierte, eingeschränkte 213ff
– Rezeptorenbestimmung im Tumorgewebe 214
– subkutanc Mastektomie 213
– supradikale Operation 213
Marknagelung 110f
Mastdarmvorfall 274ff
Mastektomie 213
Meniskusschaden 140ff
Meshgraft 161f
Milz, erhaltende Eingriffe 80f
– Exstirpation 80f
– Gewebereplantation 80

N
Nabelhernie 14, 18
Nähapparate, mechanische
s. Klammernahtapparate
Narbenhernie 22
Nasenpolypen 300f
Nasenseptum, Korrektur 307ff
Naßkeime 3, 5
Nephrektomie 234ff
Nephrolithiasis
s. Nierensteine
Nephrotomie 238
Neutralisationsplatte 88, 90
Niere, Entfernung 234ff
– Eröffnung 238
Nierenbecken, Eröffnung 238
Nierensteine 238ff
Nierenteilresektion 238
Nosokomiale Infektionen 3

O

Oberschenkelfraktur, hüftnahe s. Frakturen
– pertrochantäre 116, 124
Oberschenkelschaftfrakturen 110f
Olekranon-Fraktur 102
Ösophagusjejunostomie 47f
Ösophagusdivertikel 210f
Osteosynthese, axiale Kompression 88
– dynamische 90, 92
– Implantate, Abstützplatte 90
– – Druckkompressions-Platte 88, 104, 111
– – Federnagel 118f, 124
– – Femurschaftendoprothese (FEP) 116, 128ff, 134
– – Fixateur externe 88f, 91
– – Hüftschraube, dynamische (DHS) 116f, 118f
– – Kondylenplatte 118f
– – Malleolarschraube 104
– – Marknagel 90, 110
– – Neutralisationsplatte 88, 90
– – Spongiosaschraube 104
– – Totalendoprothese (TEP), Hüftgelenk 116, 128, 134ff
– – Verriegelungsnagel 111
– – Winkelplatte 90, 116ff
– – Zugschrauben 88f, 95
– interfragmentäre 88
– Prinzip, allgemeines 88ff
– – der Zuggurtung 90, 92, 99, 102, 104
Ovarialtumor 256

P

Papillenfunktionsstörungen 51
Papillenspaltung, transduodenale 52f
Papillenstenose 51f
Papillotomie 52f
Patch 167, 173
Patellaentfernung 102f
Patellafraktur 90, 92, 102f
Patellektomie 102f
Peritonitis, diffuse 49, 84ff
– – intraoperative Lavage 84
– – kontinuierliche Peritoneal-Lavage 84
– – programmierte Lavage 84
Pfützenkeime 3, 5
Phimose 232f
Phlegmasia caerulea dolens 170
Preclotting 181, 185
Prolaps, anorektaler 274ff
Prostataadenom 243
Prostatektomie, suprapubische, transversikale 243ff
Pseudarthrosen nach Schenkelhalsfrakturen 116, 128
Pulsationsdivertikel, Ösophagus 210
Pyelotomie 238
Pyloroplastik s. Drainageoperation des Magenausgangs

R

Rachemandel, Entfernung 295ff
Radiomanometrie, Gallenwege 51f
Rectotomia posterior 264ff
Rehn-Delorme-Operation, anorektaler Prolaps 274ff
„Reißverschluß" s. Schienengleitverband
Rektum
– abdominoperineale Amputation 64ff
– Hinterwand, Eröffnung 64ff
– Polypen 264
– tiefe anteriore Resektion mit End-zu-End-Anastomose 68ff
Rezeptorenbestimmung s. Mamma, Rezeptorenbestimmung

S

Saphenektomie 193ff
Schädelbasisbrüche 199

Schädelfrakturen 199ff
Schädel-Hirn-Trauma 199
Schenkelhalsfraktur 116ff, 124, 128f
Schenkelhernie 25f
– Operationsverfahren, inguinaler Zugang 25f
– – – – nach Lotheissen/McVay 26
– – – – nach Shouldice 26
– – kruraler Zugang 25
– – – – nach Bassini 25
– – – – nach Fabricius 25
– – – – nach Shouldice 25
Schieloperation 290f
Schienbeinfraktur 110f
Schienengleitverband 35f
Schleusensysteme, Operationssaal 4
Schnittentbindung 257ff
Schnittführungen bei Gliedmaßenamputationen 150
Schulterluxation, habituelle 155ff
Sectio Caesarea 257ff
Semikastration 232ff
Short esophagus 30
Shouldice-Operation 23ff
Siebbeinzellen, Radikaloperation 302ff
Spalthauttransplantate 160ff
Sprunggelenk, oberes, Frakturtypen 103
Spülung, Abdomen
  s. Peritonitis, diffuse
Stapler
  s. Klammernahtapparate
Star, grauer 286
Strumaresektion 207ff
SVP
  s. Vagotomie, selektiv proximale
Sympathektomie, lumbale 196f

T

TEP
  s. Totalendoprothese, Hüftgelenk
Thiersch-Lappen
  s. Spalthauttransplantate
Thorakotomie 31
– anterolaterale 218ff
Thorax, Eröffnung 31
Thrombektomie, venöse 170ff
Thromben, venöse, Entfernung 170ff
Thrombendarteriektomie (TEA)
  s. Arteriendesobliteration
Tibiafraktur 110f
Tonsillektomie 298
Totalendoprothese, Hüftgelenk (TEP) 116f, 128
Tracheotomie 202ff
Traktionsdivertikel, Ösophagus 210
Trepanation, Schädel 199ff
Tubargravidität 256
TV
  s. Vagotomie, trunkuläre

U

Ulkus duodeni
  s. Zwölffingerdarmgeschwür
– Perforation, Duodenum 49
– – Magen 49
– ventrikuli
  s. Magengeschwür
Upside down stomach 30
Ureterotomie 238ff
Uretersteine 238ff
Uterusexstirpation
  s. Hysterektomie

V

Vagotomie 34ff
– selektiv proximale (SVP) 35, 37ff, 49f
– trunkuläre 35, 49
Vagusnerven 34ff
Varikozele 229ff
Varizenoperation
  s. Saphenektomie
Vasektomie 226f
Venenbypass
  s. Bypassoperationen

Venenpatch 167, 173
Volkmannsches Dreieck 103
Vollhauttransplantate 160ff

W

Wadenbeinfraktur 103f, 106
Watson-Jones-Schnitt 128, 134
Winkelmann, Hydrozelenoperation 228ff
Winkelplatte 90, 116ff
Wurmfortsatz, Entfernung 78f

Z

Zirkumzision, Penis 232ff
Zuggurtung 90, 92, 99, 102, 104
Zweidrittelresektion s. Magenresektion
Zwölffingerdarm, Eröffnung 52f
Zwölffingerdarmgeschwür 34ff, 49
– Blutung 35
– Perforation 35